编委会主任

赵运恒　王　珺　王唯宁

编委会副主任

杜佳虹　苏仲明

编委会成员

付雪航　黄歆然　马雪嫣　陈卓菱　李泽全
李可瑄　李慧敏　陈雨婕　樊　赟　史秋玉

涉案企业合规

实务指南与案例精解

北京星来律师事务所 / 编著

中国法制出版社
CHINA LEGAL PUBLISHING HOUSE

序　言
——合规改革与合规建设的中国道路

党的十八大以来，我国进入了全面深化改革与全面依法治国并行的新时代。北京星来律师事务所自觉地把国外企业合规建设经验和国际合规建设标准与中国企业实际和中国优秀传统管理文化有机地结合起来，并创造性地开展工作，有力地支持了涉案企业合规改革和非涉案企业合规管理体系建设，为探索合规改革和合规建设的中国道路，积累了丰富的经验，树立了众多的样板。《涉案企业合规实务指南与案例精解》就是这些经验和样板的一个值得关注的载体。

一、合规改革要坚持在法治轨道上推进

全面依法治国必须通过深化改革来实现。在我国现行法律框架下，合规改革作为一项新的制度探索，既没有法律上的障碍，也缺少明确法律依据。首先，没有法律障碍就意味着具有一定的创新空间。我们要利用好这个法律上的创新空间，培育出适合我国国情的合规法律制度，包括商法、行政法、刑法、刑事诉讼法等方面的合规制度。其次，缺少明确法律依据就意味着具有立法跟进的必要。改革开放四十多年以来，为了促进和保障改革发展，我国立法有许多改革创新。譬如，在改革前期，国家采取"宜粗不宜细"的立法策略，既确定了正确的改革方向，又给制度探索预留了一定的空间。在改革后期，国

家采取精细化和法典化的立法策略，适应了国家治理体系现代化的要求。立法应当积极服务改革创新，及时总结实践经验，把经过验证的政策和规范转化为法律，促进和保障合规改革的发展。最后，全面依法治国的实现需要不断深化改革。只有不断弥补国家治理体系空白和漏洞并完成其法治化，才能实现全面依法治国。

任何改革都必须在法治轨道上推进。2020年，检察机关启动了涉案企业合规改革试点，其动机是通过试点为国家创立企业附条件不起诉制度提供思路，积累经验。然而，随着合规改革的推进，可能涉及的实体法和程序法问题越来越多，法律风险也越来越大。尽管合规改革既符合国际潮流，也符合我国企业管理现代化的内在要求；既是国家治理体系和治理能力现代化的需要，也是体现了通过保市场主体维护社会公共利益的要求。我们既要鼓励改革探索和制度创新，又要谨防突破法律底线，违背法治精神，造成不良影响，阻碍合规改革的顺利进行。坚守法治底线是保障合规改革顺利进行的唯一出路。

二、合规改革要立足中国实际

当代中国为什么需要合规改革和合规建设？大致有以下三个直接原因：一是部分中国企业境外经营受到合规制裁，形势逼人；二是政府与企业的关系有待理顺，合规为在保障企业自主经营权的同时强化政府监管提供了一种新模式；三是民营经济野蛮生长的时代已经过去，要做大做强，并保证其可持续发展，必须通过合规强化自治，实现管理现代化。深层次的原因主要有两个方面的客观需要：一是企业管理现代化；二是国家治理体系和治理能力现代化。这些客观需求是合规改革和合规建设在中国生根发芽、开枝散叶的真正动力。

中国的需求必然催生中国特色的产品，而且在不同的发展阶段会抹上不同的时代印记。如果我们在十年后再来看《涉案企业合规实务指南与案例精解》，其观点、案例和解说都有鲜明的阶段性特征。但是，这既不是这本书的缺陷，也不是时代的局限，而是我们必须经过的一段历程。这本书的作者们作为实务工作者，其使命就是为现实服务，为同行助力。做到当前管用好用也不是一件容易的事情。他们实际上是一群拓荒者或者开路者，要以有限的知识应对无穷的未知因素，经过探索和实践之后，把这些"未知"转化为知识，奉献给同行。这个过程就是把合规与中国的具体实际和管理文化相结合的过程，就是合规落地的过程。

三、合规建设要坚持国际标准

"合规"一词是一个舶来品，也是多年来在许多国家经过检验的良品，但不是放之四海而皆准的真理。它被借鉴到中国后，会不会发生变异？能否发挥原有的功效？古有"橘生淮南则为橘，生于淮北则为枳"之说，今天我们难免会心存疑虑。解决这个问题的最好办法就是坚持合规建设的国际标准。

最新的国际标准是2021年国际标准化组织发布的《合规管理体系 要求及使用指南》（ISO 37301：2021），并在2022年已经转化为我国的国家标准。它的前身即第一个国际标准，是2014年国际标准化组织发布的《合规管理体系 指南》（ISO 19600：2014）。与ISO 19600相比，ISO 37301在性质和功能上有一个重大发展，即由B类管理体系标准提升为A类管理体系标准，不仅可以作为合规建设标准，而且可以作为合规认证标准和司法验收标准。《涉案企业合规实务指南与案例精解》正是在建设标准和验收标准两个意义上使用国际标准。这也弥补了我国司法机关尚未制定《涉案企业合规管理体系有效性标准》的不足。

这本书主要是给有志于合规业务的律师同行写的参考书。不过，合规理论研究者和合规立法者或许可以从中获得一些启发。

谢鹏程

山东大学讲席教授

最高人民检察院检察理论研究所原所长

2023 年 12 月

目 录

上篇 涉案企业合规总论

第一章 涉案企业合规概述 2
 第一节 企业合规释义 2
 第二节 涉案企业合规的本土展开 11
 第三节 涉案企业合规与企业全面合规建设 36

第二章 合规管理的价值与评价机制 43
 第一节 企业合规管理体系评价标准的基本属性 43
 第二节 企业合规计划的有效标准 46
 第三节 行政监管、刑事合规的有效标准 50

中篇 专项涉案企业合规实务与案例

第三章 证券类犯罪涉案企业合规整改及案例 56
 第一节 证券类犯罪的基本情况 56
 第二节 证券类犯罪涉案企业合规的典型案例 68

第三节　证券类犯罪涉案企业合规构建要点与启示 ……………… 73

第四章　商业贿赂类犯罪涉案企业合规整改及案例 ………… 82
第一节　商业贿赂类犯罪的基本情况 …………………………… 82
第二节　商业贿赂类犯罪涉案企业合规的典型案例 …………… 90
第三节　商业贿赂类犯罪涉案企业合规构建要点与启示 ……… 92

第五章　知识产权类犯罪涉案企业合规整改及案例 ………… 107
第一节　知识产权犯罪的基本情况 ……………………………… 107
第二节　知识产权犯罪涉案企业合规的典型案例 ……………… 114
第三节　知识产权犯罪涉案企业合规构建要点与启示 ………… 117

第六章　税务类犯罪涉案企业合规整改及案例 ……………… 128
第一节　税务类犯罪的基本情况 ………………………………… 128
第二节　税务类犯罪涉案企业合规的典型案例 ………………… 138
第三节　税务类犯罪涉案企业合规构建要点与启示 …………… 143

第七章　走私类犯罪涉案企业合规整改及案例 ……………… 155
第一节　走私类犯罪的基本情况 ………………………………… 155
第二节　走私类犯罪涉案企业合规的典型案例 ………………… 164
第三节　走私类犯罪涉案企业合规构建要点与启示 …………… 172

第八章　扰乱市场秩序类犯罪涉案企业合规整改及案例 …… 180
第一节　扰乱市场秩序类犯罪的基本情况 ……………………… 180
第二节　扰乱市场秩序类犯罪涉案企业合规的典型案例 ……… 187
第三节　扰乱市场秩序类犯罪涉案企业合规构建要点与启示 … 191

第九章　环保类犯罪涉案企业合规整改及案例 ……………… 195
第一节　环保类犯罪的基本情况 ………………………………… 195

第二节 环保类犯罪涉案企业合规的典型案例 …… 206

第三节 环保类犯罪涉案企业合规构建要点与启示 …… 214

第十章 数据类犯罪涉案企业合规整改及案例 …… 220

第一节 数据类犯罪的基本情况 …… 220

第二节 数据类犯罪涉案企业合规的典型案例 …… 234

第三节 数据类犯罪涉案企业合规构建要点与启示 …… 236

第十一章 安全生产类犯罪涉案企业合规整改及案例 …… 243

第一节 安全生产类犯罪的基本情况 …… 244

第二节 安全生产类犯罪涉案企业合规的典型案例 …… 252

第三节 安全生产类犯罪涉案企业合规构建要点与启示 …… 255

下篇 涉案企业合规业务指引

第十二章 涉案企业合规法律服务的问题 …… 264

第一节 涉案企业合规法律服务者的角色 …… 264

第二节 专业能力 …… 269

第三节 业务展开 …… 271

第四节 团队组建 …… 279

第十三章 全面合规法律服务的延伸 …… 282

第一节 全面合规概述 …… 282

第二节 全面合规的工作内容与流程 …… 286

第三节 刑事律师参与全面合规的必要性 …… 297

附录 实用文书模板 …… 299

上篇 涉案企业合规总论

第一章
涉案企业合规概述

第一节 企业合规释义

自2018年"合规元年"以来,"企业合规"逐渐由理论转为实践,企业合规的社会效益与合规建设所产生的经济动能在引发社会各界关注的同时,也引起了党和国家的高度重视。2020年1月,时任最高人民检察院检察长张军在全国检察长会议上提出"有力推动民营企业筑牢守法合规经营底线",发出了司法机关对企业合规的探索之音。[①] 2021年3月发布的《中华人民共和国国民经济和社会发展第十四个五年规划和2035年远景目标纲要》更是明确将"合规"写入其中,凸显了未来十余年中国家战略层面对企业合规工作的重视。

2020年3月,最高人民检察院启动涉案企业合规改革试点工作,[②]从刑事司法的角度为企业开展企业合规建设提供了助推力,这强烈地呼唤着配套专业服务的支撑与保障。由此,涉案企业合规法律服务应运而生。党和国家的重视和推动、社会和企业的需要、新兴业务空间的召唤,

---

[①] 《最高检:最大力度支持民营经济,能不捕的不捕、能不诉的不诉》,载澎湃新闻网,https://www.thepaper.cn/newsDetail_forward_5574380,最后访问时间:2023年6月27日。

[②] 《刑事合规:创新检查履职助推企业高质量发展》,载最高人民检察院网站,http://www.spp.gov.cn/spp/llyj/202103/t20210315_512650.shtml,最后访问时间:2023年6月27日。

都要求律师不仅作为合规法律服务提供者，也作为中国特色社会主义法治工作者来认识企业合规、了解企业合规，提升自身的合规知识技能、业务水平和专业素养。

一、企业合规的概念

（一）企业合规的概念

合规一词，字面意思是遵守规则、符合规范，由英文"*Compliance*"翻译而来。对于"*Compliance*"一词，韦氏词典（*Merriam-Webster*）解释为：（1）遵从愿望、要求、建议、规则或强迫的行为或过程；（2）符合官方要求。[1] 该术语最早用于医学领域，表达谨遵医嘱之意；在法学领域中，该词最早被运用在英美法系的银行业领域，意指在信贷机构确保雇员行为的守法，[2] 而后其使用场景逐渐扩展。

胡国辉教授在其著作《企业合规概论》中认为，"企业合规是指企业的运营遵守相关的法律、法规、准则和规范。合规是管理科学，既是一个目标，也是一个完整的体系，更是一个持续的过程"。[3] 这一解释反映了企业合规概念的复杂性，事实上，当前学界和实务界中对合规的定义多种多样，基于不同的出发点各有侧重，以下将作简单介绍。

1. 行政机关对合规的定义

国务院国有资产监督管理委员会（以下简称国资委）发布的《中央企业合规管理指引（试行）》（以下简称《央企合规指引》）第二条第二款规定："本指引所称合规，是指中央企业及其员工的经营管理行为符合法律法规、监管规定、行业准则和企业章程、规章制度以及国际条

---

[1] 原文为：a: the act or process of complying to a desire, demand, proposal, or regimen or to coercion; b: conformity in fulfilling official requirements. https://www.merriam-webster.com/dictionary/compliance.

[2] 李本灿：《刑事合规制度的法理根基》，载《东方法学》2020年第5期。

[3] 胡国辉：《企业合规概论》，电子工业出版社2018年版。

约、规则等要求。"2018 年 12 月 26 日国家发展和改革委员会等七部委共同发布的《企业境外经营合规管理指引》对合规的定义与国资委大致相同，但较国资委定义扩充了合规之"规"的范围，将商业惯例、道德规范等不具强制性的规范也作为合规义务的来源："本指引所称合规，是指企业及其员工的经营管理行为符合有关法律法规、国际条约、监管规定、行业准则、商业惯例、道德规范和企业依法制定的章程及规章制度等要求。"

2. 国际标准对合规的定义

中国国家标准及国际标准《合规管理体系 指南》（GB/T 35770—2017/ISO 19600：2014）[①] 将合规定义为"履行组织的全部合规义务"，并加注：通过将合规融入组织文化及其工作人员的行为和态度中，使合规具有可持续性。

3. 学者对合规的定义

学者常常会强调合规的多重含义。有学者认为，合规既意味着遵守规则、法律、标准和政策，也隐含了遵守相关行为准则的责任感和义务；从偏向法律的角度来讲，公司合规指设计包括政策、程序、控制和行为在内的一整套正式内部系统，以发现和预防违反法律法规、规则、标准和政策的情况。在《企业合规基本理论》一书中，[②] 陈瑞华教授提出，企业合规具有三个方面的基本含义：一是从积极的层面来看，企业合规是指企业在经营过程中要遵守法律和遵循规则，并督促员工、第三方以及其他商业合作伙伴依法依规进行经营活动；二是从消极的层面来看，企业合规是指企业为避免或减轻因违法违规经营而可能受到的行政责任、刑事责任，避免受到更大的经济或其他损失，而采取的一种公司治理方式；三是从外部激励机制来看，为鼓励企业积极建立或者改进合规计划，

[①] 《合规管理体系 指南》（GB/T 35770—2017）已废止，被《合规管理体系 要求及使用指南》（GB/T 35770—2022）全部代替。

[②] 陈瑞华：《企业合规基本理论》（第三版），法律出版社 2022 年版。

国家法律需要将企业合规作为宽大行政处理和宽大刑事处理的重要依据，使得企业可以通过建立合规计划而受到一定程度的法律奖励。

综合以上内容，可以看到：行政机关主要将合规定义为一种企业和其人员符合法律法规等规范性要求的状态；国际标准更强调满足合规义务要求的行动，同时也注重合规文化的培育和塑造；学者则认为，合规既是指遵规守纪的状态，也是企业为了达到这种状态所需采取的公司治理措施和内部管理控制系统。总结起来，正如韦氏词典对合规的双重解释，合规既是过程与结果的结合，也是目标与手段的结合，它既是企业运营的一种理想化的状态，也是为了达到这种状态所需的动态化的过程，即通过建立、运行和维护一整套企业内部管理体系实现对违法违规行为的防范和控制，从而确保企业及其员工和其他利益相关方遵守相关内外部规范。

（二）"合规"与近似概念辨析

在企业管理中，还存在许多与合规近似的概念。将合规与法务、审计、内控、风控等近似概念相混淆，是对企业合规的常见误解，也导致部分实务从业者、企业经营者难以理解企业合规工作的意义。尽管在很多企业中，合规和法务、审计、风控等职能可能由同一个部门，甚至同一批人员负责，但这些概念实际上各不相同，这些职能也不能相互替代。

《央企合规指引》第四条就提到了多种与合规管理存在交叉、易于混淆的职能，该条款规定，中央企业应当推动合规管理与法律风险防范、监察、审计、内控、风险管理等工作相统筹、相衔接，确保合规管理体系有效运行。为了明晰合规的概念，有必要对合规与其近似概念进行辨析。

1. 合规与法务

合规是一个宏大、复杂的管理体系，是包含了特定的组织架构、制度流程、保障机制和文化培育等元素，促进企业规范经营的持续、动态的系统；而法务侧重于通过具体事务的处理保障企业遵守法规、维护企业权利和利益，主要针对具体的法律风险，但无法从整个公司层面有效地防范法律风险。

2. 合规与审计

合规是一个持续的过程，既包括对过去的评估，也包括对未来的监测，而审计则是站在某个特定时间点对企业过去的经营和内控情况进行审查；合规需要嵌入企业的日常经营管理，和企业的业务相联系，而审计要起到应有的效果，则必须保持高度的独立性。审计主要用于发现过去的违规情形，而合规体系的建立能够帮助企业防范未来的违规风险。

3. 合规与风控

合规与风控所要防范的风险不同。风控即风险控制，企业风控的目标是对企业经营中可能面临的风险进行全面防范，通常认为，企业面临三种主要风险，除了合规风险，还包括业务风险、财务风险，这三种风险都是风控的防范对象；而企业合规旨在防范合规风险，也就是企业因经营中出现违法违规行为而可能遭受行政监管部门乃至司法机关追究责任的风险。另外，在企业经营管理中，风控部门通常与业务部门联系更为紧密，更着重于评估、应对企业的业务风险，如金融机构的风控岗位主要工作内容是对具体业务可能涉及的信用风险、市场风险、操作风险等进行审查、评价和监测；而合规部门专注于合规风险，起着从上到下贯彻监管意志的作用。

4. 合规与内控

内控即内部控制，强调通过设计和建立相互制衡的组织机构、权责分工互制的制度和流程来实现企业的内部控制目标，根据《企业内部控制基本规范》第三条的规定："本规范所称内部控制，是由企业董事会、监事会、经理层和全体员工实施的、旨在实现控制目标的过程。内部控制的目标是合理保证企业经营管理合法合规、资产安全、财务报告及相关信息真实完整，提高经营效率和效果，促进企业实现发展战略。"可见内控是实现目标的手段而非目标本身，而合规既是手段，也是目标，既是过程，也是结果。此外，内控主要通过制度和程序设计达成目标，而合规除设置规则外，还要求培育合规文化、塑造合规价值观，通过合规文化和价值的软性引导推动企业的可持续健康发展。

二、我国企业合规的发展状况

我国的合规监管发轫于 21 世纪初的金融行业。早在改革开放时期，合规管理的理念和实践就由"三资"企业引入中国，但当时国家和社会层面对合规仍缺乏认识。2005 年，中国银行业监督管理委员会[①]上海监管局借鉴巴塞尔银行监管委员会文件《合规与银行合规部门》（该文件为会员国银行组建合规部门和建立合规体系确立了基本的原则和制度框架）制定了《上海银行业金融机构合规风险管理机制建设的指导意见》，首次从监管角度提出了组建合规部门、构建合规风险管理机制的要求。[②]

国内第一部在国家层面提出建设合规体系要求的规范性文件颁布于 2006 年 10 月，即中国银行业监督管理委员会（以下简称银监会）发布的《商业银行合规风险管理指引》，该指引主要从风险管理的角度对银行业提出了合规体系建设要求。该指引认为，合规管理是商业银行一项核心的风险管理活动，并提出通过建立健全合规风险管理框架，实现对合规风险的有效识别和管理，确保依法合规经营；银监会依法对商业银行合规风险管理实施监管，检查和评价商业银行合规风险管理的有效性。在随后的两年中，中国保险监督管理委员会、中国证券监督管理委员会

[①] 经 2018 年国务院机构改革，原中国银行业监督管理委员会（银监会）、中国保险监督管理委员会（保监会），组建中国银行保险监督管理委员会，不再保留银监会、保监会；2023 年 3 月，中共中央、国务院印发了《党和国家机构改革方案》，在中国银行保险监督管理委员会基础上组建国家金融监督管理总局，不再保留中国银行保险监督管理委员会。

[②] 刘明康：《银行业金融机构合规失效问题仍严重存在》，载中国新闻网，http：//www.chinanews.com.cn/news/2005/2005-10-25/8/642811.shtml，最后访问时间：2023 年 8 月 4 日。

也分别出台了《保险公司合规管理指引》[①]《证券公司合规管理试行规定》,[②] 开启了我国金融行业的合规体系建设时代。

2015年,国资委发布了《关于全面推进法治央企建设的意见》,将"依法合规经营水平显著提升"纳入央企建设的总目标;次年,国资委召开中央企业合规管理试点建设工作研讨会,以中国石油、中国移动、中国中铁、招商局集团、东方电气五家央企为试点单位,启动了为期一年的合规管理体系或专项制度试验建设。[③]

在中央确定的改革基调下,一批企业合规管理的标准和指引密集出台。2017年12月,国家质量监督检验检疫总局[④]和国家标准化管理委员会联合发布了《合规管理体系 指南》(GB/T 35770—2017),这是我国第一部合规管理的国家标准。该标准使用翻译法等同采用了同名的国际标准(ISO 19600:2014),于2018年正式生效,虽然不具有强制力,但却对我国企业的合规管理体系建设具有指导意义。

2018年被称为中国"合规元年",两项重量级的合规管理指引在这一年相继发布:2018年11月,国资委发布了《中央企业合规管理指引(试行)》,该指引从合规管理职责、合规管理重点、合规管理运行、合规管理保障等方面对央企构建合规管理提出了全面系统的要求和建议;2018年12月,国家发展和改革委员会、商务部、外交部等七部委联合发布了《企业境外经营合规管理指引》,该指引适用于开展对外贸易、境外投资、对外承包工程等业务的中国企业,明确了对于海外合规的管

[①] 随着2017年7月1日《保险公司合规管理办法》的施行,该文件同时废止。

[②] 随着2017年10月1日《证券公司和证券投资基金管理公司合规管理办法》的施行,该文件同时废止。

[③] 《国资委召开中央企业"合规管理强化年"工作部署会》,载中国长安网,https://www.chinapeace.gov.cn/chinapeace/c100007/2021-12/06/content_12568174.shtml,最后访问时间:2023年6月27日。

[④] 经2018年国务院机构改革,将国家质量监督检验检疫总局的职责整合,组建国家市场监督管理总局。

理要求。这两部指引的发布确立了我国企业合规管理的基本理念、原则和制度框架，同时也显示出政府主导企业合规的合力推动态势。随着前述合规指引的颁布，各地纷纷开始进行合规改革试点工作。自 2019 年起，北京、江苏、广东等地国资监管部门先后在监管范围内的国有企业开展合规管理试点工作。[①]

2020 年 3 月，最高人民检察院在上海浦东、金山，江苏张家港，山东郯城，广东深圳南山、宝安等 6 家基层检察院启动了企业合规改革第一期试点工作。[②] 企业合规改革试点的实质是：试点检察院对民营企业负责人涉经营类犯罪，依法能不捕的不捕、能不诉的不诉、能不判实刑的提出适用缓刑的量刑建议，同时针对企业涉嫌具体犯罪，结合办案实际，督促涉案企业作出合规承诺并积极整改落实，促进企业合规守法经营。次年，最高人民检察院又下发了《关于开展企业合规改革试点工作方案》，启动第二期企业合规改革试点，进一步扩大了试点范围。涉案企业合规改革试点工作当前仍在如火如荼地进行，截至目前，已经形成了《关于建立涉案企业合规第三方监督评估机制的指导意见（试行）》《涉案企业合规建设、评估和审查办法（试行）》等改革经验成果，该项改革的相关情况将在下一章具体介绍。

2021 年 3 月，十三届全国人大四次会议表决通过了"十四五"规划，其中明确提出引导走出去企业"加强合规管理"，并"推动民营企业守法合规经营"。2021 年 5 月，国资委通报了中央企业合规建设工作

[①] 《国务院关于 2019 年度国资系统监管企业国有资产管理情况的专项报告——2020 年 10 月 15 日在第十三届全国人民代表大会常务委员会第二十二次会议上》，载全国人民代表大会网站，http://www.npc.gov.cn/npc/c30834/202010/92861cc1660044d0b4c1511083bab902.shtml，最后访问时间：2023 年 6 月 27 日。

[②] 《促进"严管"制度化，防范"厚爱"被滥用——检察机关企业合规改革试点工作综述》，载最高人民检察院网站，https://www.spp.gov.cn/xwfbh/wsfbt/202104/t20210408_515148.shtml#2，最后访问时间：2023 年 6 月 27 日。

情况[①]：截至 2021 年 5 月，中央企业已全部成立合规委员会，出台管理制度，完善工作机制，不少企业还探索构建法治框架下的法律、合规、风险、内控协同运作机制，着力打造"法律合规大风控"管理体系。2022 年被国资委确定为"合规管理强化年"，[②] 同年 4 月，国资委发布了《中央企业合规管理办法》的征求意见稿。

随着近年来国家层面合规监管文件的不断出台，各省市、各部门都开始积极地发布用于本地或本行业、领域的合规管理规范，如国务院反垄断委员会发布了《经营者反垄断合规指南》，国家市场监督管理总局发布了《企业境外反垄断合规指引》，上海市市场监督管理局发布了《商业广告代言活动合规指引》等。

可以看出，虽然我国企业合规起步较晚，但在近年来却得到迅猛发展。当前，我国企业合规的发展呈现出以下趋势：一是合规适用对象范围逐渐扩大，从金融机构到央企、国企、出海企业等特殊主体，再发展至民营企业，企业合规逐渐铺开；二是合规监管逐渐扩展，不仅行政机关出台了多个行业、多个专项的企业合规相关指引，检察机关也推出了相应的刑事司法政策，从刑事法的角度推动涉案企业开展合规建设；三是合规管理体系建设逐步标准化，有关部门通过出台国家标准、颁布规范性文件等形式对企业合规管理体系的建设提出了具体、明确的要求。综合而言，尽管我国的企业合规仍在发展过程中，但合规已成为中国企业健康发展的主旋律，企业只有具备完善的合规体系，才能够避免遭受处罚，实现平稳运营；而法律工作者也应当积极参与到这一过程之中，协助企业建设合规体系，助推中国特色社会主义法治体系建设进程。

[①] 《翁杰明出席法治央企建设媒体通气会并回答记者提问》，载国有资产监督管理委员会网站，http：//www. sasac. gov. cn/n2588025/n2643314/c18549679/content. html，最后访问时间：2023年 6 月 27 日。

[②] 《国务院国资委召开中央企业"合规管理强化年"工作部署会》，载国有资产监督管理委员会网站，http：//www. sasac. gov. cn/n2588025/n2643314/c22053695/content. html，最后访问时间：2023 年 6 月 27 日。

第二节　涉案企业合规的本土展开

一、发展路径

（一）最高人民检察院持续推动试点工作

自2020年3月起，最高人民检察院开始启动"企业犯罪相对不诉适用机制改革"的试点工作，在上海浦东、金山，江苏张家港，山东郯城，广东深圳南山、宝安等6家基层检察院进行第一期试点改革。[1]

2020年11月，最高人民检察院决定成立企业合规问题研究指导工作组，[2] 统筹推进企业合规问题的理论研究和实务指导，确保相关工作严格依法、稳妥有序。

2020年12月，时任最高人民检察院检察长张军主持召开企业合规试点工作座谈会，[3] 听取前期试点单位的工作情况汇报以及专家学者、企业代表的意见建议，对继续严格依法推进试点工作、探索独立监管人制度等工作作出部署。

2021年4月8日，最高人民检察院下发了《关于开展企业合规改革试点工作方案》，启动为期一年的第二期企业合规改革试点工作，涉及北京、辽宁、上海、江苏、浙江、福建、山东、湖北、湖南、广东共10个省市，10个省级院共选取了27个市级院、165个基层院作为试点开展

---

[1] 《刑事合规：创新检察履职助推企业高质量发展》，载最高人民检察院网站，https://www.spp.gov.cn/spp/llyj/202103/t20210315_512650.shtml，最后访问时间：2023年6月27日。

[2] 《最高检下发工作方案 依法有序推进企业合规改革试点纵深发展 第二期改革试点范围扩大至北京、浙江等十个地区》，载最高人民检察院网站，https://www.spp.gov.cn/xwfbh/wsfbt/202104/t20210408_515148.shtml，最后访问时间：2023年6月27日。

[3] 《最高检召开企业合规试点工作座谈会，张军强调创新检察履职，助力构建中国特色的企业合规制度》，载最高人民检察院网站，https://www.spp.gov.cn/tt/202012/t20201227_503711.shtml，最后访问时间：2023年6月27日。

改革。①

2021年6月3日，最高人民检察院、司法部、财政部、生态环境部、国务院国有资产监督管理委员会、国家税务总局、国家市场监督管理总局、全国工商联、中国国际贸易促进委员会研究制定并印发了《关于建立涉案企业合规第三方监督评估机制的指导意见（试行）》（以下简称《意见》），推进企业合规改革试点工作中建立健全涉案企业合规第三方监督评估机制。同日，最高人民检察院发布了首批共4件企业合规改革试点典型案例。

2021年11月，九部门联合发布了《〈关于建立涉案企业合规第三方监督评估机制的指导意见（试行）〉实施细则》《涉案企业合规第三方监督评估机制专业人员选任管理办法（试行）》。

2021年12月，九部门正式组建了国家层面第三方监督评估机制（以下简称第三方机制）专业人员库，发挥带头示范效应，探索解决各地区专业人员分布不均衡问题，为第三方机制规范有序运行提供有力人才保障。②

2021年12月8日，最高人民检察院发布了第二批共6件企业合规典型案例，以适用第三方监督评估机制为重点，着力反映企业合规流程、第三方机制的启动与运行、合规整改效果、检察机关的主导作用以及典型意义等③。

从2020年年初最高人民检察院推动探索企业刑事合规制度，经过近两年两期的试点行动，10个试点省份检察机关共办理涉企业合规案件766件，其中适用第三方监督评估机制案件503件；部分非试点省份检

---

① 陈瑞华：《企业合规不起诉改革的八大争议问题》，载《中国法律评论》2021年第4期。
② 《涉案企业合规改革用好第三方机制》，载最高人民检察院网站，https：//www.spp.gov.cn/zdgz/202206/t20220628_561161.shtml，最后访问时间：2023年6月27日。
③ 《最高检发布第二批企业合规典型案例 保护企业合法权益 促进企业合规守法经营》，载最高人民检察院网站，https：//www.spp.gov.cn/spp/xwfbh/wsfbt/202112/t20211215_538815.shtml，最后访问时间：2023年6月27日。

察机关主动根据本地情况在试点文件框架内探索推进相关工作,办理合规案件223件,其中适用第三方机制案件98件,案件类型不断拓展。①

(二) 涉案企业合规改革试点全面推开

2022年3月,在全国检察长(扩大)会议、学习贯彻全国两会精神电视电话②会议上,时任最高人民检察院检察长张军特别强调:"原则上有条件的县级检察院,今年都要大胆探索,尝试办理几件企业合规改革案件。"

2022年4月,最高人民检察院会同全国工商联召开工作部署会议,③深入总结两年来检察机关涉案企业合规改革试点工作情况,并对全面推开改革试点工作作出具体部署。最高人民检察院相关负责人表示,各级检察机关要全力推进涉案企业合规改革各项工作。要准确把握企业合规案件及第三方机制适用条件。加快建立完善第三方机制管委会及专业人员库。确保涉案企业整改"合规计划"真合身、真管用。加强对第三方组织组建以及涉案企业合规计划制定、执行等审查把关。在第三方监督评估基础上,严格依法作出处理决定,进一步健全第三方机制各项配套制度。

2022年6月14日,企业合规第三方监督评估工作推进会在京召开,④发布了《涉案企业合规第三方监督评估机制建设年度情况报告》(以下简称《报告》)。根据该报告,目前第三方机制建设取得重要成果,第三方监督评估机制四梁八柱基本确立;全国检察机关共办理涉企业合规案件1777件,超六成合规案件适用了第三方机制。

2023年1月16日,最高人民检察院第四检察厅负责人就发布《涉

---

① 《如何让制度释放司法红利——全国检察机关全面推开涉案企业合规改革试点工作部署会解读》,载最高人民检察院网站,https://www.spp.gov.cn/zdgz/202204/t20220402_553256.shtml,最后访问时间:2023年6月27日。
② 《深入学习贯彻习近平总书记重要讲话和全国两会精神系列评论之一:举旗定向,对标党和人民新要求担当履职》,载最高人民检察院网站,https://www.spp.gov.cn/spp/zdgz/202203/t20220321_549610.shtml,最后访问时间:2023年6月27日。
③ 《检察机关全面推开涉案企业合规改革试点》,载光明网,https://m.gmw.cn/baijia/2022-04/06/35637459.html,最后访问时间:2023年7月18日。
④ 《企业合规第三方监督评估工作推进会在京召开》,载最高人民检察院网站,https://www.spp.gov.cn/spp/zdgz/202206/t20220615_559938.shtml,最后访问时间:2023年6月27日。

案企业合规典型案例（第四批）》答记者问时指出，涉案企业合规机制全面推开以来，各地结合深入学习贯彻党的二十大精神，全面贯彻习近平法治思想，认真落实最高人民检察院关于涉案企业合规改革工作部署和要求，坚持依法能用尽用，在扩大办案规模、提升合规质效、培育典型案例等方面取得新成效。截至2022年12月，全国检察机关累计办理涉案企业合规案件5150件，其中适用第三方监督评估机制案件3577件（占全部合规案件的69.5%），较2022年4月初全面推开时分别新增3825件、2976件；对整改合规的1498家企业、3051人依法作出不起诉决定。另有67家企业未通过监督评估，企业或企业负责人被依法起诉并追究刑事责任。在适用涉案企业合规的案件中，法定刑三年以上案件及适用认罪认罚从宽制度提出轻缓量刑建议的案件所占比例逐步上升。合规办案基层检察院覆盖率不断提高，其中北京、天津、河北、辽宁、吉林、上海、江苏、安徽、山东、湖北、广西、重庆、贵州13个省区市已实现合规办案全覆盖。[①]

2023年3月7日，十四届全国人大一次会议在北京人民大会堂举行第二次全体会议，时任最高人民检察院检察长张军作《最高人民检察院工作报告》时总结了涉案企业合规改革取得的成就，并在2023年工作建议中指出，要"充分运用法治力量服务高质量发展。平等保护国企民企、内资外资、大中小微企业等各类市场主体合法权益，依法严惩严重经济犯罪。服务创新驱动发展，深化知识产权综合司法保护。推动创建中国特色涉案企业合规司法制度……"[②]

2023年3月17日，最高人民检察院召开全国检察机关学习贯彻全国两会精神电视电话会议，新任最高人民检察院党组书记、检察长应勇出

[①]《充分发挥典型案例指引作用 深入推进涉案企业合规改革——最高人民检察院第四检察厅负责人就发布涉案企业合规典型案例（第四批）答记者问》，载最高人民检察院网站，https://www.spp.gov.cn/xwfbh/wsfbt/202301/t20230116_598548.shtml#3，最后访问时间：2023年3月24日。

[②]《最高人民检察院工作报告》，载最高人民检察院网站，https://www.spp.gov.cn//tt/202303/t20230317_608765.shtml，最后访问时间：2023年3月24日。

席会议并讲话。应勇检察长指出："检察机关要自觉将工作置于党和国家的中心任务中去谋划、推动、实施,更好服务构建新发展格局、推动高质量发展。要深入贯彻总体国家安全观,坚决维护国家政治安全和社会大局稳定,以检察履职更好服务统筹发展和安全,以新安全格局保障新发展格局。要全面贯彻宽严相济刑事政策,依法规范推进认罪认罚从宽司法制度,当宽则宽、该严则严,促进社会和谐稳定。要依法能动履职服务经济发展在法治轨道上运行。依法规范推进涉案企业合规改革,推动完善中国特色涉案企业合规司法制度……"[1]

可以说,经过两年多的司法实践,涉案企业合规改革已逐步由试点经验到全面铺开进入立法阶段,正如中国人民大学法学院教授、最高人民检察院企业合规检察研究基地主任李奋飞指出的:"随着改革的深入,需要积极推动刑事诉讼法、刑法的修改,以破解改革中的疑难和瓶颈问题,加快推进企业犯罪治理现代化进程。"[2]

二、规范性文件

(一)最高人民检察院《关于开展企业合规改革试点工作方案》

2021年4月8日,最高人民检察院发布了《关于开展企业合规改革试点工作方案》(以下简称《方案》),正式启动第二期企业合规改革试点工作。《方案》指出,开展企业合规改革试点工作,是指检察机关对于办理的涉企刑事案件,在依法作出不批准逮捕、不起诉决定或者根据认罪认罚从宽制度提出轻缓量刑建议等的同时,针对企业涉嫌具体犯罪,结合办案实际,督促涉案企业作出合规承诺并积极整改落实,促进企业合规守法经营,减少和预防企业犯罪,实现司法办案政治效果、法律效

---

[1] 《应勇:以高质效法律监督促进执法司法公正维护公平正义》,载改革网,http://www.cfgw.net.cn/2023-03/18/content_25038625.htm,最后访问时间:2023年6月29日。
[2] 李奋飞:《深化涉案企业合规更好发挥治理效能》,载最高人民检察院网站,https://www.spp.gov.cn/llyj/202303/t20230317_608709.shtml,最后访问时间:2023年7月18日。

果、社会效果的有机统一。

《方案》强调了检察机关开展企业合规改革试点的目的。提出改革试点的工作要求，明确改革试点的具体工作部署，并进一步强调了试点单位的组织建设。

（二）《关于建立涉案企业合规第三方监督评估机制的指导意见（试行）》

2021年6月3日，最高人民检察院、司法部、财政部、生态环境部、国务院国有资产监督管理委员会、国家税务总局、国家市场监督管理总局、全国工商联、中国国际贸易促进委员会研究制定了《关于建立涉案企业合规第三方监督评估机制的指导意见（试行）》（以下简称《意见》）。

《意见》规定了涉案企业合规第三方监督评估机制（以下简称第三方机制）的含义、基本原则、适用案件，第三方机制管委会的组成和职责以及第三方机制的启动和运行。

（三）《关于建立涉案企业合规第三方监督评估机制的指导意见（试行）实施细则》

2021年11月，为认真落实《意见》，最高人民检察院、司法部、财政部、生态环境部、国务院国有资产监督管理委员会、国家税务总局、国家市场监督管理总局、全国工商联、中国国际贸易促进委员会九部门联合发布了配套的《关于建立涉案企业合规第三方监督评估机制的指导意见（试行）实施细则》（以下简称《实施细则》）。

《实施细则》对第三方机制管委会的组成和职责、第三方机制管委会联席会议的职责、第三方机制管委会办公室的职责、第三方组织的性质、第三方机制的启动、第三方组织的运行等作出详细规定。

（四）《涉案企业合规第三方监督评估机制专业人员选任管理办法（试行）》

2021年11月，为认真落实《意见》，最高人民检察院、司法部、财政部、生态环境部、国务院国有资产监督管理委员会、国家税务总局、国家市场监督管理总局、全国工商联、中国国际贸易促进委员会九部门联合发布了《涉案企业合规第三方监督评估机制专业人员选任管理办法（试行）》（以下简称《选任管理办法》）。

《选任管理办法》规定了对第三方机制专业人员的定义、范围、选任原则、管理机构作出了规定。并且具体规定了第三方机制专业人员的选任规则、第三方机制专业人员的日常管理、对第三方机制专业人员的工作保障。

（五）《涉案企业合规建设、评估和审查办法（试行）》

2022年4月19日，为规范第三方机制相关工作有序开展，最高人民检察院、司法部、全国工商联等九部委联合颁布了《涉案企业合规建设、评估和审查办法（试行）》（以下简称《办法》）。

《办法》明确了涉案企业合规建设、评估、审查的含义，并对涉案企业合规建设、评估、审查的具体工作展开作出较为详细的规定，明确了涉案企业合规建设方案、评估标准、审查标准和处理意见。

三、实际运行——涉案企业合规在刑事程序中的适用

刑事合规的内涵包含对刑事实体部分的要求以及刑事诉讼规则、制度、程序的融入。刑事合规不起诉，是指如果企业出现刑事犯罪，人民检察院在审查起诉过程中，对其设定考察期，考察期内企业将进行相应合规整改或合规体系建设，考察期后，人民检察院将根据合规整改情况决定是否对企业进行起诉。以下是具体的涉案企业合规步骤：

（一）涉案企业合规的启动

涉案企业合规的启动有两种方式：一是办案检察院主动审核和适用；二是涉案企业、个人及其辩护人、诉讼代理人或者其他相关单位、人员提出适用。

1. 办案检察院主动审核和适用

《意见》规定，人民检察院在办理涉企犯罪案件时，应当注意审查是否符合企业合规试点以及第三方机制的适用条件，并及时征询涉案企业、个人的意见。

2. 涉案企业、个人及其辩护人、诉讼代理人或者其他相关单位、人员提出适用

《意见》规定，涉案企业、个人及其辩护人、诉讼代理人或者其他相关单位、人员提出适用企业合规试点以及第三方机制申请的，人民检察院应当依法受理并进行审查。

（二）组建第三方组织

第三方组织的人员是从专业人员名录库中随机抽取的，并且第三方组织组成人员名单应当报办案检察院备案。

《意见》规定，人民检察院经审查认为涉企犯罪案件符合第三方机制适用条件的，可以商请本地区第三方机制管委会启动第三方机制。第三方机制管委会应当根据案件具体情况以及涉案企业类型，从专业人员名录库中分类随机抽取人员组成第三方组织，并向社会公示。

第三方组织组成人员名单应当报送负责办理案件的人民检察院备案。人民检察院或者涉案企业、个人、其他相关单位、人员对选任的第三方组织组成人员提出异议的，第三方机制管委会应当调查核实并视情况作出调整。

（三）涉案企业提交合规计划

涉案企业应当围绕与企业涉嫌犯罪有密切联系的企业内部治理结构、规章制度、人员管理等方面存在的问题，提交一项或多项合规计划，并明确合规计划的承诺时限。

涉案企业应当制定可行的合规管理规范，构建有效的合规组织体系，健全合规风险防范报告机制，弥补企业制度建设和监督管理漏洞，防止再次发生相同或者类似的违法犯罪。

(四) 考察期内检查和评估

第三方组织对涉案企业合规计划的可行性、有效性与全面性进行审查,提出修改完善的意见建议,并根据案件具体情况和涉案企业承诺履行的期限,确定合规考察期限。

在合规考察期内,第三方组织可以定期或者不定期对涉案企业合规计划履行情况进行检查和评估。涉案企业定期书面报告合规计划的执行情况,同时抄送负责办理案件的人民检察院。

(五) 考察期满制作书面报告

合规考察期届满后,第三方对涉案企业的合规计划完成情况进行全面检查、评估和考核,并制作合规考察书面报告,报送负责选任第三方组织的第三方机制管委会和负责办理案件的人民检察院。

(六) 作出决定

第三方组织合规考察书面报告、涉案企业合规计划、定期书面报告等合规材料,是人民检察院在办理涉企犯罪案件过程中作出批准或者不批准逮捕、起诉或者不起诉以及是否变更强制措施等决定的重要参考。在作决定时,可召开听证会,并邀请第三方组织组成人员到会发表意见。

对于涉案企业合规建设经评估符合有效性标准的,人民检察院可以参考评估结论依法作出不批准逮捕、变更强制措施、不起诉的决定,提出从宽处罚的量刑建议,或者向有关主管机关提出从宽处罚、处分的检察意见。人民检察院对涉案企业作出不起诉决定,认为需要给予行政处罚、处分或者没收其违法所得的,应当结合合规材料,依法向有关主管机关提出检察意见。

对于涉案企业合规建设经评估未达到有效性标准或者采用弄虚作假手段骗取评估结论的,人民检察院可以依法作出批准逮捕、起诉的决定,提出从严处罚的量刑建议,或者向有关主管机关提出从严处罚、处分的检察意见。

人民检察院通过第三方机制，发现涉案企业或其人员存在其他违法违规情形的，将会导致合规适用中止，案件线索将被依法移送到有关主管机关、公安机关或者纪检监察机关处理。

四、合规不起诉的适用标准

（一）适用对象

第三方机制适用于公司、企业等市场主体在生产经营活动中涉及的经济犯罪、职务犯罪等案件，既包括公司、企业等实施的单位犯罪案件，也包括公司、企业实际控制人、经营管理人员、关键技术人员等实施的与生产经营活动密切相关的犯罪案件。

（二）适用标准

根据试点经验和相关规定，同时符合下列条件的涉企犯罪案件，人民检察院可以根据案件情况适用本指导意见：（1）涉案企业、个人认罪认罚；（2）涉案企业能够正常生产经营，承诺建立或者完善企业合规制度，具备启动第三方机制的基本条件；（3）涉案企业自愿适用第三方机制。

但是出现下列情形之一的涉企犯罪案件，不适用企业合规试点以及第三方机制：（1）个人为进行违法犯罪活动而设立公司、企业的；（2）公司、企业设立后以实施犯罪为主要活动的；（3）公司、企业人员盗用单位名义实施犯罪的；（4）涉嫌危害国家安全犯罪、恐怖活动犯罪的；（5）其他不宜适用的情形。

五、各地涉案企业合规整改工作展开情况

在最高人民检察院的推动下，涉案企业合规改革已在全国范围内铺开。尤其是2022年以来，改革由两期涉案企业合规试点所涵盖的10个省份向全国辐射，多地检察院纷纷出台指导性文件或者就改革内容召开研讨

会议，笔者将各地开展涉案企业合规工作的部分情况整理如下表1-1[①]：

表1-1 部分省市开展涉案企业合规工作情况表

省份	实施单位	时间	指导性文件/研讨会议
北京市	北京市人民检察院	2021年11月26日	北京市涉案企业合规第三方监督评估机制管理委员会成立仪式暨第一次联席会议；《关于建立北京市涉案企业合规第三方监督评估机制的实施办法(试行)》《北京市涉案企业合规第三方监督评估组织运行规则(试行)》《北京市涉案企业合规第三方监督评估机制专业人员选任管理办法(试行)》[②]
		2022年3月	《涉案企业合规必要性审查指引(试行)》[③]
		2023年2月	《关于协同推进涉案企业合规改革 优化法治化营商环境的意见》[④]
	北京市大兴区人民检察院	2022年4月21日	《侵犯知识产权犯罪涉案企业合规整改指南》[⑤]
	北京市人民检察院第四分院	2022年8月2日	《走私犯罪涉案企业合规整改指南(试行)》[⑥]

---

① 因2022年全国各地检察院均积极开展涉案企业合规改革实践，包括成立第三方监督评估机制管理委员会，颁布第三方监督评估机制实施办法、第三方监督评估机制专业人员选任办法、合规整改指引等指导文件，选任第三方评估机制专业人员等，此处难以列举穷尽，仅列举部分。

② 《我会加入北京市涉案企业合规第三方监督评估机制》，载中国国际贸易促进委员会北京市分会网站，http://ccpitbj.org/web/static/articles/catalog_ ff8080812fd811970130011901e4054d/article_ 40fcc0367c729df2017d6ff97ccc0188/40fcc0367c729df2017d6ff97ccc0188.html，最后访问时间：2023年6月28日；北京贸促：《关于公开选任第二批北京市涉案企业合规第三方监督评估机制专业人员的公告》，载"北京贸促"微信公众号，https://mp.weixin.qq.com/s/-4PWmELb6jAwX95OeuFMOQ，2023年4月10日发布，最后访问时间：2023年8月4日。

③ 《北京市人民检察院制定〈涉案企业合规必要性审查指引（试行）〉》，载北京政法网，https://www.bj148.org/wq/szfdw/bjsjcy/202204/t20220407_ 1631605.html，最后访问时间：2023年6月28日。

④ 《北京市人民检察院 北京市工商联合出台意见协同推进涉案企业合规改革 优化首都法治营商环境》，载北京政法网，https://www.bj148.org/wq/szfdw/bjsjcy/202301/t20230104_ 1644654.html，最后访问时间：2023年6月28日。

⑤ 《侵犯知识产权犯罪涉案企业合规整改指南》，载北京市大兴区人民检察院网站，https://www.bjjc.gov.cn/c/daxing/jcdt1/49214.jhtml?zh_ choose=n，最后访问时间：2023年6月28日。

⑥ 北京市检四分院：《强化合规机制建设 探索改革"北京样本"——北京市检四分院和北京海关签订〈走私犯罪涉案企业合规整改指南（试行）〉》，载"北京市检四分院"微信公众号，https://mp.weixin.qq.com/s/Zkppah4272o53utWkl3rkw，2022年8月8日发布，最后访问时间：2023年7月19日。

续表

省份	实施单位	时间	指导性文件/研讨会议
北京市	北京市朝阳区人民检察院	2022年11月2日	《串通投标犯罪涉案企业合规整改指南》①
	北京市海淀区人民检察院	2022年12月9日	《危害税收征管犯罪涉案企业合规整改指南》②
	北京市人民检察院第三分院	2022年12月12日	《证券期货犯罪企业合规整改指南（试行）》《上市公司信息披露专项合规审查要点（试行）》《利用未公开信息交易罪涉案企业专项合规审查要点（试行）》③
上海市	上海市人民检察院	2021年12月2日	上海市涉案企业合规第三方监督评估机制管理委员会成立会议；《上海市涉案企业合规第三方监督评估机制管理委员会工作规则（试行）》《上海市涉案企业合规第三方监督评估机制专业人员名录库管理办法（试行）》《上海市涉案企业合规第三方监督评估组织运行规则（试行）》④
	金山区人民检察院	2021年3月	《关于企业合规第三方监管人遴选、选任、管理的暂行规定》⑤

---

① 《区检察院携手工商联 共护民企健康发展》，载北京市朝阳区人民政府网站，http://www.bjchy.gov.cn/dynamic/zwhd/4028805a8461f4dd018464d2c2d600c7.html，最后访问时间：2023年6月28日。

② 海淀检察院：《海淀区人民检察院、海淀区工商联重磅发布！〈危害税收征管犯罪涉案企业合规整改指南〉》，载"海淀检察院"微信公众号，https://mp.weixin.qq.com/s/btJw5Fde5laIgPnb5bu2Zw，2022年12月9日发布，最后访问时间：2023年7月19日。

③ 北京市检三分院：《北京市检三分院发布〈证券期货犯罪企业合规整改指南（试行）〉》，载"北京市检三分院"微信公众号，https://mp.weixin.qq.com/s/TGH1VKkd5zQBXyeYX9qKMg，2022年12月12日发布，最后访问时间：2023年7月19日。

④ 上海检察：《上海市涉案企业合规第三方监督评估机制管理委员会成立》，载"上海检察"微信公众号，https://mp.weixin.qq.com/s/N9nOoUPDvyua2ofn-FnWrA，2021年12月3日发布，最后访问时间：2023年7月19日。

⑤ 《整改重规范 堵漏见实效 上海金山：探索企业合规整改第三方监管人机制》，载最高人民检察院网站，https://www.spp.gov.cn/spp/zdgz/202104/t20210413_515526.shtml，最后访问时间：2023年6月28日。

续表

省份	实施单位	时间	指导性文件/研讨会议
上海市	上海市虹口区人民检察院	2021年12月16日	《上海市虹口区涉案企业合规第三方监督评估机制管理委员会工作规则（试行）》《上海市虹口区涉案企业合规第三方监督评估机制专业人员选任管理办法（试行）》《上海市虹口区涉案企业合规第三方监督评估组织运行管理实施办法（试行）》①
	上海市浦东新区人民检察院	2021年8月19日	《上海自贸区涉案企业合规第三方监督评估机制管理委员会工作规则（试行）》《上海自贸区涉案企业合规第三方监督评估专业人员选任管理办法（试行）》《上海自贸区涉案企业合规第三方监督评估组织运行管理实施办法（试行）》②
	浦东新区七届人大常委会	2022年6月30日	《浦东新区涉案企业合规第三方监督评估若干规定》③
	上海市市场监督管理局	2022年7月14日	《上海市网络直播营销活动合规指引》④

① 虹口检察：《虹口区涉案企业合规第三方监督评估机制管理委员会正式成立!》，载"虹口检察"微信公众号，https：//mp.weixin.qq.com/s/4KZslzhwHSyK-PTFD3Z_xQ，2021年12月17日发布，最后访问时间：2023年7月20日。

② 上海检察：《建立自贸区涉案企业合规第三方机制，来看浦东的路径》，载"上海检察"微信公众号，https：//mp.weixin.qq.com/s/9KolbIOX7vlvO38lPKJ6Jg，2021年8月20日发布，最后访问时间：2023年7月19日。

③ 《区七届人大常委会举行第三次会议》，载浦东人大网站，https：//www.pdrd.gov.cn:887/NewPd/WorkMsg/InfoDetail.aspx?InfoID=47f59584-191c-4086-808d-29cafd05a427&cate=001001，最后访问时间：2023年6月28日。

④ 《上海市市场监督管理局关于印发〈上海市网络直播营销活动合规指引〉的通知》，载上海市市场监督管理局网站，https：//scjgj.sh.gov.cn/207/20220713/2c984ad681dd57200181f6cbca8010ef.html，最后访问时间：2023年6月28日。

续表

省份	实施单位	时间	指导性文件/研讨会议
广东省	广东省人民检察院等九部门	2021年10月19日	广东省涉案企业合规第三方监督评估机制管理委员会成立暨第一次联席会议；《广东省涉案企业合规第三方监督评估机制实施办法（试行）》《广东省涉案企业合规第三方监督评估机制管理委员会工作规则（试行）》《广东省涉案企业合规第三方监督评估机制专业人员选任管理办法（试行）》《广东省涉案企业合规第三方监督评估组织运行规则（试行）》①
	广州市人民检察院	2021年10月26日	《广州市涉案企业合规第三方监督评估机制实施办法（试行）》《广州市涉案企业合规第三方监督评估机制管理委员会工作规则（试行）》《广州市涉案企业合规第三方监督评估组织运行规则（试行）》②
	广州市人民检察院等八部门	2022年9月9日	《广州市跨境电商行业合规指引（试行）》③
	广州市天河区人民检察院	2021年4月	成立企业合规改革试点工作领导小组④
	广州市从化区人民检察院	2021年7月23日	《涉案企业合规第三方机制工作办法》⑤

① 《重磅！广东省涉案企业合规第三方监督评估机制管理委员会正式成立并召开第一次联席会议》，载广东省检察院网站，https：//www.gd.jcy.gov.cn/xwzx/tpjj/202110/t20211020_3402373.shtml，最后访问时间：2023年6月28日。

② 《广州市涉案企业合规第三方监督评估机制管理委员会正式成立并召开第一次联系会议》，载广州市人民检察院网上检察院网站，https：//www.jcy.gz.gov.cn/shce/13382.jhtml，最后访问时间：2023年6月28日。

③ 《关于印发〈广州市跨境电商行业合规指引（试行）〉》的通告，载广州市商务局网站，http：//sw.gz.gov.cn/xxgk/tzgg/tz/content/post_8566825.html，最后访问时间：2023年6月28日。

④ 《广东广州：走出企业合规改革的"广州节拍"》，载最高人民检察院网站，https：//www.spp.gov.cn/zdgz/202205/t20220511_556535.shtml，最后访问时间：2023年6月28日。

⑤ 从化检察：《从化区举办涉案企业合规第三方监督评估机制工作办法联签暨第三方管委会成立仪式》，载"从化检察"微信公众号，https：//mp.weixin.qq.com/s/kMuFGKTal9KVZuiMR-3Odw，2021年7月23日发布，最后访问时间：2023年7月19日。

第一章　涉案企业合规概述

续表

省份	实施单位	时间	指导性文件/研讨会议
广东省	深圳市人民检察院	2020年8月11日	与深圳市司法局共同召开企业合规座谈会①
		2021年7月29日	《深圳市人民检察院企业合规工作实施办法（试行）》《企业合规第三方监督评估机制管理委员会及第三方监控人管理暂行规定》②
		2021年9月14日	《企业合规第三方监控人名录库管理暂行办法》③
		2022年4月2日	《深圳市钻石行业反走私合规管理指引》④
		2022年4月25日	《电子产品翻新产业知识产权刑事合规指引》⑤
		2022年6月	《企业合规第三方监控人名录库管理工作流程指引（试行）》⑥
		2022年8月12日	《打印机喷头应用企业进出口业务合规建设指引》⑦

---

① 《深圳：联合市司法局共同构建企业合规"深圳模式"》，载《中国检察官》2021年8月15日。
② 《专家学者、律师、企业代表在深圳市检察院召开的"企业合规建设主体研讨会"上集中探讨企业合规：打造"融合、监督、服务"工作模式》，载最高人民检察院网站，https://www.spp.gov.cn/spp/llyj/202108/t20210811_526375.shtml，最后访问时间：2023年6月28日。
③ 《深圳市〈企业合规第三方监控人名录库管理暂行办法〉》，载深圳检察网站，http://www.shenzhen.jcy.gov.cn/Dynamic/Media/4465.html，最后访问时间：2023年6月28日。
④ 深圳市罗湖区人民检察院：《罗湖检察的这份检察建议，促进了这个行业形成合规指引》，载"深圳市罗湖区人民检察院"微信公众号，https://mp.weixin.qq.com/s/QBcmPhHnirqnwKZSZB-SZCw，2022年4月21日发布，最后访问时间：2023年7月19日。
⑤ 《深圳市人民检察院发布全国首个电子产品翻新产业知识产权刑事合规指引》，载深圳市市场监督管理局网站，http://amr.sz.gov.cn/xxgk/qt/ztlm/zscqcjybh/zscqsdsj/2022sdzscq/content/post_10615393.html，最后访问时间：2023年10月30日。
⑥ 深检君：《来吧，展示丨企业合规，"深圳模式"不断优化》，载"深圳市人民检察院"微信公众号，https://mp.weixin.qq.com/s/9899-DBD3PuPPln8s3JtdA，2023年2月10日发布，最后访问时间：2023年7月20日。
⑦ 深检君：《深圳市人民检察院打印机喷头应用企业进出口业务合规建设指引》，载"深圳市人民检察院"微信公众号，https://mp.weixin.qq.com/s/-1tQD6I9Kwo9Owd5sfC71g，2022年8月15日发布，最后访问时间：2023年7月20日。

续表

省份	实施单位	时间	指导性文件/研讨会议
广东省	深圳市人民检察院、深圳海关、深圳海关缉私局	2022年9月	《关于涉税走私犯罪案件中企业合规互认的会议纪要》《关于相对不起诉案件刑行衔接问题会议纪要》①
	深圳市龙华区人民检察院	2020年4月	《关于涉民营经济刑事案件实施法益修复考察期的意见》②
	深圳市南山区人民检察院院	2020年6月17日	《关于设计企业犯罪案件适用附条件不起诉试点工作方案（试行）》③
	深圳市宝安区人民检察	2020年11月	《关于加强行业合规管理协作暂行办法》④
		2020年12月	《企业犯罪相对不起诉适用机制改革试行办法》⑤
	深圳市宝安区人民检察院、深圳市宝安区司法局	2020年8月21日	《企业刑事合规协作暂行办法》⑥

---

① 深圳市人民检察院：《合规整改，不止于"救活了"》，载"深圳市人民检察院"微信公众号，https：//mp.weixin.qq.com/s/O1D7hpoGeV-riwS1kDAjpA，2022年12月13日发布，最后访问时间：2023年7月20日。

② 《亮点｜广东深圳龙华区：建立法益修复考察期制度推动企业合规整改》，载最高人民检察院网站，https：//www.spp.gov.cn/spp/zdgz/202106/t20210621_521906.shtml，最后访问时间：2023年6月28日。

③ 《助力营商环境建设，看南山检察如何为企业破解难题》，载深圳市南山区人民检察院网站，https：//www.nsjc.gov.cn/news-info.htm?id=112856，最后访问时间：2023年6月28日。

④ 《广东省深圳市宝安区检察院积极推进企业合规试点工作一年间》，载最高人民检察院网站，https：//www.spp.gov.cn/zdgz/202105/t20210525_519122.shtml，最后访问时间：2023年6月28日。

⑤ 深检君：《有1说1｜办理企业合规案件约占全国1/10！这项试点深检君拼了！》，载"深圳市人民检察院"微信公众号，https：//mp.weixin.qq.com/s/ytWq8sovOGO6m8gr8M9YrQ，2022年2月15日发布，最后访问时间：2023年7月20日。

⑥ 刘健：《快讯｜我院与宝安区司法局举行〈企业刑事合规协作暂行办法〉会签仪式》，载"深圳市宝安区人民检察院"微信公众号，https：//mp.weixin.qq.com/s/BOwJFOxMxI-4KjO-RFbm1w，2020年8月21日发布，最后访问时间：2023年7月20日。

续表

省份	实施单位	时间	指导性文件/研讨会议
广东省	深圳市宝安区司法局	2020年8月28日	《深圳市宝安区司法局关于企业刑事合规独立监控人选任及管理规定（试行）》①
	佛山市人民检察院	2021年7月19日	《服务保障打造一流营商环境十二项工作措施》②
	佛山市顺德区人民检察院	2021年4月22日	企业合规改革试点工作座谈会③
	佛山市南海区人民检察院	2021年9月	《南海区涉案企业合规第三方监督评估机制工作办法（试行）》④
辽宁省	辽宁省人民检察院	2020年5月18日	《涉民营企业刑事犯罪案件指引》⑤
	辽宁省人民检察院、辽宁省市场监督管理局等九机关	2020年12月16日	《关于建立涉罪企业合规考察制度的意见》⑥
	辽宁省人民检察院	2021年9月10日	全省涉罪企业合规考察工作交流推进会⑦

① 《宝安区司法局关于印发〈深圳市宝安区司法局关于企业刑事合规独立监控人选任及管理规定（试行）〉的通知》，载深圳市宝安区司法局网站，http：//www.baoan.gov.cn/basfj/gkmlpt/content/8/8040/mpost_8040099.html#5161，最后访问时间：2023年6月28日。

② 佛山检察：《全文发布丨佛山市检察机关服务保障打造一流营商环境十二项工作措施》，载"佛山检察"微信公众号，https：//mp.weixin.qq.com/s/LEU3nF9qaeCxA6Md-XhDIw，2021年7月19日发布，最后访问时间：2023年7月20日。

③ 顺检君：《顺检在行动丨我院举办企业合规改革试点工作座谈会》，载"顺德检察"微信公众号，https：//mp.weixin.qq.com/s/XyiY8Y9PEXh8UvsxpfkMvQ，2021年4月22日发布，最后访问时间：2023年7月20日。

④ 《权威解读丨南海区涉案企业合规第三方监督评估机制工作办法（试行）》，载南海政法网，http：//zfw.nanhai.gov.cn/cms/html/10149/2021/20211115145055973866328/20211115145055973866328_1.html，2021年9月23日发布，最后访问时间：2023年7月20日。

⑤ 《辽宁省检察院发布〈涉民营企业刑事犯罪案件指引〉》，载辽宁省人民检察院网站，http：//www.ln.jcy.gov.cn/xwdt/sjxw/202005/t20200518_3907974.shtml，最后访问时间：2023年6月28日。

⑥ 《辽宁省检察院〈关于建立涉罪企业合规考察制度的意见〉（2020年）》，载"刑事法典"微信公众号，https：//mp.weixin.qq.com/s/7kUvRl0Y7WCc2yjZO95ccQ，2021年3月12日发布，最后访问时间：2023年7月20日。

⑦ 辽宁检察：《省检察院召开全省涉罪企业合规考察工作交流推进会丨〈第2272期〉》，载"辽宁检察"微信公众号，https：//mp.weixin.qq.com/s/N4_ReZMx28RbKM0_-jmiGw，2021年9月14日发布，最后访问时间：2023年7月20日。

续表

省份	实施单位	时间	指导性文件/研讨会议
湖北省	湖北省人民检察院	2021年10月9日	构建检察特色企业合规制度的探索与思考——企业合规改革理论与实务研讨会[1]
	湖北省人民检察院等九部门		《湖北省检察院关于开展企业合规改革试点的实施方案》《湖北省检察院企业合规改革试点案件指导把关工作规程》[2]
	湖北省随州市人民检察院	2021年6月	《关于建立涉案企业合规第三方监督评估机制的实施意见（试行）》[3]
	湖北省黄石市人民检察院	2020年7月	《黄石检察机关办理涉企刑事案件落实"两少""一慎"建设性司法十三条措施》《黄石检察机关民事行政、公益诉讼优化营商环境九条举措》[4]
	湖北省人民检察院	2022年3月15日	《关于湖北省检察机关在办理涉案企业合规案件中规范办案行为、防控办案风险的十条措施》[5]

---

[1] 《湖北：研讨涉案企业合规制度构建》，载最高人民检察院网站，https://www.spp.gov.cn/spp/dfjcdt/202110/t20211012_531986.shtml，最后访问时间：2023年6月28日。

[2] 刘怡廷：《聚焦省两会⑨｜合规改革，为企业送上"法治定心丸"》，载"鄂检在线"微信公众号，https://mp.weixin.qq.com/s/WxZcZDJ-IeTw1Z9CCGQVgw，2022年1月20日发布，最后访问时间：2023年7月20日。

[3] 最高人民检察院：《推进涉案企业合规改革，重在落实第三方监督评估机制》，载"最高人民检察院"微信公众号，https://mp.weixin.qq.com/s/R85etXkCkdK6Rhr-IUjBPQ，2022年6月28日发布，最后访问时间：2023年7月20日。

[4] 黄石检察：《@企业家，两张"检察盾牌"，速收！》，载"黄石检察"微信公众号，https://mp.weixin.qq.com/s/wki0SHnGmUj-6LoYPi11lQ，2020年10月19日发布，最后访问时间：2023年7月20日。

[5] 蒋长顺、霍焰：《湖北：出台十条措施护航涉案企业合规检察改革》，载"鄂检在线"微信公众号，https://mp.weixin.qq.com/s/id-A63LIul3DQ6xM85NDAg，2022年3月16日发布，最后访问时间：2023年7月20日。

续表

省份	实施单位	时间	指导性文件/研讨会议
江苏省	江苏省人民检察院	2020年10月26日	《关于服务保障民营企业健康发展的若干意见》[1]
	苏州市人民检察院	2020年上半年	《苏州市检察机关关于涉案企业限期刑事合规从宽处罚制度实施细则》[2]
	张家港市人民检察院	—	《企业犯罪相对不起诉适用办法》[3]
	无锡市人民检察院	2021年4月	《无锡市检察机关办理涉民营企业刑事案件操作指引》《企业合规监察监督规则(试行)》[4]
	南京市建邺区人民检察院	2020年5月18日	《关于涉企经济犯罪案件中适用认罪认罚从宽推进企业合规的实施意见（试行）》[5]
	南京市人民检察院	2021年12月23日	南京市涉案企业合规第三方监督评估机制管理委员会成立大会暨第一次联席会议；《南京市涉案企业合规第三方监督评估机制实施办法（试行）》《南京市涉案企业合规第三方监督评估机制专业人员选任管理办法（试行）》[6]
		2022年7月	《南京市检察机关开展涉案企业合规操作指引》[7]

[1] 南京检察：《江苏省检察院服务保障民营企业健康发展25条意见全文发布》，载"南京检察"微信公众号，https://mp.weixin.qq.com/s/G4dTJ_W4G0qVsfSLQ-JSfQ，2020年11月19日发布，最后访问时间：2023年7月20日。

[2] 《苏州市检察机关法治营商新闻发布会》，载苏州市人民检察院网站，http://sz.jsjc.gov.cn/tslm/xwfb/202008/t20200826_1082168.shtml，最后访问时间：2023年6月28日。

[3] 最高人民检察院：《江苏：企业合规改革试出成效、试出特色》，载"最高人民检察院"微信公众号，https://mp.weixin.qq.com/s/jmbPb3PqSsiKWZagWG4GLg，2021年12月29日发布，最后访问时间：2023年7月20日。

[4] 《江苏无锡：打通涉案民企"新生"路》，载最高人民检察院网站，https://www.spp.gov.cn/zdgz/202111/t20211114_535305.shtml，最后访问时间：2023年6月28日。

[5] 建检君：《关注｜建邺区检察院联合多家单位成立企业合规第三方监管委员会》，载"南京建邺检察"微信公众号，https://mp.weixin.qq.com/s/BFoPBvaSnQ8VnU34WiKX4A，2021年9月13日发布，最后访问时间：2023年7月20日。

[6] 《涉案企业合规改革，第三方监督如何落实？南京检察携手多部门办了件"大事"》，载南京市人民检察院网站，http://nj.jsjc.gov.cn/zt/zdjcbs/202112/t20211229_1327237.shtml，最后访问时间：2023年6月28日。

[7] 南京检察：《南京市检察院出台涉案企业合规工作指引》，载"南京检察"微信公众号，https://mp.weixin.qq.com/s/259Oj-8I52QTJdrdOmzPew，2022年7月2日发布，最后访问时间：2023年7月20日。

续表

省份	实施单位	时间	指导性文件/研讨会议
浙江省	浙江省人民检察院	2021年10月20日	《关于建立涉案企业合规第三方监督评估工作机制的意见（试行）》①
	浙江省人民检察院	2022年3月3日	《〈关于建立涉案企业合规第三方监督评估工作机制的意见（试行）〉实施细则》《浙江省涉案企业合规第三方监督评估机制专业人员选任管理办法（试行）》②
	永康市人民检察院	2021年1月	《关于共同推进企业合规法律监督工作的意见》③
	宁波市人民检察院	2020年9月	《宁波市检察机关关于建立涉罪企业合规考察制度的意见（试行）》④
	岱山县人民检察院	2020年9月27日	全市检察机关推进企业合规工作现场会在岱山县院召开⑤
	浙江省市场监督管理局	2022年7月5日	《互联网平台企业竞争合规管理规范》⑥

---

① 浙江检察：《浙江：23家单位会签意见 成立企业合规第三方监督评估机制管理委员会》，载"浙江检察"微信公众号，https：//mp.weixin.qq.com/s/mHObvvlW7RZ9hKJ3QOR9VA，2021年10月27日发布，最后访问时间：2023年7月20日。

② 《浙江省出台省级第三方监督评估机制实施细则及专业人员选任管理办法》，载中华全国工商业联合会网站，http：//www.acfic.org.cn/ztzlhz/saqyhg/saqyhg_5/202203/t20220324_102383.html，最后访问时间：2023年6月29日。

③ 浙江检察：《多部门联发！永康企业合规法律监督有了规范指导》，载"浙江检察"微信公众号，https：//mp.weixin.qq.com/s/PwfmZYbSrm92gKBH8ezFsg，2021年2月23日发布，最后访问时间：2023年7月20日。

④ 《浙江宁波：涉罪企业合规考察制度护航民企健康发展》，载最高人民检察院网站，https：//www.spp.gov.cn/spp/zdgz/202009/t20200923_480702.shtml，最后访问时间：2023年6月28日。

⑤ 岱山县人民检察院：《全市检察机关推进企业合规工作现场会在岱山县院召开》，载"岱山县人民检察院"微信公众号，https：//mp.weixin.qq.com/s/t26A0xaM8_E9OR9KWATWAgQ，2021年8月12日发布，最后访问时间：2023年7月20日。

⑥ 《浙江省市场监督管理局批准发布〈互联网平台企业竞争合规管理规范〉》，载浙江省市场监督管理局网站，http：//zjamr.zj.gov.cn/art/2022/7/8/art_1229047334_59023165.html，最后访问时间：2023年6月28日。

续表

省份	实施单位	时间	指导性文件/研讨会议
福建省	石狮市人民检察院	2021年2月3日	《石狮市人民检察院涉罪企业合规考察制度实施办法（试行）》①
		2021年2月25日	《关于企业刑事合规监督员选任及管理规定（试行）》②
	泉州市洛江区人民检察院	2021年3月	《涉企案件合规不起诉工作规程（试行）》《关于聘任泉州市洛江区人民检察院首批涉企案件合规监督员的决定》③
	晋江市人民检察院	2021年3月	《关于成立晋江民营企业合规建设服务联盟的实施方案》④
		2021年5月	《晋江市人民检察院涉企案件刑事合规办理规程（试行）》⑤

---

① 福建检察：《工作探索｜石狮检察推进涉罪企业合规考察试点工作》，载"福建检察"微信公众号（转自"石狮检察"微信公众号），https://mp.weixin.qq.com/s/tnZKTeYYy3YC69G0sYQAGg，2021年2月4日发布，最后访问时间：2023年7月20日。

② 福建检察：《"合规建设让企业行得更稳、走得更远！"石狮市检察院举办企业合规管理与刑事风险防控专题培训》，载"福建检察"微信公众号（转自"石狮检察"微信公众号），https://mp.weixin.qq.com/s/na71KgL6RC2EPyuRdyBcRw，2021年3月10日发布，最后访问时间：2023年7月20日。

③ 福建检察：《【工作探索】泉州洛江检察建立涉企案件合规监督员制度》，载"福建检察"微信公众号（转自"洛江检察"微信公众号），https://mp.weixin.qq.com/s/LEt9q-TDcFeJkNN7pyv3Qg，2021年3月4日发布。最后访问时间：2023年7月20日。

④ 泉州市人民检察院：《晋江检察院联合22家单位成立民营企业合规建设服务联盟》，载"泉州市人民检察院"微信公众号，https://mp.weixin.qq.com/s/BbhwaZwWjthNqmJ__oWk-w，2021年3月4日发布，最后访问时间：2023年7月20日。

⑤ 泉州市人民检察院：《【一院一亮点】晋江检察：推进企业合规建设 优化法治营商环境》，载"泉州市人民检察院"微信公众号，https://mp.weixin.qq.com/s/TluGpBZLKjqJPQrQv168KQ，2021年11月30日发布，最后访问时间：2023年7月20日。

续表

省份	实施单位	时间	指导性文件/研讨会议
山东省	山东省人民检察院	2021年10月19日	全省检察机关企业合规改革试点工作现场调研观摩活动①
		2021年12月31日	《关于建立涉案企业合规第三方监督评估机制的实施意见（试行）》②
		2022年3月3日	《山东省涉案企业合规第三方监督评估机制专业人员选任管理办法（试行）》③
	临沂市郯城县人民检察院	2021年2月	《企业犯罪相对不起诉实施办法》④
湖南省	湖南省人民检察院	2021年4月	《关于开展企业合规改革试点工作的实施方案》⑤
		2021年4月20日	企业合规改革试点检察院检察长座谈会⑥
		2021年7月9日	《湖南省涉案企业合规第三方监督评估机制管理委员会工作规则（试行）》⑦

① 临沂市人民检察院：《全省检察机关企业合规改革试点工作现场调研观摩活动在我市举行》，载"临沂市人民检察院"微信公众号，https：//mp.weixin.qq.com/s/HMdbnfz5sNqeYCBffRwCpA，2021年10月19日发布，最后访问时间：2023年7月20日。

② 《山东省贸促会积极参与山东省涉案企业合规第三方评估机制工作》，载中国国际贸易促进委员会山东省委员会网站，http：//www.ccpitsd.com/art/2022/5/7/art_107689_10292004.html，最后访问时间：2023年6月28日。

③ 潍坊工商联：《山东省涉案企业合规第三方监督评估机制专业人员选任管理办法（试行）》，载"潍坊工商"联微信公众号，https：//mp.weixin.qq.com/s/aHxjotAi68tLdm_dJdUMKw，2022年2月18日发布，最后访问时间：2023年7月20日。

④ 临沂改革：《市人民检察院：企业犯罪刑事合规试点》，载"临沂改革"微信公众号，https：//mp.weixin.qq.com/s/_mSdvx8OJVa9F2R1RMgY8g，2021年2月6日发布，最后访问时间：2023年7月20日。

⑤ 《湖南省检察院举行"诚心诚意听民声，我为民企办实事"检察开放日活动带给企业满满获得感幸福感安全感》，载湖南省政府网站，http：//www.hunan.gov.cn/hnszf/hnyw/zwdt/202111/t20211105_20977494.html，最后访问时间：2023年7月20日。

⑥ 湖南检察：《湖南即将启动企业合规改革试点工作》，载"湖南检察"微信公众号，https：//mp.weixin.qq.com/s/eC2Qp6_HthwyRQVWtvgwrg，2021年4月20日发布，最后访问时间：2023年7月20日。

⑦ 湖南检察：《湖南省涉案企业合规第三方监督评估机制管理委员会成立》，载"湖南检察"微信公众号，https：//mp.weixin.qq.com/s/WziQdBW0dRUvtASa1ZcPOg，2021年7月10日发布，最后访问时间：2023年7月20日。

续表

省份	实施单位	时间	指导性文件/研讨会议
贵州省	贵州省人民检察院	2022年5月	《贵州省涉案企业合规第三方监督评估机制实施意见（试行）》《贵州省涉案企业合规第三方监督评估组织运行规则（试行）》《贵州省涉案企业合规第三方监督评估机制专业人员选任管理办法（试行）》①
		2022年7月	《贵州省检察机关办理企业合规案件工作规程（试行）》②
内蒙古自治区	内蒙古自治区人民检察院	2022年	《关于建立涉案企业合规第三方监督评估机制的实施意见（试行）》《内蒙古自治区涉案企业合规第三方监督评估机制专业人员选任管理办法（试行）》③
	内蒙古自治区市场监督管理局	2022年7月1日	《内蒙古自治区公用企业反垄断合规指引》④

---

① 贵州检察：《学习强国｜贵州检察机关：护航企业合规行稳致远》，载"贵州检察"微信公众号，https://mp.weixin.qq.com/s?__biz=MjM5OTgxMjAwOA==&mid=2649371655&idx=1&sn=cc3626be3bb3584a283671a56d5381ca&chksm=bf29c3a0885e4ab6d7805a115ce17848e17cee3241e50becebc2a0f19a54e7afc0f6d94c4cb9c&scene=27，2022年11月23日发布，最后访问时间：2023年7月20日。

② 《贵州省检察院出台文件规范办理企业合规案件》，载贵州法治网，http://www.fzshb.cn/jczx/202207/t20220707_6078239.html，最后访问时间：2023年6月28日。

③ 《关于公开选任内蒙古自治区涉案企业合规第三方监督评估机制专业人员的公告》，载内蒙古自治区人民政府国有资产监督管理委员会网站，https://gzw.nmg.gov.cn/sjb/tzgg_15362/202207/t20220701_2082095.html，最后访问时间：2023年6月28日。

④ 《内蒙古自治区市场监督管理局关于印发〈内蒙古自治区公用企业反垄断合规指引〉的通告》，载呼和浩特市国有资产监督管理委员会网站，http://gzw.huhhot.gov.cn/ztzl/yhyshj/yshj/202304/t20230417_1510566.html，最后访问时间：2023年6月28日。

续表

省份	实施单位	时间	指导性文件/研讨会议
安徽省	安徽省人民检察院	2021年9月15日	《安徽省人民检察院关于开展企业合规工作的方案》①
		2022年5月24日	《关于建立涉案企业合规第三方监督评估机制的实施意见（试行）》《安徽省涉案企业合规第三方监督评估机制管理委员会工作规则》《涉案企业合规第三方监督评估机制专业人员选任管理办法》②
四川省	四川省人民检察院	2022年6月8日	《关于建立四川省涉案企业合规第三方监督评估工作机制的实施意见（试行）》《四川省涉案企业第三方监督评估机制专业人员选任管理实施细则（试行）》③
黑龙江省	黑龙江省人民检察院	2022年6月22日	《黑龙江省涉案企业合规第三方监督评估机制实施办法（试行）》《黑龙江省涉案企业合规第三方监督评估机制专业人员选任管理办法（试行）》④
广西壮族自治区	广西壮族自治区人民检察院	2022年5月30日	《广西壮族自治区涉案企业合规第三方监督评估机制实施办法（试行）》《广西壮族自治区涉案企业合规第三方监督评估机制专业人员选任管理实施办法（试行）》⑤

① 《安徽法制报｜企业合规改革的安徽检察实践》，载合肥市人民检察院网站，http：//www.hefei.jcy.gov.cn/zyaj/202302/t20230213_3993859.shtml，最后访问时间：2023年6月28日。

② 《安徽企业合规第三方机制正式运行》，载安徽省人民检察院官网，https：//www.ah.jcy.gov.cn/jcyw/202205/t20220530_3678182.shtml，最后访问时间：2023年6月28日。

③ 四川检察：《关于建立四川省涉案企业合规第三方监督评估工作机制的实施意见（试行）》，载"四川检察"微信公众号，https：//mp.weixin.qq.com/s/AZmSGSLxy24pQJnjpYHbTw，2022年7月2日发布，最后访问时间：2023年7月20日；四川检察：《四川省涉案企业合规第三方监督评估机制专业人员选任管理实施细则（试行）》，载"四川检察"微信公众号，https：//mp.weixin.qq.com/s/LAtG9ez2nPqC3uafdoAhfg，2022年7月2日发布，最后访问时间：2023年7月20日。

④ 黑龙江工商联：《附件2：关于印发黑龙江省涉案企业合规第三方监督评估机制实施办法及专业人员选任管理办法的通知》，载"黑龙江工商联"微信公众号，https：//mp.weixin.qq.com/s/VGWmoPDSwPbaPN7j2NL8Qg，2022年7月15日发布，最后访问时间：2023年7月20日。

⑤ 广西检察院：《〈3586期〉自治区涉案企业合规改革试点工作座谈会在南宁召开》，载"广西检察院"微信公众号，https：//mp.weixin.qq.com/s/bIWZdzZLndc95_O7P1C0kg，2022年5月30日发布，最后访问时间：2023年7月20日。

续表

省份	实施单位	时间	指导性文件/研讨会议
重庆市	重庆市人民检察院	2022年3月31日	《〈关于建立重庆市涉案企业合规第三方监督评估机制的实施办法（试行）〉〈重庆市涉案企业合规第三方监督评估机制专业人员选任管理实施细则（试行）〉的通知》[1]

根据试点区域开展的涉案企业合规改革工作情况，可以总结出以下几点特征：

（一）制度顶层设计

各地涉案企业合规改革都紧紧围绕最高人民检察院、司法部、财政部、生态环境部、国务院国有资产监督管理委员会、国家税务总局、国家市场监督管理总局、全国工商联、中国国际贸易促进委员会九部门发布的《关于建立涉案企业合规第三方监督评估机制的指导意见（试行）》及实施细则、《涉案企业合规第三方监督评估机制专业人员选任管理办法（试行）》部署，并结合本试点区域的特殊情况综合制定，内容一般包括工作原则、适用条件、工作流程、第三方监督机制、人员任用选聘等。这将为涉案企业合规改革在全国全面推进提供制度经验。

（二）多部门合作

涉案企业合规试点改革工作的开展模式以省级监察机关牵头统领，区域内基层检察院具体落实为主。在试点改革的过程中，检察机关为主导部门，并与司法部门、环境监管部门、市场监管部门、税务部门、行业协会等多个部门会同配合，建立联动协调的工作机制，积极推动涉案企业合规不起诉的行刑衔接。

---

[1] 新渝商：《重庆组织参加全国企业合规第三方监督评估工作推进会暨2022企业合规管理高端对话活动》，载"新渝商"微信公众号，https://mp.weixin.qq.com/s/41Dlz9-4gs4l-9kzjG0nZw，2022年6月18日发布，最后访问时间：2023年7月20日。

第三节　涉案企业合规与企业全面合规建设

一、涉案企业合规建设的基本要求

涉案企业的合规建设,就是涉案企业针对与涉嫌犯罪有密切联系的合规风险,制定专项合规整改计划,完善企业治理结构,健全内部规章制度,形成有效合规管理体系的活动。涉案企业合规建设的基本要求如下:

1. 停止违规违法行为:应当立即停止涉罪违规违法行为,退缴违规违法所得,补缴税款和滞纳金并缴纳相关罚款,全力配合有关主管机关、公安机关、检察机关及第三方组织的相关工作。

2. 成立合规建设领导小组:成立由涉案企业实际控制人、主要负责人和直接负责的主管人员组成的合规建设领导小组,必要时可以聘请外部专业机构或者专业人员参与或者协助。

3. 开展涉案成因分析、合规风险自查:合规建设领导小组应当在全面分析研判企业合规风险的基础上,结合本行业合规建设指引,研究制定专项合规计划和内部规章制度。

4. 制定专项合规计划:涉案企业制定的专项合规计划,应当能够有效防止再次发生相同或者类似的违法犯罪行为。

5. 企业领导承诺:企业实际控制人、主要负责人应当在专项合规计划中作出合规承诺后并明确宣示,合规是企业的优先价值,对违规违法行为采取零容忍的态度,确保合规融入企业的发展目标、发展战略和管理体系。

6. 设置合规管理机构和人员:涉案企业应当设置与企业类型、规模、经营范围、主营业务、行业特点等相适应的合规管理机构或者管理人员；合规管理机构或者管理人员可以专设或者兼理。合规管理的职责必须明确、具体，具有评估、考核的可行性。

7. 建立健全制度机制：涉案企业应当针对合规风险防控和合规管理机构履职的需要，通过制定合规管理规范、弥补监督管理漏洞等方式，建立健全合规管理的制度机制。涉案企业的合规管理机构和各层级管理经营组织均应当根据其职能特点设立合规目标，细化合规措施。

8. 确保合规管理机构和人员独立性：合规管理制度机制应当确保合规管理机构或者管理人员独立履行职责，对于涉及重大合规风险的决策具有充分发表意见并参与决策的权利。

9. 提供人力物力保障：涉案企业应当为合规管理制度机制的有效运行提供必要的人员、培训、宣传、场所、设备和经费等人力物力保障。

10. 建立合规管理运行机制：涉案企业应当建立监测、举报、调查、处理机制，保证及时发现、监控和纠正合规风险和违规行为。涉案企业可以建立合规绩效考评制度，引入合规指标对企业主要负责人、经营管理人员、关键技术人员等进行考评。

11. 建立持续改进机制：涉案企业应当建立持续整改、违规预警、定期报告等机制，保证合规管理制度机制根据企业经营发展实际不断调整和完善。

二、涉案企业合规建设与企业全面合规建设的差异

(一) 全面铺开与有所侧重

涉案企业合规与传统意义上的企业合规是既相互区别又相互联系的一组概念。传统意义上的企业合规，是覆盖公司治理各个方面，以合规风险防控为导向的"大而全"的公司治理体系。而涉案企业合规侧重于在深入分析犯罪原因的基础上，针对涉案企业在生产、经营、管理当中的漏洞及违法犯罪隐患，有针对性地指导企业开展合规整改，完善相关

制度，进而弥补漏洞、化解隐患，预防再次发生相同或相似违法犯罪行为。最高人民检察院、司法部、全国工商联等九部委联合颁布的《涉案企业合规建设、评估和审查办法（试行）》明确要求，涉案企业应当以全面合规为目标、专项合规为重点；同时亦不难发现，该办法将专项合规整改计划作为涉案企业合规建设的核心，而评估专项合规计划的重点，则是涉案合规风险的整改防控效果。这种有所侧重的整改思路也体现于最高人民检察院颁布的涉案企业合规典型案例中。2023年颁布的《涉案企业合规典型案例（第四批）》中，五个案例全部都强调了基于犯罪成因的针对性整改措施，如在保险诈骗案中强调涉案公司根据保险的定损理赔流程要素细分整改项目，帮助信息网络犯罪活动案中凸显通过技术手段进行违法广告巡查筛选等。可以说，相较于全面铺开的传统企业合规，涉案企业合规更接近于一种针对具体刑事罪名开展的特殊的专项合规。

（二）事前预防与事后整改

通常意义上的企业全面合规是指通过建立、运行和维护一整套企业内部管理体系，实现对违法违规行为的防范和控制，从而使企业及人员的行为符合相关内外部规范，即强调通过事前的制度机制建设实现对违法违规风险的预防。而涉案企业合规是典型的事后合规，其与事前合规的区别体现于：首先，作为一种事后整改程序，涉案企业合规的首要要求是停止违法违规行为并对由此造成的相关损害进行补救，如最高人民检察院在其公布的第四批典型案例安徽C公司、蔡某某等人滥伐林木、非法占用农用地案[①]中，就特别关注了恢复植被、修复生态的效果，并强调"检察机关严格把握企业合规适用条件，在督促涉案企业对损害后果采取必要的补救挽损措施后，才正式启动合规程序"。其次，事前合

[①] 《涉案企业合规典型案例（第四批）》，载最高人民检察院网站，https://www.spp.gov.cn/xwfbh/wsfbt/202301/t20230116_598548.shtml，最后访问时间：2023年6月27日。

规是面向未来、面向可能性的预防性合规，其所针对的风险也是抽象化、概念化的，其防范重点通常是企业经营中具有普遍意义的风险，如税务、环保、采购销售等，风险防控机制的建立主要依赖于对企业特点的分析和对行业风险的预判，而涉案企业合规作为事后合规，其针对的是某一类或某几类具象化的风险，风险的产生、防范机制的失灵都能在企业涉案的相关事实中找到具体的原因，这就要求相应的整改措施也更为具体、可落实。最后，除防范风险外，企业事前合规的意义还在于通过完善的制度和培训机制免除企业责任，如在2016年的某知名饮料公司员工侵犯公民个人信息案[1]中，该公司就通过提供公司规章制度及培训材料将员工个人责任和公司责任成功切割；而涉案企业合规则恰恰要求企业承担其责任，纠正涉罪违法行为、弥补公司制度漏洞、建设合规管理体系。

（三）长期体系建设与短期计划实施

企业合规建设是一项持续性的工作，无论是《合规管理体系 要求及使用指南》（ISO 37301：2021）还是《涉案企业合规建设、评估和审查办法（试行）》都要求企业合规管理体系应当包含持续改进机制。而企业全面合规体系的建立更要求长期地投入、按部就班地搭建、持续地调整和适应。但是，涉案企业合规却是一项有时间限制的程序，一方面，是因为案件的审查起诉和审理期限本身受到法律限制；另一方面，也是因为涉案企业的合规整改工作必然有固定的验收时间要求，不可能无休止地持续下去。通常，检察机关会为涉案企业的合规建设设置一定的考察期，因此，涉案企业合规整改的首要目标是在固定期限内制定和落实专项合规整改计划，并在计划中为合规管理体系的未来改进和进一步建设提供路径。在计划的制定阶段，企业或其聘请的合规顾问应当充分考虑企业的制度基础、人员素质、管理效率等因素，设计符合相关规范性

---

[1] 参见甘肃省兰州市中级人民法院（2017）甘01刑终89号刑事裁定书，载中国裁判文书网，最后访问时间：2023年10月29日。

要求、同时具备可行性的合规整改计划；在计划的落实阶段，企业应当以完成计划、通过合规考察验收为目标，对合规计划的执行给予足够的重视，并投入充足的人力物力，以便在有限的时间内建立起有效的合规管理体系。

三、专项合规建设促进全面合规建设

涉案企业合规建设一般而言是针对犯罪成因而有针对性地进行的合规整改和建设活动，但这并不意味着涉案企业合规建设仅仅停留在专项合规领域。恰恰相反，涉案企业合规不应只是简单的"头痛医头，脚痛医脚"，正如《涉案企业合规建设、评估和审查办法（试行）》的要求，涉案企业应当以全面合规为目标、专项合规为重点，并根据规模、业务范围、行业特点等因素变化，逐步增设必要的专项合规计划，推动实现全面合规。而不论是从制度机制角度，还是从价值观念角度，涉案企业合规都对企业合规管理体系的全面建设完成，有着不可忽视的积极作用。

（一）机制上"以点带面"

尽管涉案企业合规更偏重于所涉罪名的专项合规，但为了实现对涉罪风险的有效防控，企业仍然必须完成必要的合规体系建设。根据《涉案企业合规建设、评估和审查办法（试行）》有效的涉案企业合规管理体系应符合以下要求：对涉案合规风险的有效识别、控制；对违规违法行为的及时处置；合规管理机构或者管理人员的合理配置；合规管理制度机制建立以及人力物力的充分保障；监测、举报、调查、处理机制及合规绩效评价机制的正常运行；持续整改机制和合规文化已经基本形成。除特别强调涉案合规风险防控及违法行为处置外，其余要求与《中央企业合规管理办法》对央企合规的要求基本一致，后者是当前可供参考的有关企业全面合规建设的最新规范性文件，其中明确要求央企合规要坚持全面覆盖、将合规要求嵌入经营管理各领域各环节。换言之，如果能

完成涉案企业合规整改并通过验收，涉案企业就已经具备了建立全面合规体系所应包含的基本要素。虽然由于涉案企业合规的特点所限，这些基本要素的配置水平可能比较初级，如合规举报机制可能仅仅是提供一个举报电话或匿名信箱，但这仍然意味着企业完成了合规建设的"基建"，后续可以在这一基础上逐步加以完善，使企业的合规管理体系能够适应更为复杂的企业经营和风险防控需求。从另一个角度来说，全面合规本身就是多个领域专项合规的综合结果，涉案企业合规虽然强调对涉罪风险的针对性防控，但不同领域的合规管理制度和程序之间也存在共性和延续性，企业可从单项专项合规出发，逐步实现多项专项合规，由点及面，最终推进全面合规。

（二）观念上"文化启蒙"

尽管近年来，企业合规已经成为法律行业的热点话题，在国资委的大力推动下，国有企业也大多认识到合规的价值，加入企业合规建设的行列中，但是在民营企业，尤其是中小微企业中，企业合规仍然是一个十分陌生的概念。许多民营企业由于规模较小、资金实力有限等原因，既不具备开展全面合规的条件，也缺乏建设合规管理体系的动力，更不了解企业合规的相关理论和知识。对这类企业而言，涉案企业合规将成为他们认知和尝试企业合规建设的窗口，也可能成为他们迈向全面合规建设的奠基石。第一，涉案企业通常具有充分的动力自愿参加涉案企业合规整改，而一旦在整改中建立了合理规范的管理制度、标准化的工作流程和有效的内控机制，认识到违法违规行为的严重后果和合规管理体系建设的风险防范价值，涉案企业就可能在通过整改验收的基础上进一步健全完善全面合规体系，以追求违法违规风险的全方位防控效果。第二，涉案企业合规是对企业上下全体人员的合规文化启蒙，通过短时间高频次的宣贯，辅以张贴合规宣传语、开展合规培训等形式，能够在有限的合规考察期内向公司全体人员传递合规观念、普及合规价值，初步培育起合规文化，为未来企业建立更为复杂全面的合规管理体系完成思想上的铺垫。第三，合规管理的相关理论众多、概念复杂，全面合规要求企业合规人员具有相当高的知识素养和合规管理技能，这对完全没有基础的民营企业来说是一个难以满足的条件。而涉案企业合规的要求相对明确，工作内容的目的导向性很强，相对来说易于理解和执行。在涉案企业合规程序中，企业的合规管理人员能够在落实检察机关、第三方监督评估组织及合规顾问的建议和要求的过程中，从无到有地掌握建立和运行合规管理体系的方法论，从而成为未来企业开展全面合规建设的基础支柱。从这个角度来看，涉案企业合规可以作为对企业的一场合规启蒙教育，促进企业全面合规的更好开展。

第二章
合规管理的价值与评价机制

第一节　企业合规管理体系评价标准的基本属性

目前，实践中关于合规管理的各种标准或指引针对"合规管理有效性评估"的用语表述均不相同，如国家标准《合规管理体系 指南》（GB/T 35770—2017）中将此称为"管理评审"，《中央企业合规管理指引（试行）》中将此称为"合规管理评估"，《中央企业合规管理办法》中将此称为"合规管理体系有效性评价"。合规管理体系评价标准的核心是评价指标。评估指标体系设计的是否科学，将直接决定一次合规管理有效性评估的成败。科学的指标体系，既能客观、深入、完整地对企业合规管理是否有效作出评估，又能能动性地对企业向更优管理实践加以引导。目前我国的合规治理要求从涉及范围上正处于从头部央企逐渐向广大民营企业推广的阶段，而从要求上亦处于从表面合规向有效合规逐步提高的阶段。

一、中国的合规管理体系评价标准

2018年国资委发布《中央企业合规管理指引（试行）》后，企业特别是中央企业开始逐步建立合规管理体系，并产生合规管理有效性评估的需求。《中央企业合规管理指引（试行）》中的合规管理体系主要包含四个方面的内容：合规管理职责、合规管理重点、合规管理运行、合规管理保障。大多数中央企业也是参照此四个方面内容进行合规管理体系建设。同样，在开展合规管理体系有效性评估时，也是参照此结构进行评估。此种评估结构属于纵向合规要素的评估，采用此种评估结构的优点是能够较全面地覆盖合规管理各方面内容，比较贴合中国企业合规管理体系建设的实际，易于被大多数中国企业理解、适用，且可以根据企业实际需求，纵向增加其他的重要评价要素。《中央企业合规管理办法》进一步明确合规管理的组织和职责，在央企组织架构、制度建设与管理、运行机制、企业文化建设、信息化建设以及监督问责方面提出了更加具体的要求，更加切实地发挥强化央企合规管理工作的示范指导作用。

二、国内主要适用的合规管理体系评价标准

（一）《合规管理体系 要求及使用指南》（ISO 37301：2021）

2021年4月13日，国际标准化组织（ISO）更新了新版的《合规管理体系 要求及使用指南》（Compliance management systems — Requirements with guidance for use，ISO 37301：2021，简称"ISO 37301"）。

（二）《合规管理体系 要求及使用指南》（GB/T 35770—2022）

当前，企业合规管理领域有效的国家标准是2022年10月12日发布的《合规管理体系 要求及使用指南》（GB/T 35770—2022），由中国标准化研究院（国家市场监督管理总局直属单位）牵头起草，该标准等同采用ISO国际标准ISO 37301，为企业建立合规管理体系提供了标准和依据，成为广大国内企业可依据执行的标准，同时可依据该标准申请第三方管理体系认证。

（三）《中央企业合规管理办法》

2021年10月17日，国资委发布的《关于进一步深化法治央企建设

的意见》指出，到 2025 年中央企业基本建立全面覆盖、有效运行的合规管理体系。这一目标的落脚点和验收关键是"有效运行"。2022 年 8 月 23 日，《中央企业合规管理办法》（以下简称《办法》）正式发布，2022 年 10 月 1 日起正式试行。《办法》以国资委令的形式发布，明确了国资委的监督问责职责，并且许多规定使用了"应当"的表述，具有一定的刚性约束力。《办法》既总结了历年中央企业合规管理实践经验，也借鉴了当前国际大企业的先进做法，在与国际接轨的同时，也突出了我国法治央企建设的特色和内在要求，明确了中央企业合规管理工作应当遵循的四个原则：坚持党的领导、坚持全面覆盖、坚持权责清晰、坚持务实高效。

（四）《中小企业合规管理体系有效性评价》团体标准

此前，中国尚没有一个专门针对中小企业的合规管理体系有效性进行评价的标准。2022 年 5 月 23 日，中国中小企业协会发布了《中小企业合规管理体系有效性评价》团体标准（以下简称为《标准》），提供了一套全面且完善的中小企业合规管理体系的评价方法论，既符合中小企业当前发展阶段实际，同时也具备中小企业合规建设长远发展的前瞻指导意义。

《标准》由中国中小企业协会企业合规专业委员会作为牵头单位起草，确立了中小企业合规管理体系有效性评价的总体原则和方法，制定了评价机制和评价指标，明确了合规管理体系有效性评价核心要素，为中小企业的合规管理体系提出了具有针对性的评价标准。此外，《标准》还根据中小微企业在发展过程中的实际情况，分别针对中型企业、小型企业、微型企业的合规管理体系制定了不同的评价标准。

《标准》紧密围绕中小企业经营发展实际和合规建设现状，切实抓准中小企业合规建设的突出问题、关键环节，科学设计评价指标，兼具探索性、实践性、创新性。未来，《标准》的内容将通过评价活动，进一步促进中小企业合规管理体系建设。

(五)《涉案企业合规建设、评估和审查办法（试行）》

2022年4月19日，最高人民检察院等九部门联合印发了《涉案企业合规建设、评估和审查办法（试行）》，其中对合规计划有效性标准作出规定，对涉案企业专项合规整改计划和相关合规管理体系有效性的评估，重点包括以下内容：（1）对涉案合规风险的有效识别、控制；（2）对违规违法行为的及时处置；（3）合规管理机构或者管理人员的合理配置；（4）合规管理制度机制建立以及人力物力的充分保障；（5）监测、举报、调查、处理机制及合规绩效评价机制的正常运行；（6）持续整改机制和合规文化已经基本形成。

第二节　企业合规计划的有效标准

2021年4月13日，《合规管理体系 要求及使用指南》（Compliance management systems — Requirements with guidance for use，ISO 37301：2021，简称ISO 37301）国际标准正式发布实施。

一、标准的内容

ISO 37301规定了组织建立、运行、维护和改进合规管理体系的要求，并提供了使用指南，适用于全球任何类型、规模、性质和行业的组织。

1. 组织环境

组织所处的环境构成了组织赖以生存的基础。这些环境既涉及法律法规、监管要求、行业准则、良好实践、道德标准，又涉及组织自行制定或公开声明遵守的各类规则。因此，建立合规管理体系首先要对组织所处的环境予以识别和分析。ISO 37301 从以下方面规定了识别和分析组织环境的要求：一是确定影响组织合规管理体系预期结果能力的内部和外部因素；二是确定并理解相关方及其需求；三是识别与组织的产品、服务或活动有关的合规义务、评估合规风险；四是确定反映组织价值、战略的合规管理体系及其边界和适用范围。

2. 领导作用

领导是合规管理的根本，对于整个组织树立合规意识、建立高效的合规管理体系具有至关重要的作用。ISO 37301 对组织的治理机构、最高管理者等如何发挥领导作用作出了规定：一是治理机构和最高管理者要展现对合规管理体系的领导作用和积极承诺；二是遵守合规治理原则；三是培育、制定并在组织各个层面宣传合规文化；四是制定合规方针；五是确定治理机构和最高管理者、合规团队、管理层及员工相应的职责和权限。

3. 策划

策划是预测潜在的情形和后果，对于确保合规管理体系能实现预期效果，防范并减少不希望的影响，实现持续改进具有重要作用。ISO 37301 从以下三个方面规定了策划合规管理体系的要求：一是在各部门和层级上建立适宜的合规目标，策划实现合规目标需建立的过程；二是综合考虑组织内外部环境问题、合规义务和合规目标，策划应对风险和机会的措施，并将这些措施纳入合规管理体系；三是有计划地对合规管理体系进行修改。

4. 支持

支持是合规管理的重要保障，对于合规管理体系在各个层面得到认可并保障合规行为实施具有重要的支持作用。ISO 37301 从以下五个方面规定了支持措施：一是确定并提供所需的资源，如财务资源、工作环境与基础设施等；二是招聘能胜任且能遵守合规要求的员工，对违反合规要求的员工采取纪律处分等管理措施；三是提供培训，提升员工合规意识；四是开展内部和外部沟通与宣传；五是创建、控制和维护文件化信息。

5. 运行

运行是立足于执行层面，策划、实施和控制满足合规义务和战略层面规划的措施相关的流程，以确保组织运行合规管理体系。ISO 37301 从以下四个方面对运行作出了规定：一是实施为满足合规义务、实施合规目标所需的过程以及所需采取的措施；二是建立并实施过程的准则、控制措施，定期检查和测试这些控制措施，并保留记录；三是建立举报程序，鼓励员工善意报告疑似和已发生的不合规情况；四是建立调查程序，对可疑和已发生的违反合规义务的情况进行评估、调查和了结。

6. 绩效评价

绩效评价是对合规管理体系建立并运行后的绩效、体系有效性评价，对于查找可能存在的问题、后续改进合规管理体系等具有重要意义。ISO 37301 对如何开展合规管理体系绩效评价作出了规定：一是监视、测量、分析和评价合规管理体系的绩效和有效性；二是有计划地开展内部审核；三是定期开展管理评审。

7. 改进

改进是对合规管理体系运行中发生不合格/不合规情况作出反应、评价是否需要采取措施，消除不合格/不合规的根本原因，避免再次发生或在其他地方发生，并持续改进，以确保合规管理体系的动态持续有效。ISO 37301 从以下两个方面对改进作出了规定：一是持续改进合规管理体系的适用性、充分性和有效性；二是对发生的不合格、不合规采取控制或纠正措施。

二、标准的应用方式

作为 A 类管理体系标准，ISO 37301 至少有四种应用方式：

1. 作为各类组织自我声明符合的依据。各类组织通过实施 ISO 37301，建立并运行合规管理体系，一方面，使得组织的行为以及行为结果合规；另一方面，在需要时还能够据此标准追溯组织是否符合合规管理体系规定的内容或证实是否达到合规要求。

2. 作为认证机构开展认证的依据。ISO 37301 规定了合规管理体系的要求，并提供了建议做法和指南，认证机构在认证活动中，可以直接应用或者在其认证技术规范中明确 ISO 37301 作为组织符合合规管理体系要求的认证依据。

3. 作为政府机构监管的依据。政府机构可以将 ISO 37301 确立的合规管理理念应用于行政监管活动，通过对组织的合规管理体系运行情况评价结果来匹配相应的监管手段和措施，实施精准监管。

4. 作为司法机关对违规企业量刑与监管验收的依据。可以将 ISO 37301 确立的合规管理体系要求作为司法机关对涉及违规企业量刑的考量依据，可以作为落实依法不捕不诉不提出判实刑建议等司法意见、制定合规指引、督促企业合规整改和第三方监管验收的依据。

三、标准制定的意义

ISO 37301 的制定对于各类组织的合规管理能力建设、政府监管活动、国际贸易交流、沟通合作改善等具有重要的意义。一是为各类组织提高自身的合规管理能力提供系统化方法，它采用 PDCA 理念[①]完整覆盖了合规管理体系建设、运行、维护和改进的全流程，基于合规治理原则为组织建立并运行合规管理体系、传播积极的合规文化提供了整套解决方案。二是为监管机构和司法机构采信组织的合规整改计划、合规管理体系实践提供参考依据，监管机构和司法机构在对组织违反相关法律

[①] PDCA（计划 Plan—执行 Do—检查 Check—行动 Act）理念是一种管理和质量改进方法。PDCA 理念通过四个阶段的循环改进，实现持续质量改进。

的行为作出处罚时，可以将组织的合规管理体系运行情况作为衡量处罚力度的一个考量因素。三是为便利全球范围内相关方之间的贸易、交流与合作提供了通用规则，各类组织可以通过声明符合 ISO 37301 或者获得依据 ISO 37301 所进行的认证，在相关方之间传递信任，进而为贸易、交流与合作提供便利。

第三节 行政监管、刑事合规的有效标准

一、行政监管合规的有效标准

我国行政监管合规在部分领域已经开展，企业合规已经在发挥着一定的行政监管激励作用，但是截至目前，具体明确的行政监管合规有效评价标准尚有待制定，通常合规有效性标准是由相应的行政监督执法部门确定的。

《商业银行合规风险管理指引》第八条第一款规定："商业银行应建立与其经营范围、组织结构和业务规模相适应的合规风险管理体系。"指引第四章对银监会对商业银行合规风险监管的职责进行了规定，商业银行向银监会备案合规管理文件，向银监会报告合规计划、合规风险、合规重大事项、合规负责人，银监会对商业银行进行合规风险有效性的评价及对商业银行的合规有效性进行检查，具体包括四个方面：（1）风险管理体系的适当性和有效性；（2）董事会和高级管理层在合规风险管理中的作用；（3）绩效考核制度、问责制度和诚信举报制度的适当性和有效性；（4）合规管理职能的适当性和有效性。

《保险法》[①] 第八十五条、第八十六条规定要求保险公司加快建立合

[①] 全称为《中华人民共和国保险法》，为表述方便，在不影响理解的前提下，本书在引用法律法规名称时，均省略全称中的"中华人民共和国"字样。

规报告制度。2007年中国保监会发布的《保险公司合规管理指引》，2017年7月1日修改为《保险公司合规管理办法》，其第三条第二款规定："保险公司应当按照本办法规定，建立健全合规管理制度，完善合规管理组织架构，明确合规管理责任，构建合规管理体系，推动合规文化建设，有效识别并积极主动防范、化解合规风险，确保公司稳健运营。"强制要求建立合规管理体系。该办法第五章规定了中国保监会对保险公司监督和采取监督措施的职权。

《证券公司监督管理条例》第十二条规定将合规制度作为公司设立的条件。《证券公司和证券投资基金管理公司合规管理办法》（2020年修正）第二条第一款规定："在中华人民共和国境内设立的证券公司和证券投资基金管理公司（以下统称证券基金经营机构）应当按照本办法实施合规管理。"第七条规定了"证券基金经营机构董事会决定本公司的合规管理目标，对合规管理的有效性承担责任"，并规定董事会负责评估合规管理有效性，督促解决合规管理中存在的问题。该办法第四章规定了中国证监会对证券公司和证券投资基金管理公司监督管理的职责和可以采取的监管措施，但是并没有规定明确具体的有效性评价标准。

二、刑事合规的有效标准

2022年4月19日，最高人民检察院等九部门联合印发了《涉案企业合规建设、评估和审查办法（试行）》，其中对合规计划有效性标准作出规定，对涉案企业专项合规整改计划和相关合规管理体系有效性的评估，重点包括以下内容：（1）对涉案合规风险的有效识别、控制；（2）对违规违法行为的及时处置；（3）合规管理机构或者管理人员的合理配置；（4）合规管理制度机制建立以及人力物力的充分保障；（5）监测、举报、调查、处理机制及合规绩效评价机制的正常运行；（6）持续整改机制和合规文化已经基本形成。

但是，目前每个评估标准下的具体内容和标准还有待进一步明确规定，司法界和学界也在积极讨论合规管理体系有效性的具体评估标准。上海市人民检察院第二分院检察官杨志国认为，有效的合规计划包含法律法规，基本普适商业行为准则，以及企业管理规范。同时，上述合规计划要得到切实有效的执行、实施。通过合规计划的实施，能够有效规范企业和员工的行为，防范化解风险，预防刑事犯罪的发生。判断合规计划是否有效，可以设置以下四个指标：

一是坚持问题导向。尤其是以检察机关为导向的企业合规，要针对涉罪企业的问题，深入查找原因，制定合规计划。

二是强调专业性。要有企业合规官、合规部门的设置，在专业部门的设置下要配备专业人员进行合规治理和运作。

三是要有过程管理。在合规计划的执行过程中，要有流程性、过程性的监管。

四是要有结果的评估。虽然有效的合规计划并不能完全杜绝违法犯罪行为的发生，但是从结果的意义上来讲，其一定是能够降低发生率的。[1]

笔者认为，除以上四个概括性指标外，涉案企业合规有效性评估的内容应当包括涉案企业合规整改与建设的各项具体要求（具体见本书第一章第三节），相关评价指标也应当围绕具体要求来设计。值得注意的是，2022年下半年，一些地方的检察机关相继针对涉案企业合规整改的具体操作及有效性评估出台了专门指引，如江苏省南京市检察院出台了《南京市检察机关开展涉案企业合规操作指引》，北京市各级检察机关先

---

[1] 上海检察：《75号咖啡丨企业合规之行稳致远：企业有效合规的判断标准与监管机制》，载"上海检察"微信公众号，https://mp.weixin.qq.com/s/TI4qhni2NFeZt1bQhlq4rw，2021年11月27日发布，最后访问时间：2023年7月20日。

后出台了知识产权、走私、串通投标、税收征管、证券期货等领域涉案企业合规整改指南，细化类案验收考察评估标准，这为涉案企业合规整改的有效性评估提供了不同程度的依据。[①] 当然以上指引或指南文件也存在一些容易引发争议亟须进一步完善的地方，本书不赘叙。

[①] 京检在线：《北京市检察机关发布类型化涉案企业合规整改指南》，载"京检在线"公众号，https://mp.weixin.qq.com/s/6raH9uSAfe-IC1JHEtOV7A，2022年12月13日发布，最后访问时间：2023年7月20日。

中篇 专项涉案企业合规实务与案例

第三章[1]
证券类犯罪涉案企业合规整改及案例

本章将紧密结合司法实务，首先分析我国目前证券类犯罪的整体发生情况，再介绍证券类犯罪涉案企业合规整改典型案例。在此基础上，结合相关证券法规与监管文件、合规理论及事务所实践经验，总结证券类犯罪涉案企业合规构建之重点，并特别梳理了内幕交易类犯罪与信息披露类犯罪的涉案企业合规审查要点，以资从业者参考借鉴。

第一节 证券类犯罪的基本情况

2021年7月，中共中央办公厅、国务院办公厅公布了《关于依法从严打击证券违法活动的意见》、最高人民检察院驻中国证监会检察室正式成立，进一步推动资本市场行政执法与刑事司法高效衔接，增强打击证券违法犯罪的合力。本节从现有立法中证券类犯罪的主要类型、案件发生趋势、涉案企业合规整改情况三个方面介绍我国目前司法实务中证券类犯罪发生情况。

一、证券类犯罪主要类型

根据最高人民法院、最高人民检察院《关于贯彻执行〈关于办理证

---

[1] 中篇（专项涉案企业合规实务与案例）共涉及9个专项合规内容，根据每个专项的具体情况，在体例结构上也略有不同，特此说明。

券期货违法犯罪案件工作若干问题的意见〉有关问题的通知》的规定，证券期货犯罪，是指《刑法》第一百六十条（欺诈发行证券罪）、第一百六十一条（违规披露、不披露重要信息罪）、第一百六十九条之一（背信损害上市公司利益罪）、第一百七十八条第二款（伪造、变造股票、公司、企业债券罪）、第一百七十九条（擅自发行股票、公司、企业债券罪）、第一百八十条（内幕交易、泄露内幕信息罪；利用未公开信息交易罪）、第一百八十一条（编造并传播证券、期货交易虚假信息罪；诱骗投资者买卖证券、期货合约罪）、第一百八十二条（操纵证券、期货市场罪）、第一百八十五条之一第一款（背信运用受托财产罪）规定的犯罪。现就公司涉证券刑事主要涉及的罪名及法律依据梳理如下表3-1：

表3-1 证券类犯罪涉及的罪名及法律规定

序号	罪名	法律依据
1	违规披露、不披露重要信息罪	（一）《刑法》 第一百六十一条 【违规披露、不披露重要信息罪】依法负有信息披露义务的公司、企业向股东和社会公众提供虚假的或者隐瞒重要事实的财务会计报告，或者对依法应当披露的其他重要信息不按照规定披露，严重损害股东或者其他人利益，或者有其他严重情节的，对其直接负责的主管人员和其他直接责任人员，处五年以下有期徒刑或者拘役，并处或者单处罚金；情节特别严重的，处五年以上十年以下有期徒刑，并处罚金。 前款规定的公司、企业的控股股东、实际控制人实施或者组织、指使实施前款行为的，或者隐瞒相关事项导致前款规定的情形发生的，依照前款的规定处罚。 犯前款罪的控股股东、实际控制人是单位的，对单位判处罚金，并对其直接负责的主管人员和其他直接责任人员，依照第一款的规定处罚。 （二）《最高人民检察院、公安部关于公安机关管辖的刑事案件立案追诉标准的规定（二）》 第六条 〔违规披露、不披露重要信息案（刑法第一百六十一条）〕依法负有信息披露义务的公司、企业向股东和社会公众提供虚假的或者隐瞒重要事实的财务会计报告，或者对依法应当披露的其他重要信息不按照规定披露，涉嫌下列情形之一

续表

序号	罪名	法律依据
1	违规披露、不披露重要信息罪	的，应予立案追诉： （一）造成股东、债权人或者其他人直接经济损失数额累计在一百万元以上的； （二）虚增或者虚减资产达到当期披露的资产总额百分之三十以上的； （三）虚增或者虚减营业收入达到当期披露的营业收入总额百分之三十以上的； （四）虚增或者虚减利润达到当期披露的利润总额百分之三十以上的； （五）未按照规定披露的重大诉讼、仲裁、担保、关联交易或者其他重大事项所涉及的数额或者连续十二个月的累计数额达到最近一期披露的净资产百分之五十以上的； （六）致使不符合发行条件的公司、企业骗取发行核准或者注册并且上市交易的； （七）致使公司、企业发行的股票或者公司、企业债券、存托凭证或者国务院依法认定的其他证券被终止上市交易的； （八）在公司财务会计报告中将亏损披露为盈利，或者将盈利披露为亏损的； （九）多次提供虚假的或者隐瞒重要事实的财务会计报告，或者多次对依法应当披露的其他重要信息不按照规定披露的； （十）其他严重损害股东、债权人或者其他人利益，或者有其他严重情节的情形
2	操纵证券、期货市场罪	（一）《刑法》 第一百八十二条　【操纵证券、期货市场罪】有下列情形之一，操纵证券、期货市场，影响证券、期货交易价格或者证券、期货交易量，情节严重的，处五年以下有期徒刑或者拘役，并处或者单处罚金；情节特别严重的，处五年以上十年以下有期徒刑，并处罚金： （一）单独或者合谋，集中资金优势、持股或者持仓优势或者利用信息优势联合或者连续买卖的； （二）与他人串通，以事先约定的时间、价格和方式相互进行证券、期货交易的； （三）在自己实际控制的帐户之间进行证券交易，或者以自己为交易对象，自买自卖期货合约的；

续表

序号	罪名	法律依据
2	操纵证券、期货市场罪	（四）不以成交为目的，频繁或者大量申报买入、卖出证券、期货合约并撤销申报的； （五）利用虚假或者不确定的重大信息，诱导投资者进行证券、期货交易的； （六）对证券、证券发行人、期货交易标的公开作出评价、预测或者投资建议，同时进行反向证券交易或者相关期货交易的； （七）以其他方法操纵证券、期货市场的。 单位犯前款罪的，对单位判处罚金，并对其直接负责的主管人员和其他直接责任人员，依照前款的规定处罚。 （二）《最高人民检察院、公安部关于公安机关管辖的刑事案件立案追诉标准的规定（二）》 第三十四条　〔操纵证券、期货市场案（刑法第一百八十二条）〕操纵证券、期货市场，影响证券、期货交易价格或者证券、期货交易量，涉嫌下列情形之一的，应予立案追诉： （一）持有或者实际控制证券的流通股份数量达到该证券的实际流通股份总量百分之十以上，实施刑法第一百八十二条第一款第一项操纵证券市场行为，连续十个交易日的累计成交量达到同期该证券总成交量百分之二十以上的； （二）实施刑法第一百八十二条第一款第二项、第三项操纵证券市场行为，连续十个交易日的累计成交量达到同期该证券总成交量百分之二十以上的； （三）利用虚假或者不确定的重大信息，诱导投资者进行证券交易，行为人进行相关证券交易的成交额在一千万元以上的； （四）对证券、证券发行人公开作出评价、预测或者投资建议，同时进行反向证券交易，证券交易成交额在一千万元以上的； （五）通过策划、实施资产收购或者重组、投资新业务、股权转让、上市公司收购等虚假重大事项，误导投资者作出投资决策，并进行相关交易或者谋取相关利益，证券交易成交额在一千万元以上的； （六）通过控制发行人、上市公司信息的生成或者控制信息披露的内容、时点、节奏，误导投资者作出投资决策，并进行相关交易或者谋取相关利益，证券交易成交额在一千万元以上的；

续表

序号	罪名	法律依据
2	操纵证券、期货市场罪	（七）实施刑法第一百八十二条第一款第一项操纵期货市场行为，实际控制的账户合并持仓连续十个交易日的最高值超过期货交易所限仓标准的二倍，累计成交量达到同期该期货合约总成交量百分之二十以上，且期货交易占用保证金数额在五百万元以上的； （八）通过囤积现货，影响特定期货品种市场行情，并进行相关期货交易，实际控制的账户合并持仓连续十个交易日的最高值超过期货交易所限仓标准的二倍，累计成交量达到同期该期货合约总成交量百分之二十以上，且期货交易占用保证金数额在五百万元以上的； （九）实施刑法第一百八十二条第一款第二项、第三项操纵期货市场行为，实际控制的账户连续十个交易日的累计成交量达到同期该期货合约总成交量百分之二十以上，且期货交易占用保证金数额在五百万元以上的； （十）利用虚假或者不确定的重大信息，诱导投资者进行期货交易，行为人进行相关期货交易，实际控制的账户连续十个交易日的累计成交量达到同期该期货合约总成交量百分之二十以上，且期货交易占用保证金数额在五百万元以上的； （十一）对期货交易标的公开作出评价、预测或者投资建议，同时进行相关期货交易，实际控制的账户连续十个交易日的累计成交量达到同期该期货合约总成交量的百分之二十以上，且期货交易占用保证金数额在五百万元以上的； （十二）不以成交为目的，频繁或者大量申报买入、卖出证券、期货合约并撤销申报，当日累计撤回申报量达到同期该证券、期货合约总申报量百分之五十以上，且证券撤回申报额在一千万元以上、撤回申报的期货合约占用保证金数额在五百万元以上的； （十三）实施操纵证券、期货市场行为，获利或者避免损失数额在一百万元以上的。 操纵证券、期货市场，影响证券、期货交易价格或者证券、期货交易量，获利或者避免损失数额在五十万元以上，同时涉嫌下列情形之一的，应予立案追诉： （一）发行人、上市公司及其董事、监事、高级管理人员、控股股东或者实际控制人实施操纵证券、期货市场行为的；

续表

序号	罪名	法律依据
2	操纵证券、期货市场罪	（二）收购人、重大资产重组的交易对方及其董事、监事、高级管理人员、控股股东或者实际控制人实施操纵证券、期货市场行为的； （三）行为人明知操纵证券、期货市场行为被有关部门调查，仍继续实施的； （四）因操纵证券、期货市场行为受过刑事追究的； （五）二年内因操纵证券、期货市场行为受过行政处罚的； （六）在市场出现重大异常波动等特定时段操纵证券、期货市场的； （七）造成其他严重后果的。 对于在全国中小企业股份转让系统中实施操纵证券市场行为，社会危害性大，严重破坏公平公正的市场秩序的，比照本条的规定执行，但本条第一款第一项和第二项除外。
3	内幕交易罪、泄露内幕信息罪	（一）《刑法》 第一百八十条第一款、第二款、第三款　【内幕交易、泄露内幕信息罪】证券、期货交易内幕信息的知情人员或者非法获取证券、期货交易内幕信息的人员，在涉及证券的发行，证券、期货交易或者其他对证券、期货交易价格有重大影响的信息尚未公开前，买入或者卖出该证券，或者从事与该内幕信息有关的期货交易，或者泄露该信息，或者明示、暗示他人从事上述交易活动，情节严重的，处五年以下有期徒刑或者拘役，并处或者单处违法所得一倍以上五倍以下罚金；情节特别严重的，处五年以上十年以下有期徒刑，并处违法所得一倍以上五倍以下罚金。 单位犯前款罪的，对单位判处罚金，并对其直接负责的主管人员和其他直接责任人员，处五年以下有期徒刑或者拘役。 内幕信息、知情人员的范围，依照法律、行政法规的规定确定。 （二）《最高人民检察院、公安部关于公安机关管辖的刑事案件立案追诉标准的规定（二）》 第三十条　〔内幕交易、泄露内幕信息案（刑法第一百八十条第一款）〕证券、期货交易内幕信息的知情人员、单位或者非法获取证券、期货交易内幕信息的人员、单位，在涉及证券的发行，证券、期货交易或者其他对证券、期货交易价格有重大影响的信息尚未公开前，买入或者卖出该证券，或者从事与

续表

序号	罪名	法律依据
3	内幕交易罪、泄露内幕信息罪	该内幕信息有关的期货交易，或者泄露该信息，或者明示、暗示他人从事上述交易活动，涉嫌下列情形之一的，应予立案追诉： （一）获利或者避免损失数额在五十万元以上的； （二）证券交易成交额在二百万元以上的； （三）期货交易占用保证金数额在一百万元以上的； （四）二年内三次以上实施内幕交易、泄露内幕信息行为的； （五）明示、暗示三人以上从事与内幕信息相关的证券、期货交易活动的； （六）具有其他严重情节的。 内幕交易获利或者避免损失数额在二十五万元以上，或者证券交易成交额在一百万元以上，或者期货交易占用保证金数额在五十万元以上，同时涉嫌下列情形之一的，应予立案追诉： （一）证券法规定的证券交易内幕信息的知情人实施或者与他人共同实施内幕交易行为的； （二）以出售或者变相出售内幕信息等方式，明示、暗示他人从事与该内幕信息相关的交易活动的； （三）因证券、期货犯罪行为受过刑事追究的； （四）二年内因证券、期货违法行为受过行政处罚的； （五）造成其他严重后果的。
4	利用未公开信息交易罪	（一）《刑法》 第一百八十条第四款　【利用未公开信息交易罪】证券交易所、期货交易所、证券公司、期货经纪公司、基金管理公司、商业银行、保险公司等金融机构的从业人员以及有关监管部门或者行业协会的工作人员，利用因职务便利获取的内幕信息以外的其他未公开的信息，违反规定，从事与该信息相关的证券、期货交易活动，或者明示、暗示他人从事相关交易活动，情节严重的，依照第一款的规定处罚。 （二）《最高人民法院、最高人民检察院关于办理利用未公开信息交易刑事案件适用法律若干问题的解释》 第一条　刑法第一百八十条第四款规定的"内幕信息以外的其他未公开的信息"，包括下列信息： （一）证券、期货的投资决策、交易执行信息；

续表

序号	罪名	法律依据
4	利用未公开信息交易罪	（二）证券持仓数量及变化、资金数量及变化、交易动向信息； （三）其他可能影响证券、期货交易活动的信息。 第二条　内幕信息以外的其他未公开的信息难以认定的，司法机关可以在有关行政主（监）管部门的认定意见的基础上，根据案件事实和法律规定作出认定。 第三条　刑法第一百八十条第四款规定的"违反规定"，是指违反法律、行政法规、部门规章、全国性行业规范有关证券、期货未公开信息保护的规定，以及行为人所在的金融机构有关信息保密、禁止交易、禁止利益输送等规定。 第四条　刑法第一百八十条第四款规定的行为人"明示、暗示他人从事相关交易活动"，应当综合以下方面进行认定： （一）行为人具有获取未公开信息的职务便利； （二）行为人获取未公开信息的初始时间与他人从事相关交易活动的初始时间具有关联性； （三）行为人与他人之间具有亲友关系、利益关联、交易终端关联等关联关系； （四）他人从事相关交易的证券、期货品种、交易时间与未公开信息所涉证券、期货品种、交易时间等方面基本一致； （五）他人从事的相关交易活动明显不具有符合交易习惯、专业判断等正当理由； （六）行为人对明示、暗示他人从事相关交易活动没有合理解释。 第五条　利用未公开信息交易，具有下列情形之一的，应当认定为刑法第一百八十条第四款规定的"情节严重"： （一）违法所得数额在一百万元以上的； （二）二年内三次以上利用未公开信息交易的； （三）明示、暗示三人以上从事相关交易活动的。 第六条　利用未公开信息交易，违法所得数额在五十万元以上，或者证券交易成交额在五百万元以上，或者期货交易占用保证金数额在一百万元以上，具有下列情形之一的，应当认定为刑法第一百八十条第四款规定的"情节严重"： （一）以出售或者变相出售未公开信息等方式，明示、暗示他人从事相关交易活动的；

续表

序号	罪名	法律依据
4	利用未公开信息交易罪	（二）因证券、期货犯罪行为受过刑事追究的； （三）二年内因证券、期货违法行为受过行政处罚的； （四）造成恶劣社会影响或者其他严重后果的。 **(三)**《最高人民检察院、公安部关于公安机关管辖的刑事案件立案追诉标准的规定（二）》 第三十一条 〔利用未公开信息交易案（刑法第一百八十条第四款）〕证券交易所、期货交易所、证券公司、期货公司、基金管理公司、商业银行、保险公司等金融机构的从业人员以及有关监管部门或者行业协会的工作人员，利用因职务便利获取的内幕信息以外的其他未公开的信息，违反规定，从事与该信息相关的证券、期货交易活动，或者明示、暗示他人从事相关交易活动，涉嫌下列情形之一的，应予立案追诉： （一）获利或者避免损失数额在一百万元以上的； （二）二年内三次以上利用未公开信息交易的； （三）明示、暗示三人以上从事相关交易活动的； （四）具有其他严重情节的。 利用未公开信息交易，获利或者避免损失数额在五十万元以上，或者证券交易成交额在五百万元以上，或者期货交易占用保证金数额在一百万元以上，同时涉嫌下列情形之一的，应予立案追诉： （一）以出售或者变相出售未公开信息等方式，明示、暗示他人从事相关交易活动的； （二）因证券、期货犯罪行为受过刑事追究的； （三）二年内因证券、期货违法行为受过行政处罚的； （四）造成其他严重后果的。
5	背信损害上市公司利益罪	《刑法》 第一百六十九条之一 【背信损害上市公司利益罪】上市公司的董事、监事、高级管理人员违背对公司的忠实义务，利用职务便利，操纵上市公司从事下列行为之一，致使上市公司利益遭受重大损失的，处三年以下有期徒刑或者拘役，并处或者单处罚金；致使上市公司利益遭受特别重大损失的，处三年以上七年以下有期徒刑，并处罚金： （一）无偿向其他单位或者个人提供资金、商品、服务或者其他资产的；

续表

序号	罪名	法律依据
5	背信损害上市公司利益罪	（二）以明显不公平的条件，提供或者接受资金、商品、服务或者其他资产的； （三）向明显不具有清偿能力的单位或者个人提供资金、商品、服务或者其他资产的； （四）为明显不具有清偿能力的单位或者个人提供担保，或者无正当理由为其他单位或者个人提供担保的； （五）无正当理由放弃债权、承担债务的； （六）采用其他方式损害上市公司利益的。 上市公司的控股股东或者实际控制人，指使上市公司董事、监事、高级管理人员实施前款行为的，依照前款的规定处罚。 犯前款罪的上市公司的控股股东或者实际控制人是单位的，对单位判处罚金，并对其直接负责的主管人员和其他直接责任人员，依照第一款的规定处罚。
6	非法经营罪①	（一）《刑法》 第二百二十五条　【非法经营罪】违反国家规定，有下列非法经营行为之一，扰乱市场秩序，情节严重的，处五年以下有期徒刑或者拘役，并处或者单处违法所得一倍以上五倍以下罚金；情节特别严重的，处五年以上有期徒刑，并处违法所得一倍以上五倍以下罚金或者没收财产： ……（三）未经国家有关主管部门批准非法经营证券、期货、保险业务的，或者非法从事资金支付结算业务的…… （二）《国务院办公厅关于严厉打击非法发行股票和非法经营证券业务有关问题的通知》 三、明确政策界限，依法进行监管 （一）严禁擅自公开发行股票。向不特定对象发行股票或向特定对象发行股票后股东累计超过200人的，为公开发行，应依法报经证监会核准。未经核准擅自发行的，属于非法发行股票。 （二）严禁变相公开发行股票。向特定对象发行股票后股东累计不超过200人的，为非公开发行。非公开发行股票及其股权

---

① 尽管非法经营罪第三项所规定的犯罪并非《最高人民法院、最高人民检察院关于贯彻执行〈关于办理证券期货违法犯罪案件工作若干问题的意见〉有关问题的通知》所规定的证券类犯罪，但在实践中众多法院将其作为证券期货类犯罪处理，故此处一并梳理。

续表

序号	罪名	法律依据
6	非法经营罪	转让，不得采用广告、公告、广播、电话、传真、信函、推介会、说明会、网络、短信、公开劝诱等公开方式或变相公开方式向社会公众发行。严禁任何公司股东自行或委托他人以公开方式向社会公众转让股票。向特定对象转让股票，未依法报经证监会核准的，转让后，公司股东累计不得超过200人。 （三）严禁非法经营证券业务。股票承销、经纪（代理买卖）、证券投资咨询等证券业务由证监会依法批准设立的证券机构经营，未经证监会批准，其他任何机构和个人不得经营证券业务。 违反上述三项规定的，应坚决予以取缔，并依法追究法律责任。 ……

二、证券类犯罪的发生趋势

根据证监会公开报道消息及多家法院、检察院有关公开信息，我国证券类犯罪基本呈现以下态势。

（一）证监会案件移送量呈增长态势

2020年全年，中国证监会共办理案件740起，其中新启动调查353起（含立案调查282起），办理重大案件84起，同比增长34%；全年向公安机关移送及通报案件线索116起，同比增长一倍，打击力度持续强化。[①] 2021年全年，中国证监会共办理案件609起，依法向公安机关移送涉嫌犯罪案件177起，同比增长53%，其中虚假陈述32起，内幕交易、操纵市场41起，中介机构违法案件数量占比超过八成。[②] 2022年上半年，中国证监会办理案件400余起，依法向公安机关移送涉嫌证券期

[①] 《证监会通报2020年案件办理情况》，载中国证券监督管理委员会网站，http://www.csrc.gov.cn/csrc/c100200/cde2e163c393c4d69a384b228dc0fe2af/content.shtml，最后访问时间：2023年2月9日。

[②] 《证监会通报2021年案件办理情况》，载中国证券监督管理委员会网站，http://www.csrc.gov.cn/csrc/c100028/c1921138/content.shtml，最后访问时间：2023年2月9日。

货犯罪案件60余起、犯罪嫌疑人200余人。① 中国证监会表示，将坚决贯彻"零容忍"工作方针，依法从重从快从严查办资本市场欺诈、造假等恶性违法行为，切实提高违法成本，强化执法震慑，塑造市场良好生态。总的来看，尽管中国证监会整体办案量呈现下降趋势，但案件向公安机关移送量并未随着案件量下降而下降。

（二）传统涉内幕交易类犯罪仍然呈现高发态势

根据北京市人民检察院第二分院2018年发布的《证券犯罪检察白皮书》，2012年至2017年，该院共办理证券犯罪案件21件。其中，涉及内幕交易、泄露内幕信息罪10件16人，约占案件总数的48%；涉及利用未公开信息交易罪11件12人，约占案件总数的52%，全部属涉内幕交易类犯罪。② 根据重庆市检察机关发布的《重庆市检察机关惩治证券期货犯罪白皮书》，2015年至2020年，重庆市检察机关受理证券期货犯罪共审查起诉18件。重庆市证券期货犯罪案件主要集中在利用未公开信息交易罪、内幕交易、泄露内幕信息罪等"传统"罪名，其中利用未公开信息交易犯罪占比达67%，内幕交易、泄露内幕信息犯罪占比25%。③ 根据上海二中院发布的《上海二中院证券期货犯罪案件审判白皮书》，2015年至2019年，该院共审结涉证券期货犯罪案件58件，其中非国家工作人员受贿罪1件，编造并传播证券交易虚假信息罪1件，内幕交易、泄露内幕信息罪3件，利用未公开信息交易罪5件，诈骗罪13件，非法

---

① 《2022年上半年证监会稽查系统办理案件400余件》，载最高人民检察院网站，https://www.spp.gov.cn/spp/c107228chdfgmcggeqcnpgbshkfhvbehkvkggbtrdknsecdkvppn/202209/t20220909_577052.shtml，最后访问时间：2023年2月9日。

② 《北京市人民检察院第二分院召开新闻发布会发布〈证券犯罪检察白皮书〉》，载北京市人民检察院网站，https://www.bjjc.gov.cn/c/erfy/rdxw/319152348.jhtml?zh_choose=n，最后访问时间：2023年7月19日。

③ 最高人民检察院：《重庆：发布惩治证券期货犯罪白皮书》，载"最高人民检察院"微信公众号，https://mp.weixin.qq.com/s/sFi2y4cdqMshkcn9nW8KhA，2021年12月26日发布，最后访问时间：2023年7月19日。

经营罪 35 件。[1]

第二节　证券类犯罪涉案企业合规的典型案例[2]

从整体上看，证券类犯罪涉案企业合规整改样本量较低，公开信息不足，这可能与涉案企业合规开展整体时间较短、信息通报不及时、不充分有关，证券类犯罪涉案企业合规整改情况有待进一步观察。本节以广东 K 电子科技股份有限公司（以下简称 K 公司）合规整改案例为例，详解证券类犯罪涉案企业合规的各个方面。该案例被收录为最高人民检察院对外发布第三批涉案企业合规典型案例，也系北京星来律师事务所作为第三方监管人参与案例。除该案外，司法实践中也存在其他证券犯罪涉案企业合规整改案例。[3]

一、基本案情

K 公司长期从事汽车电子产品研发制造，连续多年获国家火炬计划重点高新技术企业称号，创设国家级驰名商标，取得 700 余项专利及软件著作权，2018 年开始打造占地 30 万平方米、可容纳 300 余家企业的产业园，已被认定为国家级科技企业孵化器。被告人王某某系 K 公司副总

---

[1] 上海高院：《上海二中院证券期货犯罪案件审判白皮书》，载"上海高院"微信公众号，https://mp.weixin.qq.com/s?__biz=MzA3MjcxNDM5OQ==&mid=2650538949&idx=1&sn=3c57db9f44376342d9526e5213482af8&chksm=8712b235b0653b2317ef246580e03333d3aa4de4dbd6f99ae6afc6dd6b868f5def9e7f5268f9#rd，2020 年 12 月 14 日发布，最后访问时间：2023 年 7 月 19 日。

[2] 本书中典型案例，如未特别说明出处来源，均系北京星来律师事务参与、由作者改编，仅为说明具体问题，供读者研究和参考的案例，下文不再提示。

[3] 例如，江苏某上市公司涉嫌非法操纵证券市场罪涉案企业合规整改，在合规律师的指导下，该涉案上市公司围绕财务会计、货币资金、投资管理进行专项合规建设。该涉案上市公司专项合规全方位对接 ISO 37301 体系标准，经 ISO 组织考察和评估，目前已经通过 ISO 37301 合规体系认证，在建立证券合规管理体系的同时获得一定的信誉价值。见南京市律师协会网站，http://www.njs-lawyers.org/info/4d1d533888b5490badb861f035b0c60c，最后访问时间：2023 年 2 月 9 日。

经理、董事会秘书。

2016年12月，K公司拟向深圳市C科技股份有限公司（以下简称C公司）出售全资子公司。2017年1月，K公司实际控制人卢某某与C公司时任总经理张某某达成合作意向。同年2月某日，双方正式签署《收购意向协议》，同日下午，C公司向深交所进行报备，于次日开始停牌。同年4月7日，C公司发布复牌公告，宣布与K公司终止资产重组。经中国证券监督管理委员会认定，上述收购事项在公开前属于内幕信息，内幕信息敏感期为2017年1月15日至4月7日。被告人王某某作为K公司董事会秘书，自动议开始知悉重组计划，参与重组事项，系内幕信息的知情人员。

2016年12月和2017年2月9日，被告人王某某两次向其好友被告人金某某泄露重组计划和时间进程。被告人金某某获取内幕信息后，为非法获利，于2017年2月9日紧急筹集资金，使用本人证券账户买入C公司股票8.37万股，成交金额人民币411万余元，复牌后陆续卖出，金某某亏损合计人民币50余万元。

2021年8月10日，北京市公安局以王某某、金某某涉嫌内幕交易罪向北京市检察院第二分院（以下简称市检二分院）移送审查起诉。审查起诉期间，市检二分院对K公司开展企业合规工作，适用第三方监督评估机制，由北京星来律师事务所赵运恒主席担任第三方组织主办律师，合规考察结束后市检二分院结合犯罪事实和企业合规整改情况对被告人提出有期徒刑二年至二年半，适用缓刑，并处罚金的量刑建议，与二被告人签署认罪认罚具结书。2021年12月30日，市检二分院以泄露内幕信息罪、内幕交易罪分别对王某某、金某某提起公诉。2022年1月28日，北京市第二中级人民法院作出一审判决，认可检察机关指控事实和罪名，认为检察机关开展的合规工作有利于促进企业合法守规经营，优化营商环境，可在量刑时酌情考虑，采纳量刑建议，以泄露内幕信息罪判处王某某有期徒刑二年，缓刑二年，并处罚金人民币十万元，以内幕交易罪判处金某某有期徒刑二年，缓刑二年，并处罚金人民币二十万元。

二、企业合规整改情况及处理结果

（一）合规整改的启动——充分审查企业合规开展的必要性

案件办理期间，K公司提出王某某被羁押造成公司业务陷入停滞，主动作出合规经营承诺。检察机关了解到K公司正处于从生产制造模式向产融运营模式转型的关键阶段，王某某长期负责战略规划、投融资等工作，因其羁押已造成多个投融资和招商项目搁浅，导致涉十亿元投资的产业园项目停滞，王某某对企业当下正常经营和持续发展确有重要作用。鉴于K公司具有良好发展前景，且有合规建设意愿，检察机关经审查评估犯罪行为危害、个人态度、履职影响及整改必要性等因素同意启动企业合规工作。

（二）合规整改的方向——检察建议准确有效

市检二分院结合案件审查情况，在K公司保密制度缺失、人员保密意识淡薄等表象问题外，挖掘出治理结构风险、经营决策风险、制度运行漏洞以及外部关联公司风险等多项深层次合规风险，发布了精准有效的合规整改检察建议。2021年10月11日，检察机关向K公司制发检察建议书，建议K公司及其关联公司共同整改，同步建立资本运作信息保密专项制度，并通过调整治理结构、配备责任主体、规范工作程序、加强员工培训等管控措施保障制度落实。

（三）合规整改的监督——第三方监督评估机制

为进一步实现检察建议具体化、可行化和专业化落地，确保企业合规整改取得实效，市检二分院决定适用第三方监督评估机制，监督、引导涉案企业进行合规整改。星来律所赵运恒律师作为本案的第三方组织，组建星来律师团队担任第三方监管人，对企业进行合规考察。星来团队于初期即介入指导整改工作，认真分析检察建议，通过尽职调查、现场访谈等方式了解本案案情并深入了解挖掘该企业存在的合规问题，提出了以信息保密合规为重点和基础，以全面合规为长远目标的合规方向，向该企业出具深入、全面、系统的监管建议，要求企业充分提交有效合规计划。同时，为增加本次合规整改的实效性，第三方监管人根据股权控制关系、业务关联程度、管理层交叉任职情况等因素筛选出三家重要子公司要求其同步参加整改。

在第三方组织监督、引导下，K公司聘请合规顾问制定了涵盖组织体系、保密对象、制度重建、运行保障、意识文化以及主体延伸等多个层面的信息保密专项合规计划。在落实合规计划的过程中，该公司从无到有地制定合规制度并搭建合规管理体系，将合规深入嵌套业务流程，具体包括：逐步规范配置经营决策权，建立体系化信息保密管理和考核制度，新设合规管理责任部门，实现合规管理流程全覆盖，组织开展了辐射内部员工、关联公司以及产业园区企业的专项培训。

整改过程中，第三方组织与K公司保持密切交流，并严格监督K公司合规整改过程的每个环节是否符合检察建议、监管建议以及合规计划。在第三方组织严格监督下，K公司整改高效且取得实效。

（四）合规整改的验收——量化式评估体系

经过两个月的合规考察，第三方组织参照检察建议和相关合规指引对K公司整改情况进行评价。针对此次专项合规整改特点，第三方组织量身定制了包括检察建议完成情况、合规方案、合规文化培育等12个模块、65项评价要素的评价体系，将企业合规整改工作逐项拆解评分，再累加汇总，最终第三方组织评估认为K公司整改效果达到良好等级，并出具了合规考察报告。2021年12月23日，市检二分院邀请多位合规领域专家学者作为听证员举行听证会并进行公开验收，听证员认真听取合规工作各参与主体介绍涉案企业整改情况，追问评估考察方式、合规责任主体、合规经费投入等细节问题，并在经过闭门评议后发表听证意见，一致同意通过K公司合规整改验收。

将企业合规整改工作逐项拆解评分，再累加汇总的量化式评估方式由星来律师团队首创，客观上最大限度保证了评价体系和评价结果的科学性、全面性及有效性，也成了本案例的重要亮点。

2022年5月，K公司完成整改以来，产业园项目已顺利竣工等待验收，王某某主导的约2000万元投资和基金项目均已按照新规章制度稳步推进。

三、经验启示

（一）较重刑罚案件适用合规改革的探索

本案中，犯罪嫌疑人可能判处三年以上有期徒刑，但鉴于嫌疑人在涉案企业的经营活动中具有难以替代的作用，简单化起诉、判刑不利于涉案企业正常经营发展，且企业具有强烈的合规意愿，检察机关仍同意启动企业合规工作，并在侦查、起诉及审判环节中融通了三个主要程序环节中的合规工作，对可能判处较重刑罚案件如何适用合规改革作出有益探索。

（二）充分重视检察建议，明确整改方向，提高整改效率

检察机关借助案件审查和检察建议调查程序，可深入挖掘犯罪成因，形成科学有效的检察建议。无论是企业，还是第三方组织，均应充分重视检察建议的内容，以检察建议为基础明确整改方向，落实整改举措，实现真合规，而非"头痛医头，脚痛医脚"式合规。

（三）善用第三方监督评估机制，第三方组织常态化监督合规整改工作能够深化合规整改的实效性

采用第三方监督评估机制，以第三方组织作为检察机关与整改企业之间的桥梁，能增加合规整改工作的效率，并深化合规整改的实效。一方面，第三方组织通过《工作周报》《定期书面报告》等联系机制向检察机关动态掌握整改进程；另一方面，第三方组织以《监管建议》《合规风险自查表》等监督机制向整改企业指导整改方向。

（四）量化式评估体系确保评价结果客观、公正

将企业合规整改工作逐项拆解评分，再累加汇总的量化式评估方式确保评价体系公开透明，并在客观上最大限度保证了评价体系和评价结果的科学性、全面性及有效性，且能直接反映企业在整改中哪些部分相对出色，哪些部分略有不足，为后续长效整改及长效治理指明方向。

（五）强化资本市场非上市公司内幕信息保密合规管理，涵养资本市场法治生态

资本市场是信息市场+信心市场，健全内幕信息保密合规管理，是提振投资信心的重要体现。但内幕交易案件暴露出企业内幕信息保密管理缺失会引起内幕信息泄密风险，诱发内幕交易，在扰乱证券市场秩序的同时，侵害广大投资者的合法权益。尤其是作为上市公司交易对方的非上市公司，在行政监管相对薄弱的情况下，更应该加强自身合规管理。该案作为全国首例开展涉案企业合规工作的证券犯罪案件，检察机关坚持惩治犯罪与助力维护资本市场秩序并重，依托涉案企业合规改革积极推动资本市场非上市公司更新合规理念，对标上市公司健全自身合规管理体系，培养全链条合规意识，将外部监管类规定内化为自律合规要求，提高资本运作规范化水平，助力营造资本市场良好法治环境。

第三节　证券类犯罪涉案企业合规构建要点与启示

一、证券类犯罪涉案企业合规的构建原则

2017年《证券公司和证券投资基金管理公司合规管理办法》（2020

年进行过修订）发布，对证券基金公司合规的基本理念、主要概念、合规管理职责、合规管理保障、监督管理与法律责任等进行了详细规定。根据该办法制定的《证券公司合规管理实施指引》（以下简称《指引》）对涉案企业证券合规具备较强的参考价值，根据《指引》并结合证券监管以及证券犯罪的特点，企业可重点从以下方面开展证券合规：

（一）明晰权责

在进行企业证券合规时，应当明确经营管理主要负责人及其他高级管理人员、下属各单位负责人、全体工作人员的合规管理职责，并在合规审查、合规检查、合规咨询、合规宣导与培训、合规监测、合规考核与问责等核心合规管理职责进行细化规定，从合规总监兼任分管、免职申诉、缺位代行、人员保障、知情权保障、薪酬保障等方面进一步细化合规管理保障机制。对业务部门、分支机构配备合规管理人员及考核管理机制作出细化规定。另外，证券公司应当将各层级子公司纳入统一合规管理体系。母子公司要注重实施统一的合规管理标准，保证合规文化的一致性，同时关注不同司法管辖区和行业的特殊合规管理要求。

（二）设立独立的合规机构

在证券相关犯罪中最常见的就是企业内部缺乏监督制约机制，实际控制人等滥用权力，因此需要确保合规岗位履行职责的独立性。在合规管理岗位人员的任免程序、审批权限及流程、绩效考核等方面设置一些特殊安排，以保障其独立行使职权。《证券公司和证券投资基金管理公司合规管理办法》第三十一条第一款规定，证券基金经营机构应当组织内部有关机构和部门或者委托具有专业资质的外部专业机构对公司合规管理的有效性进行评估，及时解决合规管理中存在的问题。对合规管理有效性的全面评估，每年不得少于1次。委托具有专业资质的外部专业机构进行的全面评估，每3年至少进行1次。对于涉案企业证券合规而言，独立的合规机构同样至关重要，属于审查重点内容。

（三）以重要信息管理为重点进行制度构建

信息披露是公司运营过程中最容易出现问题的环节，信息公开前如果未严格管控以及对敏感期判断不准确，可能引发内幕交易、泄露内幕信息、利用未公开信息交易等问题；信息形成后如果未如实、准确、及时披露，可能涉及欺诈发行、违规披露/不披露重要信息等问题。

就上市公司而言，应当建立信息披露事务管理制度，对于信息管理可结合不同信息的重要等级、保密等级以及人员风险等级制定相应的管控措施。设立信息披露常设机构，安排专门人员（如董秘助理、法务人员）等，关注、收集公司重大诉讼、财务、对外担保等信息，及时评判是否应依法披露，对披露的真实合法有效性进行把控。加强公司内部信息披露（定期）合规培训，提高公司人员特别是董监高的信息披露风险防范意识；聘请信息披露方面的专业律师或咨询机构，为公司、董监高等信息披露义务人提供日常咨询服务。就上市公司董监高而言，应当勤勉尽责。

（四）建立风险识别应对机制

随着国家对资本市场监管愈发严格，企业应当及时了解立法、执法、司法动向，严格规范约束自身行为，完善的举报、调查、处置机制，防范相关的行政、刑事责任风险。当风险出现后应当及时控制和处理以避免其进一步扩大或恶化。

二、证券类犯罪涉案企业合规整改的具体内容

（一）制定合规计划

涉案企业应制定具备基础合规要素和证券期货业务专项合规要素的合规整改计划。为弥补企业证券期货业务制度建设和监督管理漏洞，合规整改计划至少应当包含以下内容：

1. 梳理与证券期货犯罪有密切联系的企业内部治理结构、规章制

度、人员管理等方面存在的风险。

2. 制定防止发生证券期货违法犯罪风险的企业管理规范。

3. 构建有效的企业证券期货业务合规组织体系。

4. 健全企业证券期货业务合规风险防范报告机制。

（二）实施合规整改

企业主要可从以下七个方面进行合规整改：

1. 根据经营范围、业务模式和市场环境等因素，结合涉嫌证券期货犯罪具体罪名，制定以证券期货合规为目的的合规章程、行为准则、专项管理办法等管理类制度。

2. 根据经营规模、行业特点等条件，合理选择和设置证券期货合规管理部门或者合规专员。

3. 企业实际权力人（包括但不限于股权权利人、管理权利人、其他高级管理参与人等）应作出合规支持承诺，给予合规管理部门、合规专员足够的支持。

4. 对企业全体人员进行合规制度宣传与贯彻，确保企业全体人员对制度内容知晓、理解并真正遵守。

5. 根据合规制度对涉证券期货业务进行管理，将证券期货合规审查作为涉及该类事务的首要决策程序，未经合规审查，不开展相关投资经营活动。

6. 根据涉证券期货业务的规模建立风险审查与合规监察制度，以确保证券期货合规制度真实实施。

7. 建立违规举报及合规风险排查、合规风险预警机制，并建立合规调查与合规风险通报机制。

（三）进行合规整改效果评价

企业可从以下四个方面对合规整改进行效果评价：

1. 重点考虑涉案企业是否已全面、按时、有效地完成企业合规整改计划，整改期间，能够主动配合第三方组织开展合规整改计划的监督、检查工作。

2. 重点考虑涉案企业是否制定了健全的合规管理制度、形成独立运行的合规管理组织、授予合规管理组织有充足权限以接触到包括企业管理者在内的各层级工作人员。

3. 重点考虑涉案企业是否严格完好执行了合规计划，是否将合规计划各项要素执行到位。

4. 重点考虑涉案企业是否以合规风险防控为重点，关注合规重点领域、重点环节和重点人员等，有效防止单位和个人通过实施证券期货犯罪谋取不正当利益，破坏证券期货市场秩序。

三、证券类犯罪主要罪名合规审查重点

（一）内幕交易类涉案企业专项合规审查要点

依据《证券公司监督管理条例》《证券公司和证券投资基金管理公司合规管理办法》《证券公司合规管理有效性评估指引》《证券公司信息隔离墙制度指引》《证券公司合规管理实施指引》《证券投资基金管理公司合规管理规范》《基金管理公司投资管理人员管理指导意见》，就内幕交易涉案上市公司专项合规审查要点梳理如下：

1. 未公开信息管理审查要点

内幕交易专项合规的审查要点应紧密围绕未公开信息管理，以此为目的，应同步加强对企业人员管理，避免企业人员利用未公开信息谋取利益。

其一，应重点审查企业是否建立对未公开信息的识别标准。建议建立未公开信息管理台账，实现未公开信息形成、保管、使用、披露等环节的全链条留痕管理模式。

其二，应重点审查涉案企业是否以"须知原则"管理未公开信息。

确保未公开信息仅限于存在合理业务需求或管理职责需要的工作人员知悉；确保建立"信息隔离"机制，使不同投资组合经理之间的持仓和交易等重大非公开投资信息应当实现相互隔离，防止未公开信息的不当流动和使用。

其三，应重点审查涉案企业是否建立未公开信息保密制度。对投资备选库名单、投资决议、投资组合信息、投资建议及研究报告等非公开信息实行保密授权管理，规定涉案企业员工有接触各类未公开信息的权限。

其四，应重点审查涉案企业是否建立对聘请的外部服务商的约束制度。在购买服务时与服务商约定其对在服务中获知的重要信息负有保密义务。

2. 从业人员管理审查要点

其一，应重点审查涉案企业是否贯彻落实员工及未公开信息知情人保密承诺。应明确其对未公开信息负有严格保密，并不得利用敏感信息为自己或他人谋取不正当利益的义务；应要求投资管理人员严格遵守涉案企业信息管理的有关规定以及聘用合同中的保密条款，不得利用未公开信息为自己或者他人谋取利益。

其二，应重点审查涉案企业是否建立未公开信息知情人登记管理制度。涉案企业应当加强对证券投资基金经理等具有知悉未公开信息职务便利从业人员的管理，对因执行涉案企业事务或通过其他方式知悉未公开信息的涉案企业人员进行登记，填写未公开信息知情人档案，档案应包括知悉未公开信息的时间、地点、依据、方式、内容等信息，未公开信息知情人应当对此予以确认。

其三，应重点审查涉案企业是否建立未公开信息知情人及其近亲属的证券、期货账户备案管理制度。防范企业及其工作人员利用该信息从事证券期货交易、泄露该信息或者建议他人从事有关证券期货交易。

其四，应重点审查涉案企业是否对员工开展充足的预防利用未公开信息交易违法犯罪风险的专项合规培训，并确保员工存在疑问时可以畅通地向合规部门进行咨询。

3. 场所与技术运用审查要点

其一，应重点审查涉案企业是否对交易室、重要会议室等重点场所加强管理，明确出入该场所的权限，保存完备的视频监控记录和出入记录。

其二，应重点审查涉案企业是否建立对各类通信工具的管理。涉案企业应对可能知悉未公开信息的工作人员使用公司的信息系统或配发的设备形成的电子邮件、即时通讯信息和其他通讯信息应当进行必要监测；公司可以采用配备专门的电脑、手机、邮箱等进行投资业务，应对公司固定电话进行录音，交易时间投资管理人员的移动电话、掌上电脑等移动通信工具应集中保管或者交易时间内禁止使用个人手机、电脑从事任何交易行为。

其三，应重点审查涉案企业是否确保保密侧业务与公开侧业务之间的办公场所和办公设备封闭和相互独立，信息系统相互独立或实现逻辑隔离。

（二）信息披露类涉案企业专项合规审查要点

依据《证券法》《上市公司信息披露管理办法》《北京证券交易所股票上市规则（试行）》《上海证券交易所上市公司自律监管指引第2号——信息披露事务管理》《上海证券交易所上市公司自律监管指引第9号——信息披露工作评价》《深圳证券交易所上市公司自律监管指引第5号——信息披露事务管理》《深圳证券交易所上市公司自律监管指引第11号——信息披露工作评价》《非上市公众公司信息披露管理办法》《全国中小企业股份转让系统挂牌公司信息披露规则》等制度规范，就信息披露类涉案上市公司专项合规审查要点整理如下：

1. 信息披露岗位职责审查要点

其一，应重点审查上市公司是否建成信息披露董事长责任制。应明确董事长为信息披露的首要责任人,董事会秘书是信息披露具体事务的组织者与协调者。

其二,应重点审查上市公司是否成立独立的信息披露管理部门。信息披露部门应有明确的职责,应配合董事会秘书负责上市公司信息披露日常具体工作,做好工作对接。

其三,应重点审查上市公司是否明确信息披露中董事会秘书、董事、监事、高级管理人员、有关部门、分支机构的配合义务与调阅资料方面的权利与程序。

2. 信息披露管理机制审查要点

其一,应重点审查上市公司是否建立重大信息报告制度。应明确重大信息标准与范围;明确重大信息报告义务人的范围和责任,及时了解、掌握必须报告的相关重大信息,并如实、及时披露。

其二,应重点审查上市公司是否形成完善的信息披露程序。上市公司对外披露信息应有明确的审核流程;上市公司应当建立健全未公开信息的披露审核程序,制定定期报告的编制、审议程序和重大事件的审核程序,确保定期报告、临时报告在规定期限内披露;上市公司应建立与投资者、第三方机构、新闻媒体的对接,确保信息披露及时、有效。

其三,应重点审查上市公司是否形成信息核实与澄清机制。公共媒体关于公司的重大报道、市场传闻可能或者已经对公司股票交易价格或者投资决策产生较大影响的,公司应当及时核实,并视情况披露或者澄清。

其四,应重点审查上市公司是否具备一定的财务管理和会计核算的内部控制及监督机制,以确保披露信息不因不当干扰而失实。上市公司应建立一定的财务、审计内控机制,确保公司财务信息的真实性和完整性。

四、对证券类犯罪涉案企业合规整改的思考

随着股票发行注册制改革的深入，特别是 2023 年 2 月 1 日中国证监会《首次公开发行股票注册管理办法》的草案公布后，股票投资风险受到了越来越多的重视。除因客观因素导致的一般市场交易风险外，也存在部分因人为不当操作，乃至违法犯罪行为所致之投资风险。与此同时，随着证券监管法律日趋严格，导致证券合规风险系统性升高。《刑法修正案（十一）》、最高人民法院和最高人民检察院关于操纵市场及利用未公开信息交易刑事司法解释出台后，加大了对证券犯罪的刑事处罚力度，信息披露罪、内幕交易罪等最典型犯罪行为的最高刑期从过去的 7 年提高到 10 年，同时在追诉标准上大幅降低了操纵市场罪的入罪标准。除了立法，在执法和司法层面，相关监管机构和司法机关也对证券违法犯罪行为表现出"零容忍"的态度。可以说，守好合规底线在某种程度上已成为上市企业公司治理的关键抓手与紧迫任务。而在实践中，上市企业及其内部高管可能由于千丝万缕的利益关联而"知法犯法"，因此，如何保护上市公司免受违规行为的影响，保护投资者利益，归根结底是形成公司内部制约机制，以制度代替"一言堂"，以环环紧扣的业务流程代替无序管理。企业合规的意义，即在于提供此种制约与秩序，实际上，完成企业合规整改本身对涉案上市公司而言也将带来竞争力的巨大提升。

本章第二节的典型案例即属因公司内部治理机制失灵，保密机制形同虚设而导致的公司因内部高管不当行为遭受问责，通过证券专项合规进行合规整改的典型案例。即使公司并未直接参与违法犯罪行为，也可能因其内部人员违法犯罪而受到牵连。通过"真合规"，促进了公司优化治理结构改善，有利于公司的长期发展，提升了公司的市场竞争力。

第四章
商业贿赂类犯罪涉案企业合规整改及案例

第一节 商业贿赂类犯罪的基本情况

1996年11月15日国家工商行政管理局[①]发布的《关于禁止商业贿赂行为的暂行规定》第二条第二款规定："本规定所称商业贿赂，是指经营者为销售或者购买商品而采用财物或者其他手段贿赂对方单位或者个人的行为。"

我国《反不正当竞争法》也明确了"商业贿赂"的概念，是指为了谋取交易机会或者竞争优势等，给予交易相对方的员工、受交易相对方委托办理相关事务的单位或个人以及可能利用影响力影响交易的单位或个人以财物或者其他经济利益的行为。

在国际标准《反贿赂管理体系 要求及使用指南》（ISO 37001）中，对"贿赂"的定义为"在任何地点，违反适用法律直接或间接地提供、承诺、给予、接受或索取任何价值的不当好处，以引诱或奖励个人利用职务之便的作为或不作为"。

可见，商业贿赂行为的本质是职务权力或影响力与经济利益或其他

[①] 经2018年国务院机构改革，将国家工商行政管理总局的职责整合，组建国家市场监督管理总局。

好处的交换行为，该行为侵害了企业员工职务行为的廉洁性，并进一步侵害了市场公平竞争的秩序。

一、企业反商业贿赂合规的背景和意义

《反贿赂管理体系 要求及使用指南》指出，贿赂会引发严重的社会、道德、经济和政治问题，破坏良好治理，阻碍经济发展，扭曲公平竞争。它侵蚀正义、危害人权，阻碍贫困的消除。它还会提高经商成本，在商业交易中增加不确定性，提高商品和服务成本，降低产品和服务质量，从而可能导致生命和财产损失，破坏机构公信力并妨碍市场公平、高效运行。

对企业而言，通过商业贿赂获取商业机会可能带来短期利益，但会降低企业成员之间的信任度，破坏企业内部的良性文化氛围，更关键的是使企业长期处于不确定状态，一旦被司法机关发现，将面临严重的惩罚性措施。

党的十九大以来，随着反腐败工作不断向纵深推进，国家监察体制改革全面铺开，各级纪检监察机关扎实推进受贿行贿一起查，形成对行贿行为的强大震慑。

2021年9月，中央纪委国家监委与中央组织部、中央统战部、中央政法委、最高人民法院、最高人民检察院联合印发了《关于进一步推进受贿行贿一起查的意见》（以下简称为《意见》），除要严肃惩治行贿行为外，还强调要健全完善惩治行贿行为的制度规范，形成联合惩戒的合力，主要体现在加大财产刑力度，追缴行贿人非法获利和建立联合惩戒机制，探索"黑名单"制度两个方面（详见下文）。

2022年4月，中央纪委国家监委、最高人民检察院首次联合发布了5起行贿犯罪典型案例，[①] 指导各级监察机关、检察机关在办理行贿案件

[①] 参见《国家监察委员会、最高人民检察院首次联合发布5起行贿犯罪典型案例》，载最高人民检察院网站，https://www.spp.gov.cn/xwfbh/wsfbt/202204/t20220420_554587.shtml#1，最后访问时间：2023年6月24日。

中强化工作衔接、正确适用法律、精准运用政策。同年12月9日，最高人民检察院印发了《关于加强行贿犯罪案件办理工作的指导意见》，为各级检察机关立足职能从严惩治行贿犯罪、提升办案质效提供规范指引，彰显"遏源""断流"的坚定决心。

（一）追缴行贿人非法获利

《意见》要求，要加大财产刑运用和执行力度，尽力追缴非法获利。对于行贿所得的不正当财产性利益，依法予以没收、追缴或者责令退赔；对于行贿所得的不正当非财产性利益，如职务职称、政治荣誉、经营资格资质、学历学位等，督促相关单位依照规定通过取消、撤销、变更等措施予以纠正。

（二）探索"黑名单"制度

中央纪委国家监委将制定行贿人"黑名单"制度，并就纪检监察机关与人大机关、政协机关和组织人事部门、统战部门、执法机关等对行贿人开展联合惩戒进行探索实践，以提高治理行贿的综合效能。目前主要有以下举措[1]：

1. 建立行贿人数据库，实行动态台账管理。例如，海南省纪委监委协调全省各级审判机关和检察机关，采集2008年以来全省所有贿赂犯罪案件的判决书、起诉书、抗诉书、终结报告等法律文书共计四千余份，涉及行贿人员近万人次，大大丰富了行受贿人员信息库的数据信息，为建立行贿人"黑名单"信息查询系统提供了基础保障。

2. 向有关单位通报行贿人信息，为惩治行贿提供信息支撑。例如，广东省深圳市明确，政府项目实行行贿行为"一票否决"制度，只要有行贿记录，就不能参与土地出让、工程建设、政府采购、资金扶持等政府项目，而行贿人"黑名单"数据库被列为决策的重要依据。

---

[1] 《深度关注丨精准有效打击行贿》，载中央纪委国家监委网站，https://www.ccdi.gov.cn/toutiao/202109/t20210909_249756.html，最后访问时间：2023年10月30日。

3. 企业内部建立合作商"黑名单"制度。例如，中国一汽集团有限公司探索建立并完善失信合作商"黑名单"制度机制。公司研究确定了向甲方人员行贿、赠送礼品礼金、报销费用、提供影响公正执行公务的宴请等 16 项不廉洁行为，围标串标、提供虚假材料、无故不履行合同约定等 11 项不诚信行为，并将上述行为列入失信情形，作为《廉洁合同》主要条款。针对合作商存在的不廉洁行为和不诚信行为，将失信合作商列入"黑名单"，并依据事实情节给予 1 年、3 年或 5 年，直至永久性业务禁止惩治，对违规失信行为形成强力震慑，加大违规成本。

上述举措将对公司产生重大影响，部分通过行贿方式获得不公平市场机会、不正当利益的企业将面临严惩、市场禁入等后果。同时，伴随着现代企业运营模式的多元化与管理结构的复杂化，企业涉嫌贿赂类刑事法律风险呈现扩张趋势：企业员工与第三方实施的贿赂行为可能归责于企业自身。因此，为切割企业的刑事责任、预防犯罪的发生，重新审视并强化企业的反腐败合规体系显得尤为重要。

二、商业贿赂类犯罪的主要类型

商业贿赂是破坏公平竞争秩序、阻碍市场经济顺利发展的"暗礁"，更是《反不正当竞争法》《刑法》所明文禁止的不法行为。我国现行法律框架中对商业贿赂行为的综合性法律规定主要为《刑法》和《反不正当竞争法》。除上述法律规定外，国家工商行政管理局 1996 年发布的《关于禁止商业贿赂行为的暂行规定》也是我国禁止商业贿赂行为的重要规定。此外，我国现有反商业贿赂的规定还散见于各行业、专门领域的具体法规或文件中，涉及证券保险金融行业、建筑工程、医药、招标投标、对外贸易、政府采购等不同行业领域。

根据《关于办理商业贿赂刑事案件适用法律若干问题的意见》规定，商业贿赂犯罪涉及刑法规定的以下八种罪名：（1）非国家工作人员受贿罪；（2）对非国家工作人员行贿罪；（3）受贿罪；（4）单位受贿罪；（5）行贿罪；（6）对单位行贿罪；（7）介绍贿赂罪；（8）单位行贿罪。

有学者指出，商业贿赂并非刑法意义上的类罪，也不是刑法意义上的独立的犯罪类型。"商业贿赂"系着眼于贿赂发生的领域而形成的概念，即发生在商业领域的贿赂就是商业贿赂；而《刑法》主要是根据主体性质的区别规定了各种不同的受贿罪和行贿罪。[①] 见表4-1：

表4-1 商业贿赂类犯罪涉及的罪名及法律规定

序号	罪名	法律依据
1	非国家工作人员受贿罪；受贿罪	《刑法》 第一百六十三条 【非国家工作人员受贿罪】公司、企业或者其他单位的工作人员，利用职务上的便利，索取他人财物或者非法收受他人财物，为他人谋取利益，数额较大的，处三年以下有期徒刑或者拘役，并处罚金；数额巨大或者有其他严重情节的，处三年以上十年以下有期徒刑，并处罚金；数额特别巨大或者有其他特别严重情节的，处十年以上有期徒刑或者无期徒刑，并处罚金。 公司、企业或者其他单位的工作人员在经济往来中，利用职务上的便利，违反国家规定，收受各种名义的回扣、手续费，归个人所有的，依照前款的规定处罚。 【受贿罪】国有公司、企业或者其他国有单位中从事公务的人员和国有公司、企业或者其他国有单位委派到非国有公司、企业以及其他单位从事公务的人员有前两款行为的，依照本法第三百八十五条、第三百八十六条的规定定罪处罚。

---

① 张明楷：《刑法学》（第6版），法律出版社2021年版，第976页。

续表

序号	罪名	法律依据
2	对非国家工作人员行贿罪；对外国公职人员、国际公共组织官员行贿罪	《刑法》 第一百六十四条　【对非国家工作人员行贿罪】为谋取不正当利益，给予公司、企业或者其他单位的工作人员以财物，数额较大的，处三年以下有期徒刑或者拘役，并处罚金；数额巨大的，处三年以上十年以下有期徒刑，并处罚金。 【对外国公职人员、国际公共组织官员行贿罪】为谋取不正当商业利益，给予外国公职人员或者国际公共组织官员以财物的，依照前款的规定处罚。 单位犯前两款罪的，对单位判处罚金，并对其直接负责的主管人员和其他直接责任人员，依照第一款的规定处罚。 行贿人在被追诉前主动交代行贿行为的，可以减轻处罚或者免除处罚。
3	受贿罪	《刑法》 第三百八十五条　【受贿罪】国家工作人员利用职务上的便利，索取他人财物的，或者非法收受他人财物，为他人谋取利益的，是受贿罪。 国家工作人员在经济往来中，违反国家规定，收受各种名义的回扣、手续费，归个人所有的，以受贿论处。
4	单位受贿罪	《刑法》 第三百八十七条　【单位受贿罪】国家机关、国有公司、企业、事业单位、人民团体，索取、非法收受他人财物，为他人谋取利益，情节严重的，对单位判处罚金，并对其直接负责的主管人员和其他直接责任人员，处三年以下有期徒刑或者拘役；情节特别严重的，处三年以上十年以下有期徒刑。 前款所列单位，在经济往来中，在帐外暗中收受各种名义的回扣、手续费的，以受贿论，依照前款的规定处罚。
5	斡旋受贿罪	《刑法》 第三百八十八条　【斡旋受贿犯罪】国家工作人员利用本人职权或者地位形成的便利条件，通过其他国家工作人员职务上的行为，为请托人谋取不正当利益，索取请托人财物或者收受请托人财物的，以受贿论处。

续表

序号	罪名	法律依据
6	行贿罪	《刑法》 第三百八十九条　【行贿罪】为谋取不正当利益，给予国家工作人员以财物的，是行贿罪。 在经济往来中，违反国家规定，给予国家工作人员以财物，数额较大的，或者违反国家规定，给予国家工作人员以各种名义的回扣、手续费的，以行贿论处。 因被勒索给予国家工作人员以财物，没有获得不正当利益的，不是行贿。
7	对有影响力的人行贿罪	《刑法》 第三百九十条之一　【对有影响力的人行贿罪】为谋取不正当利益，向国家工作人员的近亲属或者其他与该国家工作人员关系密切的人，或者向离职的国家工作人员或者其近亲属以及其他与其关系密切的人行贿的，处三年以下有期徒刑或者拘役，并处罚金；情节严重的，或者使国家利益遭受重大损失的，处三年以上七年以下有期徒刑，并处罚金；情节特别严重的，或者使国家利益遭受特别重大损失的，处七年以上十年以下有期徒刑，并处罚金。 单位犯前款罪的，对单位判处罚金，并对其直接负责的主管人员和其他直接责任人员，处三年以下有期徒刑或者拘役，并处罚金。
8	对单位行贿罪	《刑法》 第三百九十一条　【对单位行贿罪】为谋取不正当利益，给予国家机关、国有公司、企业、事业单位、人民团体以财物的，或者在经济往来中，违反国家规定，给予各种名义的回扣、手续费的，处三年以下有期徒刑或者拘役，并处罚金；情节严重的，处三年以上七年以下有期徒刑，并处罚金。 单位犯前款罪的，对单位判处罚金，并对其直接负责的主管人员和其他直接责任人员，依照前款的规定处罚。

续表

序号	罪名	法律依据
9	介绍贿赂罪	《刑法》 第三百九十二条　【介绍贿赂罪】向国家工作人员介绍贿赂，情节严重的，处三年以下有期徒刑或者拘役，并处罚金。 介绍贿赂人在被追诉前主动交待介绍贿赂行为的，可以减轻处罚或者免除处罚。
10	单位行贿罪	《刑法》 第三百九十三条　【单位行贿罪】单位为谋取不正当利益而行贿，或者违反国家规定，给予国家工作人员以回扣、手续费，情节严重的，对单位判处罚金，并对其直接负责的主管人员和其他直接责任人员，处三年以下有期徒刑或者拘役，并处罚金；情节特别严重的，处三年以上十年以下有期徒刑，并处罚金。因行贿取得的违法所得归个人所有的，依照本法第三百八十九条、第三百九十条的规定定罪处罚。

三、商业贿赂类犯罪的发生趋势

2022 年前 11 个月，全国检察机关共受理各级监委移送职务犯罪案件 18607 人，同比上升 0.7%，提起公诉 14486 人，包括对 22 名原中管干部提起公诉；起诉行贿犯罪 1208 件 1704 人，不起诉率自 2018 年以来持续下降。①

---

① 参见《专访最高人民检察院第三检察厅厅长史卫忠：助力坚决打赢反腐败斗争攻坚战持久战》，载最高人民检察院网站，https://www.spp.gov.cn/zdgz/202302/t20230214_601475.shtml，最后访问时间：2023 年 4 月 24 日。

第二节　商业贿赂类犯罪涉案企业合规的典型案例

本节以上海某上市公司（以下简称 A 公司）涉案企业合规整改案为例，详解商业贿赂类犯罪涉案企业合规的各个方面。北京星来律师事务所作为合规顾问参与了该案。

一、基本案情

A 公司是一家人工智能和大数据行业解决方案服务商，2020 年，其控股股东、实际控制人兼董事长张某因涉嫌对非国家工作人员行贿罪被刑事拘留，后被取保候审。

案发后，张某认罪认罚，A 公司申请做企业合规、同意适用第三方组织监督并承诺整改。星来律师接受委托作为合规整改顾问，全程指导公司进行合规整改，经第三方组织验收后，检察院依法对张某作出不起诉决定。

二、企业合规整改情况及处理结果

（一）合规尽职调查

星来律师介入初期，首先对企业提供的相关制度材料进行梳理，并对各业务部门进行合规访谈。通过访谈，深入了解各个业务部门在业务活动中的商业贿赂风险点以及展开业务工作的痛点及难点。结合该企业所在行业的特点，以及该企业各业务部门的实际情况，在访谈的基础上，星来律师梳理并制作了可供该企业落地执行的反商业贿赂合规义务风险清单。清单中详细列明了在各类业务中各类主体应承担的合规义务、可能面临的合规风险，以及相应的合规风险等级和可以采取的合规措施等内容。

（二）确立反商业贿赂双制度

在与企业法务部负责人的充分沟通下，星来律师帮助企业制定了反商业贿赂双制度：一是《反商业贿赂合规管理规定》（以下简称《合规管理规定》）；二是《反商业贿赂合规指南手册》（以下简称《合规指南手册》）。这两项制度是反商业贿赂合规管理体系的核心环节，所有员工都必须在业务活动中遵守这两项制度的要求。

《合规管理规定》作为反商业贿赂的总领性制度，系统地从机构职责、反商业贿赂合规风险识别与防范、风险处置、合规运行与保障四个方面进行了详尽规定。不仅明确了包括首席合规官到各个业务部门等不同层级的主体在反商业贿赂合规管理中应当履行的职责，还确立了反商业贿赂合规风险的预防、发生、处置的基本制度，为企业进行反商业贿赂合规管理体系建设提供制度保障。

《合规指南手册》则是对《合规管理规定》的进一步细化，主要是根据企业的实际业务流程来进行商业贿赂风险管控。一方面，为企业员工提供必要的和基本的反商业贿赂合规知识。例如，商业贿赂的内涵、手段及后果等。另一方面，为员工在业务开展过程中提出基本的行为要求，同时为防范员工利用职务便利谋取利益，以及如何避免在业务活动中收受贿赂提供建议与防范措施。除此之外，《合规指南手册》还对商业伙伴的管控、反商业贿赂合规文件创建及保管的注意事项以及反商业贿赂执法调查应对等方面制定了指引规范。

（三）合规培训与宣贯

"徒法不足以自行"，合规制度作为企业内部的"法"亦是如此。如果员工不了解合规制度，再完备的合规制度都只是一纸空文，束之高阁，难以发挥其效用。因此合规培训与宣贯就显得尤为重要，不仅能让企业员工明晰行为界限，而且通过不断地宣贯培训，也能不断提高企业员工的合规意识，对员工的行为产生潜移默化的影响，长此以往，企业内部也能树立风清气正的良好企业文化的氛围。

企业的合规培训需要针对不同的对象，进行分层分级有针对性的培训，才能达到最好的培训效果。星来律师为该企业制作全员培训材料及普法材料，同时对核心高管层展开专场培训。企业也通过宣传报等方式宣传反商业贿赂，培养企业合规文化。合规培训与宣贯是需要持续进行的工作，通过这一环节既可以在企业所有层级持续传达企业对于反商业贿赂合规的态度，又有利于贯彻杜绝商业贿赂犯罪的合规理念、塑造反商业贿赂的合规氛围。

（四）避免"一言堂"管理风险

实践中，部分涉案企业管理方面的突出问题之一即为内部监督制约机制缺失，企业内部管理"一言堂"情况较为严重，决策随意性大，公、私财产不分，权、责边界模糊，内部监督制约流于形式。部分上市公司虽然制定了较为完备的制度规范，但仍无法有效防范公司控股股东、实际控制人、高管滥用控制地位，私下实施内幕交易、财务造假、行贿等违法犯罪。

为规范企业内部管理制度，星来律师为该企业制定了《防止"一言堂"管理风险工作指引》，将合法性审查纳入决策的必经程序，并鼓励员工对管理层"一言堂"行为进行诚信疑虑举报。

第三节 商业贿赂类犯罪涉案企业合规构建要点与启示

一、涉案企业反商业贿赂合规建设基础内容

根据《涉案企业合规建设、评估和审查办法》规定，涉案企业合规

建设应当从合规机制建设和合规文化建设两个层面来开展。

（一）反商业贿赂合规机制建设

合规机制建设的重点包括企业合规的管理机构、管理人员的实施计划，合规风险的检测、举报、调查处理机制和合规绩效评价机制的建立计划，以及开展合规建设的人力物力财力等保障。

1. 合规建设领导小组及其职责

涉案企业一般应当成立合规建设领导小组，由其实际控制人、主要负责人和直接负责的主管人员等组成，必要时可以聘请外部专业机构或者专业人员参与或者协助。

合规建设领导小组职责为在全面分析研判企业合规风险的基础上，结合本行业合规建设指引，研究制定专项合规计划和内部规章制度。

2. 高层承诺

企业领导层的反商业贿赂意志是否坚决，直接关乎着反商业贿赂合规专项的成效。因此，涉案企业实际控制人、主要负责人应当在反商业贿赂专项合规计划中作出合规承诺并明确宣示，合规是企业的优先价值，对商业贿赂行为采取零容忍的态度，确保合规融入企业的发展目标、发展战略和管理体系。

3. 设置合规管理机构或管理人员

涉案企业应当设置与企业类型、规模、业务范围、行业特点等相适应的合规管理机构或者管理人员。合规管理机构或者管理人员可以专设或者兼理。合规管理的职责必须明确、具体、可考核。

4. 建立健全合规管理制度

合规管理制度是企业合规的制度保障，包括企业全员普遍遵守的合规管理基本制度，如《员工手册》《商业行为准则》；合规管理具体制度，如《合规风险管理制度》《合规考核评价制度》；重点领域专项合规管理制度，如《反商业贿赂政策》《反不正当竞争政策》。通过制度规定落实员工日常行为的准则,以及明确员工实施商业贿赂行为将受到纪律处分措施和承担法律责任。

5. **建立反商业贿赂调查与处置机制**

涉案企业应结合自身规模、人员等因素成立有独立自主权的合规调查部门、小组或聘请合规顾问,负责企业商业贿赂行为的调查与处置。为保证能独立行使监督调查职责,合规部门负责人应由企业从高级管理层中指派,直接向董事会负责并报告。

此外,企业应当完善内部举报监督制度,为员工或商业伙伴提供多种举报渠道,并设立举报保护机制,避免举报人曝光后遭受打击报复。

6. **合规管理体系的保障机制**

为有效处理合规计划落实过程中的各项工作诉求、顺利建设涉案企业合规制度和文化,需要通过人员保障、物质保障和经费保障,切实推进合规计划实施方案的有效落实。

(二)反商业贿赂合规文化建设

合规文化建设的重点包括涉案企业是否重视企业员工合规意识的养成,主要方式为合规培训,向员工传达企业合规政策与目标。组织员工参与合规培训是建立企业反商业贿赂合规整改的重要环节。涉案企业可按部门、职位、业务线进行有针对性的培训,对于关键业务环节以及高风险部门,企业需开展常态化合规培训,帮助员工建立合规意识,营造风清气正的廉洁文化。

二、反商业贿赂合规管理制度

一套完整、有效的反贿赂管理制度,应当结合企业自身经营情况进行设计。为了保障合规计划能够具体应用,应当建立独立、权威的合规组织体系并给予必要充分的资源。最后,为了合规体系有效运转,在发生违规行为时,能够有效识别违规行为,并能及时采取纠正和自我报告措施。

根据联合国"反贿赂合规模式"研究团队的研究成果，良好的反贿赂模式的起点为风险评估，关键是内部反腐专门机构。就风险评估而言，识别并管理每个业务活动中的"危险信息"至关重要，而危险信息主要存在于两个阶段：合同签订之前与合同签订之后。[1]

本部分内容，将重点介绍商业贿赂的风险识别和常见的表现形式，并结合具体的反商业贿赂场景进行分析。

（一）商业贿赂风险识别

合规义务是指企业强制性地遵守的需求，以及企业自愿选择遵守的需求。[2] 合规风险则是指不符合企业合规义务而发生不合规的可能性及其后果。一旦企业确定反商业贿赂为其目标，商业贿赂风险就是任何对反商业贿赂目标产生影响[3]的不确定性，[4] 商业贿赂风险识别即发现、认识、描述并记录商业贿赂风险的过程，包括风险源、事件、起因及潜在后果的确定。通过一定方式对企业面临的商业贿赂合规义务、商业贿赂风险加以识别，有助于企业明确自身合规义务边界，并可以通过管控商业贿赂风险，最终避免合规风险的发生。

1. 商业贿赂风险应包含的要素

识别出的商业贿赂风险应包含哪些内容，以及通过怎样的形式进行展现？一般认为，识别出的商业贿赂风险应至少包括以下五个要素，才能称之为对其进行了有效识别：某项特定商业贿赂行为涉及的人员、诱因、时间、地点及一般场景。

（1）某项特定商业贿赂风险发生可能会牵涉到的人员，明确其部

---

[1] 张远煌等：《企业合规全球考察》，北京大学出版社2021年版，第47—48页。
[2] 需求是指规定的、不言而喻的或有义务履行的需要或期望。"不言而喻"的需要或期望是指对企业和利益相关方不言自明的惯例或一般做法。规定的需要或期望是指明示的需要或期望。
[3] 影响是指对预期的偏离，包括正面或负面的。
[4] 不确定性是一种状态，是指对某一事件、其后果或其发生的可能性缺乏信息、理解或知识。

门、具体岗位、工作权限和职责,如企业的销售部门一般销售人员,负责对接企业零售客户,有权限给予客户一定价格折扣。

(2)某项特定商业贿赂风险可能发生的诱因,如销售人员存在不合常理的业绩压力及严格业绩考核。

(3)某项特定商业贿赂风险可能发生的时间,如绩效考核日之前。

(4)某项特定商业贿赂风险可能发生的地点,如私人会所。

(5)某项特定商业贿赂风险可能如何发生,即商业贿赂风险发生的一般场景,如销售人员在维系客户时,可能通过商业贿赂的方式对客户施加不当影响,让其根据企业特定产品的特性设立招标条件,从而达到排挤其他竞标人产品的目的。

2. 识别商业贿赂风险的方法

商业贿赂风险的识别宜根据企业部门职责、岗位职责和不同类型的企业活动,对各部门、职能和不同类型的企业活动中的合规风险源进行识别。企业应定期识别合规风险源,并界定每个合规风险源对应的合规风险情况,形成合规风险源清单和合规风险情况清单。企业在识别业务活动中的商业贿赂风险时,一般可以从下述方面予以检查:

(1)理解企业及其环境

企业自身状况及其内部和外部因素是判断企业商业贿赂合规义务及其所面临商业贿赂风险的重要依据。在不了解企业及其环境具体情况的前提下进行合规风险的识别,无异于无源之水、无本之木。因此,商业贿赂风险识别应包括对企业必要的尽职调查,以获取充分信息评估商业贿赂风险。尽职调查可以通过书面调查及访谈的形式进行。

书面调查一般是在了解企业基础信息后,向企业发送尽职调查清单以收集必要的材料,清单所收集材料的范围包括但不限于企业业务模式、组织架构、部门设置及岗位职责、公司治理、合同管理、财务情况、下属企业情况、已有合规措施及合规制度等方面的内容。

访谈一般是在书面调查的基础之上，可以针对企业所处行业、主营业务、地域、经营活动及业务获得的方式、客户维系方式等内容访谈企业各部门相关人员。

(2) 合规义务的归纳

商业贿赂风险的识别还需要结合对合规义务的归纳进行。识别和确定企业要遵守的合规义务是对企业进行合规风险评价的基础。一般可以通过将企业合规义务与行为、产品、服务和运营相关各方面进行比对，以识别出不合规行为可能发生的情况，从而识别出相应的合规风险。

合规义务包括合规要求及合规承诺。合规要求是指对企业具有强制约束力的规定，合规承诺则是指企业自愿遵守的规定。强制约束力的规定，主要包括法律、法规，监管机构发布的命令、条例或指南，许可、执照或其他形式的授权，他国法律法规、条约、惯例或协议，法院判决或行政决定，强制性技术规范等。自愿遵守的规定，主要包括：与社会团体或非政府组织签订的协议；与公共权力机构和客户签订的协议；企业要求，如方针和程序；自愿原则或规程；自愿性标志或环境承诺；与组织签署合同产生的义务；产业的标准等。其中，亦可能存在一些规定，其边界比较模糊。例如，一些良好商业实践、行业自律规则等，对法律法规以及行业监管等方面没有明确规定的事项加以要求，但违反并无任何强制性的法律后果，也未经企业主动明确提出愿意遵守。然而，企业一旦违反，却可能损害企业的声誉和社会评价，从而对企业经营造成不利影响。另外，企业宜制定适当的程序识别新的和变更的合规义务，及时跟进、学习并了解其合规义务，以保持持续合规。

(3) 风险实证

风险实证是指通过案例辨析、场景模拟等方法对商业贿赂风险和风险源进行直观和客观的说明和验证，同时也是确定合规管理措施对合规风险是否有效的过程。在进行风险识别的时候，最直观的方式是对商业贿赂案例进行分析，抽象概括出含有五大要素的商业贿赂风险，再演绎推理至企业经营的具体场景当中。值得注意的是，案例的范围宜包括民事、行政、刑事等各个领域。

（4）行业或商业惯例等

一些"行业惯例""商业安排""市场潜规则"都涉嫌甚至明确属于商业贿赂风险行为，但由于企业或其员工缺乏合规意识，导致前述行为在企业日常经营中的实践不断。因此，在风险识别时宜梳理本行业惯例、商业安排、市场潜规则或类似情形，结合合规义务、风险实证等对其合法性、合理性进行判断。

（5）利益相关方

鉴于企业及其员工向利益相关方，如官员或其近亲属或关系密切的人、商业伙伴进行不当利益输送的可能性较高，有必要对与前述人员合作的事宜进行合规性审查以谨慎判断其中是否包含任何商业贿赂的风险。

3. 商业贿赂合规风险评价

（1）合规风险评价

商业贿赂合规风险评价是指对已经识别出的商业贿赂风险进行评价以确认它的风险值。商业贿赂风险评价既是对风险值定量的过程，也是就风险管理分配资源的过程，其能够以不遵守企业的合规方针与义务的后果和不合规发生的可能性来表征。

企业在进行商业贿赂合规风险评价时宜考虑不合规的根本原因、来源、后果及其后果发生的可能性。后果可能包括，如个人和环境伤害、经济损失、名誉损失、行政管理变更以及民事和刑事责任。

商业贿赂合规风险评价涉及将企业能够接受的合规风险水平与合规方针中设定的合规风险水平进行比较。合规风险评估的详细程度和水平取决于企业的风险情况、环境、规模和目标，并能随着具体的细分领域（如环境、财务、社会）变化。

(2) 如何评价商业贿赂风险

一般可以对已经识别出的商业贿赂风险从风险发生的严重程度、风险源频率以及风险发生的可能性等维度进行评价。见表4-2：

表4-2 商业贿赂风险评价参考表

序号	评价纬度	参考标准
1	风险的严重程度	◆是否触发刑事责任； ◆给企业造成经济损失的程度； ◆给企业造成名誉损失的可能性大小。
2	风险的发生频率	◆每年发生一次、两次业务活动的和每季度发生一次、两次业务活动的，为低频率； ◆每月发生一次、两次业务活动的，为中频率； ◆每月发生三次及三次以上的业务活动的，为高频率。
3	风险发生的可能性	◆有关部门执法严厉程度； ◆企业所处行业的其他企业发生类似案件的频率； ◆企业是否制定有完善的内控制度并严格实施该内控制度。
4	风险处置	◆企业宜为每种经识别、评价的商业贿赂风险制定适用的风险管控措施，并评估既有管控措施的有效性。 ◆企业应根据企业环境、法律法规的变化，对风险管控措施进行定期评审和修改。

(二) 商业贿赂的具体表现形式

除常见的以现金、佣金、借款等为主的、易于辨识的商业贿赂表现形式外，现实生活中还存在其他大量以看似合法、合理的名义掩盖贿赂实质的情况。

在判断所给付之利益是否合法、合理、是否具有商业贿赂性质时，主要考虑下述三项原则：（1）是否会影响企业获得交易机会或竞争优势；（2）是否符合相关法律法规规定和程序；（3）相关费用是否合理并如实入账。现在将实践中以合理形式掩盖商业贿赂目的的常见类型进行介绍。

1. 回扣、手续费

我国《反不正当竞争法》第七条第二款规定："经营者在交易活动中，可以以明示方式向交易相对方支付折扣，或者向中间人支付佣金。经营者向交易相对方支付折扣、向中间人支付佣金的，应当如实入账。接受折扣、佣金的经营者也应当如实入账。"可见，如实入账的折扣、佣金，法律并未予以禁止。而回扣，则是指经营者销售商品时在账外暗中以现金、实行或者其他方式退给对方单位或者个人一定比例的商品价款。但是，"如实入账"的也并非都不属于商业贿赂，如借助会计的"其他应收款"及"其他应付款"科目，以各种名义将款项使用权转移，同时移转该笔款项孳息的所有权，该笔孳息便存在被认定为商业贿赂的可能性。

另外，各类可能被视为商业贿赂的手续费行为主要包括：未发生宣传、广告行为而支付宣传费、广告费、商业赞助；医院向其他医院医生支付的介绍费；啤酒公司向饭店服务员支付"推销费"；保险公司以销售保险为目的，向住房基金管理部门、保险代理人支付手续费；等等。

2. 礼品

商业活动中馈赠礼品的行为，如超过正常商业礼仪的必要限度，则可能被认定为商业贿赂。《关于禁止商业贿赂行为的暂行规定》第八条即规定："经营者在商品交易中不得向对方单位或者其个人附赠现金或者物品。但按照商业惯例赠送小额广告礼品的除外。违反前款规定的，视为商业贿赂行为。"

就"必要限度"而言，应凭借前述三项原则进行判断。例如，某甲公司在其反腐败政策中规定，礼品在当时情形下必须是适当合理的，不得过分奢华或奢侈，应公开透明，且是适用法律允许的；支出应用于推广、说明或展示其公司的产品或服务，即便是造成不适当表象的行为也可能违反本政策。但为了便于员工遵守，实践中可能存在更具体的处理方式。例如，某乙公司在其《反贿赂合规手册》内便以列举的方式将何谓"必要限度"予以明确，即禁止提供价值过高或过于奢侈的礼品（如房产、汽车、名贵珠宝首饰、奢侈品牌服饰或手提包、高价艺术品等）。采取列举的方式让"必要限度"更加直观，实际应用中亦可以此对未加以明确的礼品名目进行"必要限度"的类推判断。

3. 招待

招待活动是企业经营必不可少的组成部分。招待活动一般包括接送、交通、餐饮、娱乐、住宿等内容。若招待活动涉及以下情形，就有可能被判定为商业贿赂：

（1）招待是以谋求特殊待遇、企图获取不当利益回报为目的；

（2）为被招待方配偶、子女、伴侣、其他家庭成员或与当次业务无关的其他同行宾客支付费用；

（3）在招待过程中直接或间接地向被招待方直接支付现金或现金等价物，以作为招待费用；

（4）提供超过本企业员工同等待遇的交通协助、住宿、餐饮；

（5）招待项目价值过高或过于奢华；

（6）娱乐活动包括不适当的内容，如提供成人主题以及其他可能被视为不道德的项目；

（7）违反被招待方或其所在单位关于接受招待的相关制度。

4. 商业赞助和公益捐赠

商业赞助指企业赞助第三方主办、组织、协调和/或支持的事件或活动。若商业赞助涉及以下情形，则存在被判定为商业贿赂的可能性：

（1）接受赞助的主体非合法设立或无相应资质，或存在违规制裁记录或公开渠道的负面媒体信息，且经核实仍无完整有效的合规体系管控相关风险；

（2）在缺乏正当理由的情况下，将个人作为接受赞助的主体；

（3）在缺乏正当理由的情况下，将政府部门作为接受赞助的主体；

（4）在缺乏正当理由的情况下，向处在业务敏感期的商业合作伙伴提供商业赞助；

（5）不签署具有法律效力的赞助协议；

（6）赞助协议中附带与本次赞助活动无关的商业条件，或者将商业利益不恰当地与商业赞助活动捆绑；

（7）改变约定的用途，将赞助的资金或实物用于与赞助无关的项目；

（8）将赞助的资金用于购买不符合活动性质的物品和存在贿赂风险的物品；

（9）不能公开展示获得的赞助权益；

（10）以明显不合理的价格提供商业赞助；

（11）赞助支付方式异常或实际并未发生赞助活动，但以赞助的名义向第三方转移款项。

实践中，因慈善捐赠不存在相应对价，更易沦为受商业贿赂侵蚀的重灾区。涉及以下情形的慈善捐赠存在商业贿赂的可能性：

（1）除法律法规要求秘密进行外，未向公众披露；

（2）受赠方非合法设立或无相应资质，或者受赠方存在违规制裁记录或公开渠道的负面媒体信息；

（3）向政府、政治团体、营利性组织进行捐赠；

（4）不签署具有法律效力的捐赠协议；

（5）捐赠协议附带商业条件，开展以商业利益为目的的捐赠行为；

（6）捐赠不合法、不合理的物资；

（7）将捐赠财产用于非公益活动；

（8）提供的公益捐赠票据不符合当地财务及税务相关法律及政策

要求；

（9）捐赠支付方式异常或实际并未发生捐赠活动，而是通过捐赠向第三方转移款项，存在不当支付风险。

5. 人事聘用

为获取、维持业务或商业行为中的不当利益，向利益相关方，[①] 如官员、客户或其近亲属或关系密切的人提供职位、兼职、返聘和实习职位等类似工作机会以及晋升、培训、补贴等福利待遇作为利益交换的筹码，均存在被认定为商业贿赂的可能性。这样做不仅可能招致惩罚，还可能破坏企业内部人力资源管理秩序，不利于给其他员工营造企业公平竞争的氛围，最终不利于培育员工的士气及建立公开平等的业绩考核机制。但是，对于前述人员，若知晓其背景后一刀切地一律不予录取，则属于矫枉过正，是另一个方向的不平等就业，也可能造成不公。为避免人事聘用成为商业贿赂的手段，主要从以下三个方面进行预防：

（1）杜绝因人设岗。设立岗位要从企业的实际需求出发，并按照内部人力资源管理流程进行管理，避免为某个候选人增设一些企业并不需要的员工岗位。

（2）人力资源或相关需求部门应根据成文的企业制度对候选人的能力及其他各方面条件予以客观评价，并在其通过正式的聘用流程、符合条件的情况下再进行录取；同样地，若在评价的过程中知悉候选人属于上述利益相关方人员，也应遵循客观情况作出是否对其予以录取的决定。

（3）由合规人员根据人力资源或相关需求部门在对员工的入职背景调查中收集的资料、招聘过程中的其他资料进行综合评估，确保招聘全流程的合规性，并形成合规报告备查。

[①] 利益相关方是指能影响决策或活动、受决策或活动影响或认为自己受决策或活动影响的个体或组织。

6. 商业伙伴

商业伙伴系企业在进行商业活动时发生各种往来的对象，包括供应商、分包商、顾问、代理、经销商、渠道商、分销商、联合体、居间方、中介机构、学术科研机构、品牌合作方、技术合作方、市场合作方等。实践中，前述业务伙伴亦可能成为企业的外包服务商。

在企业自身不存在行贿行为的情况下，商业伙伴的商业贿赂行为也可能导致企业承担相应责任。此外，也有企业意图通过商业伙伴，将部分业务分包给他们，并直接或间接地向其表达向第三方行贿的需求。这样的外包行为实际上是企业以业务伙伴作为行贿手段，根本无法避免企业自身的法律风险，在穿透认定企业责任时，仍然可能被识别、判定为行贿的当然主体并承担相应法律后果。

因此，在 ISO 37001 的国际标准中，除了要求企业建立适用于自身的内部反商业贿赂制度，也要求企业承担起对商业伙伴的合规管理责任和义务，建立有效的第三方管理机制，如对重要商业伙伴进行尽职调查，要求商业伙伴进行合规声明，在与其签署的合同中加入反商业贿赂条款，或与其签署单独的廉洁协议，并每年对前述内容进行审查、更新；等等。

7. 其他

除上述列举的六项高发商业贿赂名目外，还存在诸如培训、债务免除、预付费借记卡、会员卡、电话卡、加油卡等其他形式的商业贿赂。商业贿赂的手段列举很难穷尽，在针对某项名目进行识别时，还须结合三项原则具体判断。

（三）反商业贿赂场景应用

有效识别涉案企业内部的合规风险后，可对风险进行等级划分，如高、中、低三个等级，针对不同的合规风险制定风险应对措施，并明确重点管理岗位或部门，以下表 4-3 为例：

表 4-3 反商业贿赂场景应用示例

序号	高风险商业活动	风险应对	重点管理岗位/部门
1	销售/供应商合同起草	1. 合规部门应将相关的"反商业贿赂"要求融入当前的采购合同模板中（或单独制定廉洁协议）；并明确约定交易双方如存在商业贿赂行为的违约责任； 2. 在当前的销售合同模板中融入"反商业贿赂"的原则性规定； 3. 合规部门对重大项目、重大资金作界定，并对相关项目在合同条款中对大额款项支付方式、支付期限等予以明确。	1. 销售人员； 2. 履行采购职能的人员； 3. 合规部门。
2	销售合同审批流程	1. 商务部门应首先审核销售合同是否适用公司合同模板，如适用公司模板，则由商务部门审核合同条款是否发生变更，对不确定的条款提请合规部门审核； 2. 如销售合同不适用公司合同模板，则提交法务部门审核； 3. 重点审核合同是否明确载明交易内容、金额、支付方式和折扣与违约责任； 4. 提起审批用章流程后，商务/合规应重点审查最终提请用章的合同内容是否与此前确定的内容一致。	1. 销售部门负责人； 2. 商务人员； 3. 合规部门。
3	大额款项的支付与接收	如涉及重大项目的签署、重大资金的给付或接收，财务部门应协同合规部门严格审查： 1. 合同的真实性； 2. 合同与所涉款项的关联性； 3. 打款/收款账户与签约主体的关联性	财务部门

续表

序号	高风险商业活动	风险应对	重点管理岗位/部门
4	招待、宴请、礼物、差旅	1. 明确各层级员工用于与客户或潜在客户基于互动交流的招待、宴请、提供商务差旅安排的额度、频次（以不超过当地正常的商务习惯标准为限）； 2. 明确各层级员工安排招待、宴请、差旅的内部管控流程（如事前申请报销额度、报备招待或宴请的目的、对象、地点等）； 3. 员工申领礼物（小额易耗品除外）应报备并记录申领礼物的用途、赠与对象及赠与目的； 4. 在OA系统中设计招待、宴请、礼物申领的申请批示单，明确申请人（时间+岗位）、申请时间、用途、理由、批复人（时间+岗位）。	1. 销售人员； 2. 品牌管理（市场部）人员。
5	客户关系维护	销售部门应基于合规部门在合同模板中制定的相关反商业贿赂条款补充完善本部门的管理制度，明确因员工个人行贿行为致使公司向交易方承担违反"反商业贿赂"相关约定的违约责任，公司可基于内部管理制度向员工追责，并基于公司的规章制度对相关涉事员工予以处罚。	销售人员

第五章
知识产权类犯罪涉案企业合规整改及案例

在经济高速发展，营商环境趋好、创新氛围渐浓的社会大背景下，我国坚持依法严惩侵犯知识产权的行为，高度重视保护知识产权权利人的合法权益。

第一节 知识产权犯罪的基本情况

一、知识产权犯罪概述

知识产权是指人们就其智力劳动成果所依法享有的专有权利，通常是国家赋予创造者对其智力成果在一定时间内享有的专有权或独占权。通常来讲，知识产权包括著作权、专利权和商标权等内容，其发展历史悠久，早期的知识产权保护制度的建立对现代的知识产权法仍有着深远影响。

知识产权制度最早萌芽于文艺复兴时期的意大利，为了保护技术发明人的权利和吸引更多掌握先进技术的人才，意大利的著名城市威尼斯在1474年颁布了世界上第一部专利法，该法规定，权利人对其发明享有10年的垄断权，任何人未经同意不得仿造与受保护的发明相同的设施，否则将赔偿百枚金币，并销毁全部仿造设施。这部法律确立了专利制度的基本原则，其影响延续至今。16世纪以后，英国早期资产阶级为了追求财富和保持国家经济的繁荣，鼓励发明创造，在1624年颁布了《垄断法案》，这是世界上第一部具有现代意义的专利法。在专利制度建立的同时，著作权制度也诞生了。随着人类造纸和印刷技术的发明和传播，书籍成为科技知识和文学艺术的载体。1709年，英国颁布了《安娜女王法》，率先实行对作者权利的保护。《安娜女王法》为现代著作权制度奠定了基石，被誉为著作权法的鼻祖。对商标的保护制度起源于19世纪初的法国。1803年法国在《关于工厂、制造场和作坊的法律》中将假冒商标按私造文书处罚，确立了对商标权的法律保护。1857年法国又颁布了《关于以使用原则和不审查原则为内容的制造标记和商标的法律》。随后欧美等国家相继制定了商标法，商标保护制度逐步发展起来。[①]

知识产权制度的不断完善为现代智力成果的保护需求提供法律基础，在企业经营中也越发成为一个不可忽视的部分。市场主体在经营活动中离不开知识产权制度，所以应从下到上培养员工的知识产权意识，形成保护知识产权的系统概念。本节所指"知识产权"为"商标权、专利权、著作权及商业秘密"。本节以上述知识产权类别为重点，总结上述知识产权类别的法律关注点，为知识产权领域的合规管理指出重点，为提升知识产权风险防范意识提供助力。

而将知识产权保护纳入刑法范畴则体现了我国对知识产权保护的多层次性，也反映出知识产权保护的迫切性和重要性。侵犯知识产权犯罪破坏了我国知识产权管理制度，损害社会主义市场经济秩序，亟须通过刑事手段进行打击。就侵犯知识产权犯罪这个范畴而言，其特征主要有以下几个方面：侵犯知识产权犯罪的责任形式通常是故意；犯罪主体通常为一般主体，即所有企业、公司、个人均有可能成为犯罪主体；客体通常为市场经济秩序、知识产权管理制度、权利人利益等。

[①] 《知识产权的起源以及知识产权制度的衍生》，载无锡盛阳专利商标事务所网站，http://www.zscqw.net/articles/60.html，最后访问时间：2023年7月18日。

二、知识产权犯罪主要罪名

《刑法》在第三章破坏社会主义市场经济秩序罪的第七节侵犯知识产权罪中列入了如下知识产权犯罪：假冒注册商标罪、销售假冒注册商标的商品罪、非法制造或者销售非法制造注册商标标识罪、侵犯著作权罪、销售侵权复制品罪、假冒专利罪、侵犯商业秘密罪等。具体的法律规定如下表5-1：

表5-1 知识产权类犯罪涉及的罪名及法律规定

序号	罪名	法律依据
1	假冒注册商标罪	《刑法》 第二百一十三条 【假冒注册商标罪】未经注册商标所有人许可，在同一种商品、服务上使用与其注册商标相同的商标，情节严重的，处三年以下有期徒刑，并处或者单处罚金；情节特别严重的，处三年以上十年以下有期徒刑，并处罚金。
2	销售假冒注册商标的商品罪	《刑法》 第二百一十四条 【销售假冒注册商标的商品罪】销售明知是假冒注册商标的商品，违法所得数额较大或者有其他严重情节的，处三年以下有期徒刑，并处或者单处罚金；违法所得数额巨大或者有其他特别严重情节的，处三年以上十年以下有期徒刑，并处罚金。
3	非法制造、销售非法制造的注册商标标识罪	《刑法》 第二百一十五条 【非法制造、销售非法制造的注册商标标识罪】伪造、擅自制造他人注册商标标识或者销售伪造、擅自制造的注册商标标识，情节严重的，处三年以下有期徒刑，并处或者单处罚金；情节特别严重的，处三年以上十年以下有期徒刑，并处罚金。
4	假冒专利罪	《刑法》 第二百一十六条 【假冒专利罪】假冒他人专利，情节严重的，处三年以下有期徒刑或者拘役，并处或者单处罚金。

续表

序号	罪名	法律依据
5	侵犯著作权罪	《刑法》 第二百一十七条 【侵犯著作权罪】以营利为目的,有下列侵犯著作权或者与著作权有关的权利的情形之一,违法所得数额较大或者有其他严重情节的,处三年以下有期徒刑,并处或者单处罚金;违法所得数额巨大或者有其他特别严重情节的,处三年以上十年以下有期徒刑,并处罚金: (一)未经著作权人许可,复制发行、通过信息网络向公众传播其文字作品、音乐、美术、视听作品、计算机软件及法律、行政法规规定的其他作品的; (二)出版他人享有专有出版权的图书的; (三)未经录音录像制作者许可,复制发行、通过信息网络向公众传播其制作的录音录像的; (四)未经表演者许可,复制发行录有其表演的录音录像制品,或者通过信息网络向公众传播其表演的; (五)制作、出售假冒他人署名的美术作品的; (六)未经著作权人或者与著作权有关的权利人许可,故意避开或者破坏权利人为其作品、录音录像制品等采取的保护著作权或者与著作权有关的权利的技术措施的。
6	销售侵权复制品罪	《刑法》 第二百一十八条 【销售侵权复制品罪】以营利为目的,销售明知是本法第二百一十七条规定的侵权复制品,违法所得数额巨大或者有其他严重情节的,处五年以下有期徒刑,并处或者单处罚金。

续表

序号	罪名	法律依据
7	侵犯商业秘密罪	《刑法》 第二百一十九条 【侵犯商业秘密罪】有下列侵犯商业秘密行为之一，情节严重的，处三年以下有期徒刑，并处或者单处罚金；情节特别严重的，处三年以上十年以下有期徒刑，并处罚金： （一）以盗窃、贿赂、欺诈、胁迫、电子侵入或者其他不正当手段获取权利人的商业秘密的； （二）披露、使用或者允许他人使用以前项手段获取的权利人的商业秘密的； （三）违反保密义务或者违反权利人有关保守商业秘密的要求，披露、使用或者允许他人使用其所掌握的商业秘密的。 明知前款所列行为，获取、披露、使用或者允许他人使用该商业秘密的，以侵犯商业秘密论。 本条所称权利人，是指商业秘密的所有人和经商业秘密所有人许可的商业秘密使用人。
8	为境外窃取、刺探、收买、非法提供商业秘密罪	《刑法》 第二百一十九条之一 【为境外窃取、刺探、收买、非法提供商业秘密罪】为境外的机构、组织、人员窃取、刺探、收买、非法提供商业秘密的，处五年以下有期徒刑，并处或者单处罚金；情节严重的，处五年以上有期徒刑，并处罚金。
9	单位犯侵犯知识产权罪的处罚规定	《刑法》 第二百二十条 【单位犯侵犯知识产权罪的处罚规定】单位犯本节第二百一十三条至第二百一十九条之一规定之罪的，对单位判处罚金，并对其直接负责的主管人员和其他直接责任人员，依照本节各该条的规定处罚。

假冒注册商标罪和销售假冒注册商标的商品罪二罪往往相伴而生，而商标领域的刑事合规风险也集中于此，此内容将在后文详述。

三、知识产权犯罪相关司法实践数据

2019 年至 2021 年，若按罪名分类，知识产权刑事案件数量中假冒注册商标罪占比 46.4%，销售假冒注册商标的商品罪占比 41.5%，非法制造、销售非法制造的注册商标标识罪占比 6.7%，三者占到了总案件数的 94.6%。[1]

2021 年，地方各级人民法院新收侵犯知识产权刑事一审案件 6276 件，审结 6046 件，比 2020 年分别上升 13.2%和 9.53%。其中，新收侵犯注册商标类刑事案件 5869 件，同比上升 12.8%；侵犯著作权类刑事案件 333 件，同比上升 9.54%。[2] 同年，公安部开展"昆仑"专项行动，依法严厉打击侵犯知识产权犯罪活动。全国公安机关共侦破侵犯知识产权和制售伪劣商品犯罪案件 2.1 万起，抓获犯罪嫌疑人 3.8 万名。坚持对各类市场主体依法平等保护，先后侦破一批侵犯企业商标权、著作权、专利权等知识产权大要案。[3]

2022 年 3 月 8 日，《最高人民检察院工作报告》显示：北京、海南、陕西等 20 个省级检察院深化知识产权刑事、民事、行政检察一体履职，强化综合保护。发布指导性案例，起诉侵犯商业秘密犯罪 121 人，是 2020 年的 2.4 倍。检察机关会同国家版权局等督办 60 起重大侵权盗版案件。办理知识产权民事行政诉讼监督案件 544 件，是 2020 年的 4.1 倍。[4]

2023 年 1 月 8 日，全国检察长会议指出：2022 年共起诉侵犯知识产

---

[1] 《2019—2021 年中国知识产权刑事案件研究报告》，载"IPRdaily"微信公众号，https://mp.weixin.qq.com/s/dwiSNQ8SwQ_lZhZTdJj84w，2022 年 5 月 5 日发布，最后访问时间：2023 年 7 月 19 日。

[2] 最高人民知识产权审判庭编：《中国法院知识产权司法保护状况（2021 年）》，人民法院出版社 2021 年版。

[3] 全国打击侵犯知识产权和制售假冒伪劣商品工作领导小组办公室：《中国知识产权保护与营商环境新进展报告（2021 年）》，载商务部网站，http://images.mofcom.gov.cn/us/201709/20170930043247524.pdf，最后访问时间：2023 年 7 月 20 日。

[4] 《最高人民检察院工作报告》，载最高人民检察院网站，https://www.spp.gov.cn/spp/gzbg/202203/t20220315_549267.shtml，最后访问时间：2023 年 7 月 19 日。

权犯罪 1.3 万人，办理知识产权民事行政诉讼监督案件 937 件，同比上升 72.2%。①

四、知识产权犯罪涉案企业合规整改情况

截至 2022 年 8 月，全国检察机关累计办理涉案企业合规案件 3218 件，其中适用第三方监督评估机制案件 2217 件，对整改合规的 830 家企业、1382 人依法作出不起诉决定。较 4 月涉案企业合规改革试点全面推开时，新增合规案件 2229 件、适用第三方机制案件 1616 件。②

目前，最高人民检察院先后发布共计四批 20 件企业合规典型案例，③其中有 2 件涉及知识产权犯罪，分别为上海 J 公司、朱某某假冒注册商标案以及张家港 S 公司、睢某某销售假冒注册商标的商品案。《最高人民检察院工作报告》指出"全面推开涉案企业合规改革，落实第三方监督评估机制。持续深化知识产权综合司法保护，更好服务数字经济和创新发展"。④ 由此可见，我国将会进一步加强对侵犯知识产权行为的刑事打击力度，知识产权犯罪涉案企业合规整改也将成为企业刑事合规的重点板块。

---

① 戴佳：《2022年检察机关起诉侵犯知识产权犯罪1.3万人》，载《检察日报》2023年1月8日。
② 徐丹：《数据变化看检察｜检察机关共办理涉案企业合规案件3218件》，载《检察日报》2022年10月13日。
③ 最高人民检察院先后发布的四批《企业合规典型案例》中有2件涉及知识产权，见于《企业合规典型案例（第二批）》案例一、案例二。
④ 《最高人民检察院工作报告》，载最高人民检察院网站，https://www.spp.gov.cn/spp/gzbg/202203/t20220315_549267.shtml，最后访问时间：2023年10月27日。

第二节 知识产权犯罪涉案企业合规的典型案例

一、基本案情

犯罪嫌疑人陈某某于 2020 年伙同北京市大兴区 D 公司（以下简称公司）法定代表人秦某及若干公司员工在大兴区旧宫镇内销售汽车配件共计 60 万余元，后被查获。经鉴定，查获现场扣押的汽车配件均为假冒注册商标的商品。

2021 年 6 月 11 日，公司法定代表人秦某因涉嫌销售假冒注册商标的商品罪，被大兴区公安分局刑事拘留；同年 7 月 7 日，经大兴区人民检察院批准逮捕；同年 8 月 5 日，由大兴区公安分局移送大兴区人民检察院审查起诉。

在大兴区人民检察院审查起诉期间，公司提出请求适用企业合规试点及第三方监督评估机制的申请，大兴区人民检察院经审查后认为，公司符合试点条件，并且具有小微企业侵犯知识产权的典型性，故同意了该申请，并根据《关于建立涉案企业合规第三方监督评估机制的指导意见（试行）》的规定程序选聘我所赵运恒律师作为本案涉案企业合规整改第三方监督评估组织成员，配合检察机关参加本次合规整改验收工作。

自 2021 年 10 月起，公司陆续向大兴区人民检察院递交了知识产权专项合规计划、刑事合规承诺书等材料，并取得了知识产权人某汽车公司的谅解。2021 年 12 月 16 日，大兴区人民检察院针对该公司经营管理中存在的严重缺乏知识产权法律意识、内部监督管理机制等问题，向其制发了检察建议书。2021 年 12 月 23 日，大兴区人民检察院针对该案召开了企业合规建设启动公开听证会，决定对部分涉案犯罪嫌疑人不起诉。2022 年 1 月 21 日，公司向检察院报告了合规自查和整改情况，听取了第三方监督评估组织成员提出的针对性整改建议，继续进行合规整改的后续工作。2022年3月，公司最终通过本次涉案企业合规整改验收。

二、企业合规整改情况及处理结果

1. 及时制发检察建议书，指导涉案企业牢牢把握合规整改基本方向

大兴区人民检察院在审查公司提出的涉案企业合规整改申请后，及时结合本案案情和公司实际情况，从制定知识产权合规建设工作责任清单、建立健全货物采购和库房管制制度、自觉促进知识产权合规经营能力提升三个方面，制发了检察建议书，为公司全面铺开合规整改工作指明了科学的参考方向。

2. 因"案"制宜，第三方监督评估组织围绕知识产权专项合规计划精准"开方"

律师团队在检察建议的基础上，同时根据公司第一阶段合规整改工作的推进情况，提出了组织风险倒查、召开违法犯罪成因剖析及检讨惩戒会议、开展针对全体员工的知识产权专项合规培训活动、形成知识产权法律法规及案例查询手册、建立第三方合作伙伴资格审查白名单制度（对合作伙伴设置一定的准入标准，如注册资本、行业资质、知识产权合规条款或声明等，根据审查结果对合作伙伴进行合规分级动态管理）、拟订未来发展计划（包括注册自主品牌商标、拓宽销售渠道）等多项提升公司从业人员知识产权法律意识的针对性整改建议。

3. 宽严相济，前后展开两次合规整改验收工作，确保监督评估考察公正透明

公司在第一次合规验收时，由于在货品抽查环节中仍有四件配件无法查询到供货来源及对应的供销合同，当场受到了检察机关的严肃批评。在抽查结束后的验收工作总结会议上，第三方监督评估组织成员均希望检察机关能充分考虑小微企业的经营习惯、人员素养、汽配行业特点等情况，给公司继续整改的机会，鼓励公司将合规承诺逐步落实到位，做到货物来源、财务记录等有迹可循、有证可查，真正实现办案机关帮助企业实现长效治理与平稳发展的效果。公司负责人也承认在合规整改过程中存在工作不尽细致的问题，并表示在短时间内将尽快做好货品的溯源梳理工作。会议末尾，检察机关广泛听取各方建议，宣布本次验收工作暂停，待公司弥补合规整改漏洞后，于一周后重启验收。而后，公司即刻纠正第一次合规验收中出现的问题，公司对库房中存放的 201 件由石家庄 K 汽车贸易有限公司出库的货品进行了全面梳理，建立起了针对该批货品的"库存明细清单"，并按照出库日期创建了清晰的出库单据电子档案，最终顺利通过第二次合规整改验收。

三、典型意义

本案的典型意义在于其突出反映了汽配行业小微企业整改的几项难题：其一，行业生态大多为家族亲朋好友式的总体结构，"任人唯亲""高度集权"的现象时有发生，企业内部各岗位之间难以形成行之有效的内部控制与监督管理体系；其二，存在行业内员工难以很好地理解检察机关、第三方监督评估组织、合规顾问等出具的各式书面文件的情况；其三，汽配行业内上下游合作伙伴与企业本身之间关联度强、互为影响，任何一端出现的法律风险都有可能波及他方。充分整改该行业内侵犯知识产权的乱象需要形成全链条式的管控体系，但这需要司法部门、行政部门和全行业通过长期协作、形成稳固合力来逐步搭建。

此外，本案验收结束后的一月之余，大兴区人民检察院即结合本案及其他相关案件经验，立足大兴"科技创新引领区"的功能定位，联合北京市大兴区知识产权局、北京市大兴区工商联，于 2022 年 4 月共同出台了北京市首份《侵犯知识产权犯罪涉案企业合规整改指南》，为构建侵犯知识产权犯罪涉案企业合规整改工作提供了"北京范本"，为全面探索形成企业犯罪治理体系的法治建设工作砌筑了重要部分。

第三节　知识产权犯罪涉案企业合规构建要点与启示

知识产权领域的涉案企业合规体系构建之路也亟待完善。从数据上看，近年来知识产权犯罪案件呈上升趋势。2021年，全国检察机关批捕侵犯知识产权犯罪4590件7835人，同比分别上升16.8%和9.2%；起诉侵犯知识产权犯罪6565件14020人，同比分别上升12.3%和15.4%；监督公安机关立案299件，同比上升65.2%。知识产权犯罪给企业带来巨大的风险与挑战，在新形势之下，加强企业知识产权合规体系建设、提升企业知识产权合规水平将成为企业提升核心竞争力的重中之重。[①]

如上文所述，北京市大兴区人民检察院、北京市大兴区知识产权局和北京市大兴区工商业联合会于2022年4月1日联合发布的《侵犯知识产权犯罪涉案企业合规整改指南》为我们指明了更详细的方向。该指南全文共三十五条、五个章节，包含总则、合规整改计划、合规整改实施、合规整改效果评估及附则，旨在为办理侵犯知识产权犯罪涉案企业合规案件的检察机关、参与涉案企业合规整改的第三方监督评估组织以及有知识产权合规整改需求的企业提供合规参考。《侵犯知识产权犯罪涉案企业合规整改指南》第四条提出："知识产权企业合规要素包括基础合规要素及知识产权专项合规要素。基础合规要素包括合规管理规范和合规组织体系，知识产权专项合规要素包括知识产权风险预防机制、识别机制、防范机制。"根据《侵犯知识产权犯罪涉案企业合规整改指南》第五条的规定，涉案企业在知识产权合规中应制定具备基础合规要素和

---

① 李佳倩：《"企业合规风险与防范"专题报道之二丨企业推进知识产权专项合规建设刻不容缓》，载《民主与法制》2022年8月19日。

知识产权专项合规要素的合规整改计划。为弥补企业知识产权制度建设和监管漏洞，合规整改计划应至少包括以下四个方面：（1）梳理与侵犯知识产权犯罪有密切联系的企业内部治理结构、规章制度、人员管理等方面存在的问题；（2）制定可行的知识产权合规管理规范；（3）构建有效的知识产权合规组织体系；（4）健全知识产权合规风险防范机制。

可见，涉案知识产权合规与基础合规要素有许多相同之处。例如，依然聚焦于"企业内部的运行结构是否合规、知识产权领域规章制度与实际操作是否符合"等方面。同时由于知识产权领域的独特性，知识产权专项合规也应根据经营领域、行业特点和环境差别，结合涉嫌侵犯知识产权犯罪具体罪名，由企业权力机构制定以知识产权合规为目的的合规章程、行为准则、专项管理办法等管理类制度。

检察机关在审查涉案企业是否可以通过合规整改免予起诉时，会重点参考涉案企业的生产经营价值、认罪认罚情况和后续生产经营中的合规承诺情况等。对于符合启动企业合规建设条件的，检察机关会及时启动企业合规程序，积极适用第三方监督评估机制。在合规管理体系建设过程中，应根据涉案企业的不同类型和不同经营领域以及涉案案由来制定有针对性的合规体系建设计划。例如，涉案企业属于重工科技产业公司，则合规整改计划和第三方合规监管组织都重点向知识产权、工程机械等领域倾斜资源。在合规整改过程中，检察机关的走访和监督最大限度避免"纸面合规"和"形式合规"情况的发生。

除此之外，企业在生产经营中应从预防角度出发，制定完善的企业知识产权发展战略，并通过制定制度、签订合同、培训等方式将知识产权合规思想内化于员工心中。企业应有完善的知识产权管理制度体系，系统管理企业的商标权、专利权、著作权、商业秘密等知识产权，并有明确的业务操作流程来管理知识产权的申请、注册、许可、转让等工作；同时，公司企业应设立独立的知识产权管理部门，聘请知识产权领域专业业务人员来确保已有制度的流畅运行。

一、专利权领域合规管理与风险

专利技术是企业间竞争不可或缺的核心。为了公司、企业和个人等主体的专利权，促进创新力，避免竞争对手利用专利工具损害市场利益，做好专利布局是关键的一环。

《侵犯知识产权犯罪涉案企业合规整改指南》第十二条为我们指出专利领域的刑事合规风险："在制造、销售专利产品前，须确认拟制造、销售专利产品已取得权利人许可，应注意防范如下风险：（一）在未被授予专利权的产品或者其包装上标注专利标识，专利权被宣告无效后或者终止后继续在产品或者其包装上标注专利标识，或者未经许可在产品或者产品包装上标注他人的专利号；（二）在产品说明书等材料中将未被授予专利权的技术或者设计称为专利技术或者专利设计，将专利申请称为专利，或者未经许可使用他人的专利号，使公众将所涉及的技术或者设计误认为是专利技术或者专利设计；（三）伪造或者变造专利证书、专利文件或者专利申请文件；（四）其他使公众混淆，将未被授予专利权的技术或者设计误认为是专利技术或者专利设计的行为。"

不难看出，专利领域的刑事合规风险围绕专利申请、转让和专利许可展开，这也是企业专利领域合规在实践中应探索的更具体的方向。

在专利申请中，一般专利权人为发明人或设计人。但在职务发明创造的情形下，申请专利的权利属于单位，单位为专利权人。即本职工作中作出的发明创造，利用单位的技术条件、资金、设备、原材料等创造的发明，或退休、调职后或劳动人事关系终止后1年内作出的与本职工作任务有关的发明创造，都属于职务发明创造，单位为专利权人。在此环节存在专利权属纠纷的风险，企业和公司等主体应将职务发明创造的相关权属约定条款写入劳动合同，或与员工另行签署职务发明创造的权属合同，以明确职务发明创造的权利归属，避免产生纠纷。

我国专利权的申请，遵循先申请原则和禁止重复授权原则。即两个以上的申请人分别就同样的发明创造申请专利的，专利权授予最先申请的人，且同样的发明创造只能授予一项专利权。授予专利权的发明和实用新型，应当具备新颖性、创造性和实用性。新颖性是指发明或创造新型应不同于现有技术，同时还不得出现抵触申请。创造性是指该发明具有突出的实质性特点和显著进步，该实用新型有实质性特点和进步。实用性是指该发明或实用新型能够制造或使用，并能产生积极效果。对于外观设计来说，外观设计的授权条件为"具备新颖性"。所以在专利申请中，仅进行零散专利的申请往往会给后来者的规避设计留下空间，并不能有效地遏制竞争对手。[①] 要想成功地进行专利布局，不仅要占据优先申请和有效申请，还应系统申请专利包。

除此之外，转让专利权时，各主体应当与相对方订立书面合同，并向国务院专利行政部门登记，由国务院专利行政部门进行公告。专利权的转让自登记之日起生效。专利权转让后，受让人成为专利权人。专利权人可以普通许可的方式许可他人实施专利，通过许可合同约定许可期限、费用等具体许可条件。

除去专利的普通许可外，为了加强专利公共服务，促进专利实施和运用，专利的特别许可也是专利实施中不可或缺的一环。专利的特别许可通常有如下几类：国有单位发明的特别许可；开放许可；强制许可等。不同的特别许可有不同的许可规定，专利权人与许可相对方应根据《专利法》和《专利法实施细则》等法律法规的要求进行合同内化，避免出现风险。

---

① 曹志龙：《企业合规管理操作指引与案例解析》，中国法制出版社 2021 年版，第 384 页。

二、商标权领域合规管理与风险

商标权，是指商标所有人对其商标所享有的独占的、排他的权利。在我国，商标权的取得实行注册原则，即因商标注册而产生的专有权。而不管是上述哪一类商标，获得注册的基本条件是该商标具有显著特征。商标注册人享有商标专用权，受《商标法》保护。申请注册的商标应当具有显著特征，即可以区别于其他商标。显著特征通常是通过标志的设计本身获取，或通过长期使用获取。通过商标的显著特征，相关领域消费者能够将该商标代表的商品或者服务区别于其他经营者的商品或者服务。根据商标核定使用的对象不同，注册商标可分为商品商标和服务商标。为保护企业的商标专有权，企业应及时在各类商品或服务上注册商标，防止他人的商标权侵权行为。

在商标权刑事犯罪领域，假冒注册商标罪和销售假冒注册商标的商品罪最为常见。根据相关司法解释，《刑法》第二百一十三条假冒注册商标罪中"与其注册商标相同的商标"是指："（一）改变注册商标的字体、字母大小写或者文字横竖排列，与注册商标之间基本无差别的；（二）改变注册商标的文字、字母、数字等之间的间距，与注册商标之间基本无差别的；（三）改变注册商标颜色，不影响体现注册商标显著特征的；（四）在注册商标上仅增加商品通用名称、型号等缺乏显著特征要素，不影响体现注册商标显著特征的；（五）与立体注册商标的三维标志及平面要素基本无差别的；（六）其他与注册商标基本无差别、足以对公众产生误导的商标。"[①]

除此之外，《侵犯知识产权犯罪涉案企业合规整改指南》第十一条也为我们提出了商标领域的合规风险："（一）商标许可风险，在自行制

---

① 参见《最高人民法院、最高人民检察院关于办理侵犯知识产权刑事案件具体应用法律若干问题的解释（三）》第一条。

造、接受委托制造过程中,在同一种商品、服务上使用与已注册商标相同的商标,须确认是否经注册商标所有人许可。同时,应严格避免授权超期、超范围使用,避免使用与他人注册商标基本无差别,足以对公众产生误导的商标。(二)销售注册商标商品风险,销售带有注册商标的商品前,须确认拟销售商品为非假冒注册商标的商品,可结合销售方销售资质、进货价格、交易方式、商品质量等方式综合判断。(三)制造、销售注册商标标识风险,在制造、销售注册商标标识前,须确认拟制造、销售注册商标标识已取得商标权利人许可。"

  不难看出,商标领域的合规风险高发区在商标许可、生产销售带有注册商标标识的商品等领域。在司法实践中,由于假冒、仿冒情况屡见不鲜,为了兼顾保护创新发展和维持整改合格企业平稳运转,启动企业合规建设是必然趋势。公司、企业或个人等主体应了解商标侵权行为,通过合规管理制度和操作将侵权行为排除在外,以防卷入商标纠纷。

  商标的功能就是将商标权人的服务或商品区别于其他服务和商品,不让相关消费者产生混淆。为保护企业的商标专有权,企业应及时在各类商品或服务上注册商标,防止他人的商标权侵权行为。企业在使用他人所有的商标标识时,应注意确认使用的是已获得许可的商标,并且及时检查商标的时效性和范围,以防卷入商标侵权的纠纷。公司、企业及个人等主体可以通过树立保护商标权的意识,规范商标合规管理流程,督促商标注册的及时性和商标维权的准确性,促进企业创新力,提高商品和服务质量及信誉,保护商标权不容侵犯,使商标的价值不断增值。

三、著作权领域合规管理与风险

  《著作权法》规定了我国对著作权的保护范围,即"本法所称的作品,是指文学、艺术和科学领域内具有独创性并能以一定形式表现的智力成果,包括:文字作品;口述作品;音乐、戏剧、曲艺、舞蹈、杂技艺术作品；美术、建筑作品；摄影作品；视听作品；工程设计图、产品设计图、地图、示意图等图形作品和模型作品；计算机软件；符合作品特征的其他智力成果。"在网络自媒体发展快速的环境下，著作权不可避免地会受到各种侵权问题。日常工作中的作品传播等都离不开著作权，其经济价值巨大，应加强对著作权经济重要性的认识。

《侵犯知识产权犯罪涉案企业合规整改指南》中的第十三条指出了著作权领域的合规风险："复制发行、传播、销售著作权作品前，须确认拟复制发行、传播著作权作品已取得许可，应注意防范如下风险：（一）复制发行、通过信息网络向公众传播其文字作品、音乐、美术、视听作品、计算机软件及法律、行政法规规定的其他作品的；（二）出版他人享有专有出版权的图书的；（三）复制发行、通过信息网络向公众传播他人制作的录音录像的；（四）复制发行录有他人表演的录音录像制品，或者通过信息网络向公众传播他人表演的；（五）制作、出售假冒他人署名的美术作品的；（六）未经著作权人或者与著作权有关的权利人许可，故意避开或者破坏权利人为其作品、录音录像制品等采取的保护著作权或者与著作权有关的权利的技术措施的。"

《侵犯知识产权犯罪涉案企业合规整改指南》体现出的著作权领域合规重点集中在著作权的非许可不能为中。[①] 由于著作权的取得较为简易，不需要向有关部门申请或者办理出版手续，作品自创作完成之日起受到著作权法保护，著作权的此种"天然获取性"某种程度上会导致权

---

① 合理使用除外。通常情况下，他人不经作者许可不得使用作者的作品。但如果使用者符合"合理使用"，可以不经过作者许可并不向作者支付报酬，这就是对著作权的权利限制。根据《著作权法》第二十四条的规定，合理使用的情形一般有以下几类：1. 为个人学习、研究或者欣赏，使用他人已发表的作品；2. 为介绍、评论某一作品或说明某一问题适当引用他人已发表的作品；3. 为新闻报道、刊登政治、经济、宗教类时事性文章或在媒体上刊登或播放公众集会上发表的讲话，作者声明不许刊登、播放的除外；4. 为教学或科学研究而改编、翻译、汇编、播放或少量复制已发表的作品；5. 免费表演已经发表的作品并未向公众收取费用，也未向表演者支付报酬且不以营利为目的的；6. 对设置或陈列在公众场所的艺术作品进行临摹、绘画、摄影、录像，或将上述机械复制的成果以合理方式进行再使用的。

利人和任意第三人对权利的忽视，进而发生权利认知风险。例如，企业员工在日常工作中往往认识不到网络文章、图片的版权问题，"照搬""复制粘贴"等行为可能会直接导致侵权。具有这种"复制粘贴"习惯的员工行为可能会导致公司、企业等主体一起承担侵权责任，所以构建企业著作权刑事合规体系对于知识产权保护、企业稳健发展和社会进步具有积极的现实意义和价值。

第一，高度树立著作权保护意识。随着国家不断加大对知识产权的保护力度，相关的法律法规更加完善，企业也将为侵犯著作权的行为支付高额的侵权成本。因此，企业应该提高自己的版权意识，对于侵犯著作权的行为应该持抵制、打击的态度，彻底转变对侵犯著作权行为的高容忍度现状。

第二，认真做好知识产权法律法规的学习和培训工作。特别是随着互联网技术的快速发展，尤其注意防止因互联网引发的侵犯著作权纠纷。例如，随意转载他人的作品、以营利为目的使用他人的音乐作品、他人的照片以及侵犯软件著作权等行为，情节严重、性质恶劣的，会引发企业及相关人员的刑事责任风险。因此，企业在做好员工知识产权法律知识培训的前提下，应做到保护著作权"有所为"和侵犯著作权"有所不为"。

第三，企业内部应建立侵犯著作权合规风险评估机制，根据企业著作权的权利享有情况及过往接受处罚情况等列出风险清单，确定风险点，逐项制定详细的核查和追责合规体系，并进一步确定企业刑事风险化解预案。

第四，建立企业著作权合规章程及政策。按照企业发展运营情况，制定专门的防范侵犯著作权的合规章程，写明对著作权的开发、使用、保护的理念、原则、管理，惩处的基本制度以及详细的运作政策体系，并确定内部监管、自我核查的具体周期。

第五，建立著作权专项合规组织体系。确定知识产权合规管理负责人、执行人、监管委员会成员、具体事务管理部门及成员，同时在企业各个部门，以及分公司、子公司等分支机构内部设立知识产权合规专员等，并配合设立内部调查部门，对企业自身及合作伙伴或竞争对手进行知识产权侵权行为的合规尽职调查。

值得一提的是，在网络著作权领域，《信息网络传播权保护条例》第二十三条规定，"网络服务提供者为服务对象提供搜索或者链接服务，在接到权利人的通知书后，根据本条例规定断开与侵权的作品、表演、录音录像制品的链接的，不承担赔偿责任"。这条规定为网络著作权领域的"避风港原则"提供法律支撑，信息网络传播平台应注意根据"避风港原则"的要求，在接到侵权投诉后履行"通知+移除"的行为，最大限度地阻断侵权。

在新形势下，企业更需要加强知识产权合规体系建设，提升知识产权合规水平，提高企业对知识产权的基础管理能力和风险控制能力，发展出一批具有国际竞争优势和强大的知识产权实力、能力、潜力的知识产权强企，这样才能立于世界科技创新潮头，赢得发展主动权。

四、商业秘密领域合规管理与风险

商业秘密作为知识资产的一部分日益重要。根据《反不正当竞争法》第九条第四款的规定，商业秘密是指不为公众所知悉、具有商业价值并经权利人采取相应保密措施的技术信息、经营信息等商业信息。在市场主体进行经营活动或者技术创新过程中，任何项目研发立项之日起，员工都有义务对相关不公开的信息进行保密。

在我国，《反不正当竞争法》是商业秘密领域侵权处罚的主要依据。《反不正当竞争法》第九条第一款、第二款、第三款对商业秘密侵权行为作出规定："经营者不得实施下列侵犯商业秘密的行为：（一）以盗窃、贿赂、欺诈、胁迫、电子侵入或者其他不正当手段获取权利人的商业秘密；（二）披露、使用或者允许他人使用以前项手段获取的权利人的商业秘密；（三）违反保密义务或者违反权利人有关保守商业秘密的要求，披露、使用或者允许他人使用其所掌握的商业秘密；（四）教唆、引诱、帮助他人违反保密义务或者违反权利人有关保守商业秘密的要求，获取、披露、使用或者允许他人使用权利人的商业秘密。经营者以外的其他自然人、法人和非法人组织实施前款所列违法行为的，视为侵犯商业秘密。第三人明知或者应知商业秘密权利人的员工、前员工或者其他单位、个人实施本条第一款所列违法行为，仍获取、披露、使用或者允许他人使用该商业秘密的，视为侵犯商业秘密。"

《刑法》第二百一十九条更是在《反不正当竞争法》规定的侵权行为基础上将侵犯商业秘密行为列入犯罪行为，并作出量刑规定，"情节严重的，处三年以下有期徒刑，并处或者单处罚金；情节特别严重的，处三年以上十年以下有期徒刑，并处罚金"。

可见，商业秘密的合规管理与保密紧密关联。在实务中为了规避商业秘密泄密风险，应从以下三个方面进行管理：

首先，在企业内建立系统的信息保密制度或者信息安全制度，并且对企业信息化平台设置信息访问分级限制，避免企业内部跨级别、跨部门无限制访问信息的情况，最大限度地减少信息泄露可能。对信息访问记录进行留痕，在疑似风险发生时及时找到责任人员并进行信息泄露风险调查，阻断泄露路径。

其次，通过保密合同将保密义务贯彻到实处。对外，与合作第三方签订保密协议，保护合作全过程的商业秘密不被他人知悉；对内，与企业内部员工签订保密协议，避免企业的商业秘密由于员工的故意或过失而被泄露。对于企业的高级管理人员或核心员工，可以签订竞业禁止协议，防止员工在在职和离职后一段时间内利用企业的商业秘密与企业进行不正当竞争。

最后,企业还可以通过日常培训和教育活动强调员工保密意识,让员工认识到保密义务不能纸上谈兵,需要在工作的各个环节和阶段严格执行公司企业的保密相关制度条款。

第六章
税务类犯罪涉案企业合规整改及案例

本章将紧密结合司法实务，首先总结分析我国目前税务类犯罪的整体发生情况，再介绍一起星来律师参与的税务类犯罪涉案企业合规整改典型案例及一起最高人民检察院发布的典型案例，在此基础上，结合相关财税法规与监管文件、合规理论及事务所实践经验，总结税务合规主要风险点及税务类犯罪涉案企业合规构建之重点，以资从业者参考借鉴。

第一节 税务类犯罪的基本情况

为保障国家的税收利益，税务机关对涉税违法犯罪案件的打击力度持续加强。截至2022年年底，全国税务稽查部门累计查实7813户涉嫌骗取或违规取得留抵退税企业，税务、公安、检察、海关、人民银行、外汇管理六部门联合打击虚开骗取留抵退税团伙225个，共计挽回留抵退税及各类税款损失155亿元。2023年，税务部门将进一步聚焦高风险重点行业重点领域，依法打击各类偷逃骗税违法行为。[1]

一、涉税犯罪的主要类型

根据《刑法》第三章第六节"危害税收征管罪"的规定，税务类犯

---

[1] 《对涉税违法行为保持高压态势 税务部门曝光一批涉税案件》，载中国经济网，http://bgimg.ce.cn/xwzx/gnsz/gdxw/202302/07/t20230207_38379419.shtml，最后访问时间：2023年2月21日。

罪包括：第二百零一条（逃税罪）；第二百零二条（抗税罪）；第二百零三条（逃避追缴欠税罪）；第二百零四条（骗取出口退税罪）；第二百零五条（虚开增值税专用发票、用于骗取出口退税、抵扣税款发票罪）；第二百零五条之一（虚开发票罪）；第二百零六条（伪造、出售伪造的增值税专用发票罪）；第二百零七条（非法出售增值税专用发票罪）；第二百零八条（非法购买增值税专用发票、购买伪造的增值税专用发票罪）；第二百零九条（非法制造、出售非法制造的用于骗取出口退税、抵扣税款发票罪；非法制造、出售非法制造的发票罪；非法出售用于骗取出口退税、抵扣税款发票罪；非法出售发票罪）；第二百一十条（盗窃罪；诈骗罪）；第二百一十条之一（持有伪造的发票罪），共计十六个罪名。① 对重点涉税犯罪梳理情况如下表6-1：

表6-1 税务类犯罪涉及的罪名及法律规定

序号	罪名	法律依据
1	逃税罪	《刑法》 第二百零一条 【逃税罪】纳税人采取欺骗、隐瞒手段进行虚假纳税申报或者不申报，逃避缴纳税款数额较大并且占应纳税额百分之十以上的，处三年以下有期徒刑或者拘役，并处罚金；数额巨大并且占应纳税额百分之三十以上的，处三年以上七年以下有期徒刑，并处罚金。 扣缴义务人采取前款所列手段，不缴或者少缴已扣、已收税款，数额较大的，依照前款的规定处罚。 对多次实施前两款行为，未经处理的，按照累计数额计算。 有第一款行为，经税务机关依法下达追缴通知后，补缴应纳税款，缴纳滞纳金，已受行政处罚的，不予追究刑事责任；但是，五年内因逃避缴纳税款受过刑事处罚或者被税务机关给予二次以上行政处罚的除外。

---

① 尽管走私类犯罪所侵犯的法益也包括税收管理秩序，属广义上的涉税案件，但由于其主要由海关依据相关海关法规侦办，具有较为独立的处理程序与制度规范，故不在本章讨论范围。

续表

序号	罪名	法律依据
2	骗取出口退税罪、逃税罪	《刑法》 第二百零四条 【骗取出口退税罪】以假报出口或者其他欺骗手段，骗取国家出口退税款，数额较大的，处五年以下有期徒刑或者拘役，并处骗取税款一倍以上五倍以下罚金；数额巨大或者有其他严重情节的，处五年以上十年以下有期徒刑，并处骗取税款一倍以上五倍以下罚金；数额特别巨大或者有其他特别严重情节的，处十年以上有期徒刑或者无期徒刑，并处骗取税款一倍以上五倍以下罚金或者没收财产。 【逃税罪】纳税人缴纳税款后，采取前款规定的欺骗方法，骗取所缴纳的税款的，依照本法第二百零一条的规定定罪处罚；骗取税款超过所缴纳的税款部分，依照前款的规定处罚。
3	增值税虚开专用发票、用于骗取出口退税、抵扣税款发票罪	（一）《刑法》 第二百零五条 【虚开增值税专用发票、用于骗取出口退税、抵扣税款发票罪】虚开增值税专用发票或者虚开用于骗取出口退税、抵扣税款的其他发票的，处三年以下有期徒刑或者拘役，并处二万元以上二十万元以下罚金；虚开的税款数额较大或者有其他严重情节的，处三年以上十年以下有期徒刑，并处五万元以上五十万元以下罚金；虚开的税款数额巨大或者有其他特别严重情节的，处十年以上有期徒刑或者无期徒刑，并处五万元以上五十万元以下罚金或者没收财产。 单位犯本条规定之罪的，对单位判处罚金，并对其直接负责的主管人员和其他直接责任人员，处三年以下有期徒刑或者拘役；虚开的税款数额较大或者有其他严重情节的，处三年以上十年以下有期徒刑；虚开的税款数额巨大或者有其他特别严重情节的，处十年以上有期徒刑或者无期徒刑。 虚开增值税专用发票或者虚开用于骗取出口退税、抵扣税款的其他发票，是指有为他人虚开、为自己虚开、让他人为自己虚开、介绍他人虚开行为之一的。 （二）《发票管理办法》 第二十一条 开具发票应当按照规定的时限、顺序、栏目，全部联次一次性如实开具，并加盖发票专用章。 任何单位和个人不得有下列虚开发票行为： （一）为他人、为自己开具与实际经营业务情况不符的发票； （二）让他人为自己开具与实际经营业务情况不符的发票； （三）介绍他人开具与实际经营业务情况不符的发票。

续表

序号	罪名	法律依据
4	非法出售增值税专用发票罪	《刑法》 第二百零七条　【非法出售增值税专用发票罪】非法出售增值税专用发票的,处三年以下有期徒刑、拘役或者管制,并处二万元以上二十万元以下罚金;数量较大的,处三年以上十年以下有期徒刑,并处五万元以上五十万元以下罚金;数量巨大的,处十年以上有期徒刑或者无期徒刑,并处五万元以上五十万元以下罚金或者没收财产。
5	非法购买增值税专用发票、购买伪造的增值税专用发票罪	《刑法》 第二百零八条第一款　【非法购买增值税专用发票、购买伪造的增值税专用发票罪】非法购买增值税专用发票或者购买伪造的增值税专用发票的,处五年以下有期徒刑或者拘役,并处或者单处二万元以上二十万元以下罚金。
6	虚开发票罪	《刑法》 第二百零五条之一【虚开发票罪】虚开本法第二百零五条规定以外的其他发票,情节严重的,处二年以下有期徒刑、拘役或者管制,并处罚金;情节特别严重的,处二年以上七年以下有期徒刑,并处罚金。 单位犯前款罪的,对单位判处罚金,并对其直接负责的主管人员和其他直接责任人员,依照前款的规定处罚。
7	非法制造、出售非法制造的用于骗取出口退税、抵扣税款发票罪;非法制造、出售非法制造的发票罪;非法出售用于骗取出口退税、抵扣税款发票罪;非法出售发票罪	《刑法》 第二百零九条　【非法制造、出售非法制造的用于骗取出口退税、抵扣税款发票罪】伪造、擅自制造或者出售伪造、擅自制造的可以用于骗取出口退税、抵扣税款的其他发票的,处三年以下有期徒刑、拘役或者管制,并处二万元以上二十万元以下罚金;数量巨大的,处三年以上七年以下有期徒刑,并处五万元以上五十万元以下罚金;数量特别巨大的,处七年以上有期徒刑,并处五万元以上五十万元以下罚金或者没收财产。 【非法制造、出售非法制造的发票罪】伪造、擅自制造或者出售伪造、擅自制造的前款规定以外的其他发票的,处二年以下有期徒刑、拘役或者管制,并处或者单处一万元以上五万元以下罚金;情节严重的,处二年以上七年以下有期徒刑,并处五万元以上五十万元以下罚金。 【非法出售用于骗取出口退税、抵扣税款发票罪】非法出售可以用于骗取出口退税、抵扣税款的其他发票的,依照第一款的规定处罚。 【非法出售发票罪】非法出售第三款规定以外的其他发票的,依照第二款的规定处罚。

二、税务类犯罪的发生趋势

(一) 涉税犯罪数量持续高位运行

根据公开资料显示，2018年8月至2019年7月，全国公安机关共立涉税犯罪案件2.28万起，涉案金额5619.8亿元。同期税务部门共计查处虚开企业11.54万户，认定虚开发票639.33万份，涉及税额1129.85亿元；查处"假出口"企业2028户，挽回税款损失140.83亿元。[①] 根据公安部主动公开信息，2020年公安机关共立案查处涉税案件12900余起，初步查证涉案金额1500余亿元。[②] 根据最高人民法院副院长沈亮对2021年《最高人民法院工作报告》的解读，2021年各级法院依法审结商业贿赂、逃税骗税等妨害对公司、企业的管理秩序和危害税收征管犯罪案件1.27万余件。[③]

可见，近年来税务类犯罪总量仍然巨大，涉及的企业与人员众多，且涉案金额较大，给国家带来较大损失。各监管部门对税务类犯罪采取高压态势，对税务犯罪的惩处也持续保持严厉态度。

(二) 税务类犯罪属企业家涉刑主要罪名之一

根据公开资料显示，自2018年8月至2021年9月，国家税务总局、公安部、海关总署和中国人民银行四部门开展了打击"假企业""假出口""假申报"虚开骗税专项行动，有效地维护了经济税收秩序。截至2021年9月，三年来依法查处涉嫌虚开骗税企业44.48万户，挽回出口退税损失345.49亿元，抓获犯罪嫌疑人43459人，5841名犯罪嫌疑人慑

[①]《公安部、国家税务总局：重拳打击涉税违法犯罪去年以来已立案2.28万起涉案金额5619.8亿元》，载国家税务总局网站，http://www.chinatax.gov.cn/n810219/n810724/c4558576/content.html，最后访问时间：2023年2月23日。

[②]《2020年公安机关立案查处涉税案件12900余起》，载公安部网站，https://app.mps.gov.cn/gdnps/pc/content.jsp?id=7634623&mtype=，最后访问时间：2023年2月21日。

[③]《〈最高人民法院工作报告〉解读系列全媒体直播访谈第三场》，载最高人民法院网站，https://www.court.gov.cn/zixun/xiangqing/349961.html，最后访问时间：2023年2月23日。

于高压态势主动投案自首。①

同时，根据北京师范大学中国企业家犯罪预防研究中心《企业家腐败犯罪报告2014—2018》（下称《报告》），民营企业家触犯频次最高的五大罪名依次为：非法吸收公众存款罪（1484次，19.71%）、虚开增值税专用发票罪（955次，12.60%）、职务侵占罪（744次，9.82%）、合同诈骗罪（520次，6.86%）以及单位行贿罪（488次，6.44%），占五年来民营企业家犯罪频次总数的50%以上。②

上述情况表明，涉税违法犯罪影响的企业数量巨大，牵涉人员众多；税务类犯罪（特别是虚开增值税专用发票罪）是企业家涉嫌刑事犯罪的主要原因之一。可以说，税务类犯罪已经成为众多企业合规经营亟须填补的漏洞。

三、税务类犯罪涉案企业合规整改情况

（一）税务类犯罪涉案企业合规整改占总量三分之一

税务类犯罪作为企业犯罪主要罪名之一，属涉案企业合规的重点领域。2022年4月，最高人民检察院会同全国工商联专门召开会议，部署了全面推开涉案企业合规改革试点经过两期改革试点，10个试点省份检察机关共办理涉企业合规案件766件，其中适用第三方监督评估机制案件503件；部分非试点省份检察机关主动根据本地情况在试点文件框架内探索推进相关工作，办理合规案件223件，其中适用第三方监督评估机制案件98件，案件类型不断丰富、拓展。根据新京报记者专访，前期合规案件主要涉及涉税犯罪、污染环境罪、重大责任事故罪、职务侵占

---

① 《六部门联合打击虚开骗税违法犯罪行为成效显现》，载国家税务总局网站，http://www.chinatax.gov.cn/chinatax/n810219/n810724/c5175274/content.html，最后访问时间：2023年2月21日。

② 张远煌、赵军、黄石、龚红卫、刘思、刘昊、秦开炎、赵炜佳、王鲁玥、许楚奇、梅华、朱羽丰、李雨婷：《中国企业家腐败犯罪报告（2014—2018）》，载《犯罪研究》2020年第6期。

罪、非国家工作人员行贿罪、非法经营罪等罪名，其中虚开发票类案件约占总数的三分之一。①

（二）虚开发票类犯罪涉案企业合规不起诉案例整理

以税务类犯罪中常见的"虚开发票类"犯罪为例，根据"威科先行"检索数据，剔除无关数据，共得到40份"虚开发票类"涉案企业合规不起诉文书。②涉及安徽、贵州、河北、湖北、江苏、辽宁、青海、山东、浙江九个省份，其中江苏、浙江检察机关所作出的文书占70%。同时，检察院就同一案件可能作出多份不起诉决定书。具体整理如下表6-2：

表6-2 虚开发票类犯罪涉案企业合规不起诉情况示例

序号	文书名称	检察机关	案号	日期
1	不起诉决定书（淮南某某设备制造有限公司、瞿某某、耿某虚开设增值税发票案）	安徽省淮南市谢家集区人民检察院	谢检刑不诉〔2021〕31号	2021年12月23日
2	不起诉决定书（罗某某虚开增值税专用发票案）	安徽省淮南市谢家集区人民检察院	谢检刑不诉〔2021〕24号	2021年12月23日
3	不起诉决定书（淮南某机械有限责任公司虚开增值税专用发票案）	安徽省淮南市谢家集区人民检察院	谢检刑不诉〔2021〕25号	2021年12月23日
4	不起诉决定书（杨某某虚开发票案）	贵州省盘州市人民检察院	盘检刑不诉〔2022〕205号	2022年6月29日
5	不起诉决定书（任某某、马某某虚开增值税专用发票案）	河北省邯郸市永年区人民检察院	永检刑不诉〔2021〕55号	2021年9月24日
6	不起诉决定书（湖北裕某某服饰有限公司虚开增值发票案）	湖北省大冶市人民检察院	鄂冶检刑不诉〔2021〕Z147号	2021年9月27日

---

① 《专访最高检检委会副部级专职委员万春：涉案企业合规改革向纵深推进》，载《新京报》2022年3月7日。

② 数据库：威科先行"检察文书"，关键词包括"虚开""合规""不起诉"，检索日期：2023年3月9日。本数据仅为说明问题，供读者研究参考。

续表

序号	文书名称	检察机关	案号	日期
7	不起诉决定书（高某某虚开增值税专用发票案）	湖北省大冶市人民检察院	鄂冶检刑不诉〔2021〕Z148号	2021年9月27日
8	不起诉决定书（杨某某虚开增值税专用发票案）	湖北省黄石市西塞山区人民检察院	鄂黄西检一部刑不诉〔2021〕Z83号	2021年12月16日
9	不起诉决定书（刘某甲虚开增值税专用发票案）	江苏省苏州市姑苏区人民检察院	姑检刑不诉〔2020〕130号	2020年10月23日
10	不起诉决定书（苏州某某电子科技有限公司虚开增值税专用发票案）	江苏省苏州市姑苏区人民检察院	姑检刑不诉〔2020〕131号	2020年10月23日
11	不起诉决定书（苏州某某商贸有限公司虚开增值税专用发票案）	江苏省苏州市姑苏区人民检察院	姑检刑不诉〔2020〕132号	2020年10月23日
12	不起诉决定书（赵某某虚开增值税专用发票案）	江苏省建湖县人民检察院	建检诉刑不诉〔2021〕5号	2021年2月8日
13	不起诉决定书（程某某虚开增值税专用发票案）	江苏省建湖县人民检察院	建检诉刑不诉〔2021〕4号	2021年2月8日
14	不起诉决定书（葛某某虚开增值税专用发票案）	江苏省建湖县人民检察院	建检诉刑不诉〔2021〕3号	2021年2月8日
15	不起诉决定书（盐城某某有限公司虚开增值税专用发票案）	江苏省建湖县人民检察院	建检诉刑不诉〔2021〕2号	2021年2月8日
16	不起诉决定书（江苏某某有限公司虚开增值税专用发票案）	江苏省建湖县人民检察院	建检诉刑不诉〔2021〕1号	2021年2月8日
17	不起诉决定书（孙某某虚开增值税专用发票案）	江苏省建湖县人民检察院	建检诉刑不诉〔2021〕Z31号	2021年8月13日
18	不起诉决定书（建湖县某某材料有限公司虚开增值税专用发票案）	江苏省建湖县人民检察院	建检诉刑不诉〔2021〕Z30号	2021年8月13日
19	不起诉决定书（祁某甲虚开增值税专用发票案）	江苏省建湖县人民检察院	建检诉刑不诉〔2021〕Z26号	2021年8月17日

续表

序号	文书名称	检察机关	案号	日期
20	不起诉决定书（祁某甲虚开增值税专用发票案）	江苏省建湖县人民检察院	建检诉刑不诉〔2021〕Z27号	2021年8月17日
21	不起诉决定书（江苏某某有限公司虚开增值税专用发票案）	江苏省建湖县人民检察院	建检诉刑不诉〔2021〕Z28号	2021年8月17日
22	不起诉决定书（张家港保税区某某国际贸易有限公司虚开增值税专用发票案）	江苏省张家港市人民检察院	张检四部刑不诉〔2021〕Z200号	2021年8月20日
23	不起诉决定书（孙某某虚开增值税专用发票案）	江苏省张家港市人民检察院	张检四部刑不诉〔2021〕Z199号	2021年8月20日
24	不起诉决定书（朱某某虚开增值税专用发票案）	江苏省江阴市人民检察院	澄检三部刑不诉〔2021〕Z121号	2021年9月3日
25	不起诉决定书（江阴某某机械有限公司虚开增值税专用发票案）	江苏省江阴市人民检察院	澄检三部刑不诉〔2021〕Z120号	2021年9月3日
26	不起诉决定书（彭某某虚开增值税专用发票案）	江苏省张家港市人民检察院	张检四部刑不诉〔2021〕Z208号	2021年10月13日
27	不起诉决定书（李某某虚开增值税专用发票案）	江苏省张家港市人民检察院	张检四部刑不诉〔2021〕Z209号	2021年10月13日
28	不起诉决定书（韩某某虚开增值税专用发票案）	江苏省张家港市人民检察院	张检四部刑不诉〔2021〕Z212号	2021年10月22日
29	不起诉决定书（河南某某运输集团有限公司尉氏分公司虚开增值税专用发票案）	江苏省张家港市人民检察院	张检四部刑不诉〔2021〕Z211号	2021年10月22日
30	不起诉决定书（尉氏县某某运输有限公司虚开增值税专用发票案）	江苏省张家港市人民检察院	张检四部刑不诉〔2021〕Z210号	2021年10月22日
31	不起诉决定书（孙某某虚开增值税专用发票案）（公开版）	辽宁省大石桥市人民检察院	大市检刑检刑不诉〔2021〕Z19号	2021年12月24日

续表

序号	文书名称	检察机关	案号	日期
32	不起诉决定书（相对不起诉适用含认罪认罚）（西宁某建筑材料有限公司虚开增值税专用发票案）（公开版）	青海省大通回族土族自治县人民检察院	通检刑不诉〔2022〕12号	2022年11月22日
33	不起诉决定书（相对不起诉适用含认罪认罚）（黄某某虚开增值税专用发票案）（公开版）	青海省大通回族土族自治县人民检察院	通检刑不诉〔2022〕13号	2022年11月22日
34	不起诉决定书（耿某某虚开发票案）	山东省平邑县人民检察院	平检二部刑不诉〔2022〕Z1号	2022年1月26日
35	不起诉决定书（岑某某虚开增值税专用发票案）（公开版）	浙江省慈溪市人民检察院	慈检刑不诉〔2021〕550号	2021年9月24日
36	不起诉决定书（慈溪某某汽车零部件有限公司虚开增值税专用发票案）（公开版）	浙江省慈溪市人民检察院	慈检刑不诉〔2021〕551号	2021年9月24日
37	不起诉决定书（华某某虚开增值税专用发票案）	浙江省岱山县人民检察院	岱检刑不诉〔2021〕125号	2021年9月30日
38	不起诉决定书（卢某某虚开增值税专用发票案）	浙江省岱山县人民检察院	岱检刑不诉〔2021〕122号	2021年9月30日
39	不起诉决定书（浙江某某建设工程有限公司虚开增值税专用发票案）	浙江省岱山县人民检察院	岱检刑不诉〔2021〕124号	2021年9月30日
40	不起诉决定书（杭州某某土石方有限公司虚开增值税专用发票案）	浙江省岱山县人民检察院	岱检刑不诉〔2021〕138号	2021年11月16日

整体而言，我国目前税务类犯罪适用涉案企业合规整改的案件呈现迅速增长态势，在上述40份不起诉决定书中，设置合规整改考察期并适用"相对不起诉"的情形占据多数。此外，上述案例相当一部分适用了第三方监管机制，并通过公开听证作出不起诉决定。

第二节　税务类犯罪涉案企业合规的典型案例

本节以北京某科技公司虚开增值税发票涉案企业合规整改案及上海市某医疗科技公司（简称A公司）、上海某科技公司（简称B公司）、关某某虚开增值税专用发票案为例，详解税务类犯罪涉案企业合规的各个方面。其中前一案例为北京市首批涉案企业合规案例，也系北京星来律师事务所作为第三方监管人参与案例。

一、北京某科技公司虚开增值税发票涉案企业合规整改

（一）基本案情

北京某科技公司（以下简称X公司）是一家智能安防领域新三板优质企业，公司成立于2002年，经营时间已达20年，致力于安防监控行业硬盘录像机、网络视频服务器、监控软件、监控摄像机，以及无线监控、远程监控、闭路监控、视频监控、网络监控设备、数字监控设备、报警设备器材等监控设备监控产品的生产、研发，是闭路电视监控系统研发、生产和销售的一体化供应商。X公司以总包或者分包的方式，承揽"智慧城市"中的各类新基建电子智能化工程。累计通过甲方验收工程项目4000多项。2019年该科技公司在经营过程中，为节约设备采购和人员成本，与北京B公司、C公司以签订虚假施工合同方式，虚开增值税发票进行抵扣，虚开增值税发票税额约197万余元。2021年6月16日，X公司的法定代表人白某某因涉嫌虚开增值税专用发票罪被刑事拘留，2021年7月23日被批准逮捕，羁押于海淀区看守所。

案发后，白某某认罪认罚，X公司积极补缴所有抵扣增值税税款、一税两费及滞纳金，申请做企业合规、同意适用第三方组织监督并承诺

整改。2021年11月26日，经海淀区人民检察院羁押必要性审查暨企业合规申请听证，认定X公司符合企业合规试点条件要求，对白某某变更强制为取保候审。白某某按承诺对X公司进行专项严格整改中。

（二）企业合规整改情况及处理结果

X公司合规整改共分三个阶段完成：

第一阶段，X公司足额补缴了税款，成立了合规计划落实工作机构，由实际控制人白某某及X公司高层签署合规承诺，并且制定了合规计划专项资金预算方案。

第二阶段，X公司主要开展了"制度纠错"及合规管理体系建设工作。在此阶段，X公司进一步结合犯罪成因分析和公司实际经营管理情况开展风险自查，根据相关法律法规、监管规定、内部规章制度等识别制度漏洞，厘清合规差距，明确应承担的内外部合规义务，根据实际情况有针对性地进行制度起草和修订工作，将合规义务纳入制度建设当中。X公司目前已经基本建立起合规管理制度体系，制定了《合规管理制度》，并将合规要求纳入了《员工手册》。同时，围绕本次犯罪成因，X公司对《销售部管理制度》《工程项目管理制度》《采购管理制度》《财务管理制度》等原有内部管理制度进行修订，增加合规管理的相关规定。

第三阶段，在前两个阶段工作的基础上，X公司开始进一步落实合规制度。截至目前，X公司开展了如下工作，以确保合规制度落地实施：通过印发员工手册、张贴合规标语等方式开展合规宣贯，传达X公司高层合规承诺，培养X公司合规文化；制定合规培训计划，聘请专业人员进行税法及相关法律法规培训，并聘请外部财税专业人员为X公司相关部门人员开展专项合规培训；制定落实合规举报及奖惩机制，设立举报箱、举报热线等，鼓励内部员工及外部第三方对违规行为进行举报；对员工合规情况进行考核并将之纳入员工绩效等。目前，X公司涉案企业合规整改仍在推进过程中。

（三）**经验启示**

1. 重视发挥领导承诺及管理层的带头作用

虚开增值税发票作为民营企业的高发罪名，其反映的是部分企业法律意识薄弱，片面追求经济利益，其背后往往有着系统化的合规风险。在税务类犯罪中，除部分案件是由企业人员疏忽大意所致外，有相当一部分属企业负责人主观放任乃至故意所致。本案中，X公司的虚开行为，并非因疏忽所致的偶发行为，而是为追求经济效益所实行的违法犯罪行为。在此类合规整改案件中，要想真正起到实际整改效果，需要公司负责人与领导层痛定思痛作出合规承诺，并弥补其行为给国家带来的损失，亡羊补牢，作出合规整改的表率。具体而言，首先，应积极配合税务机关缴纳罚款、退赔其违法所得；其次，主要涉案人员应当就其行为明确检讨，并启动公司内部处罚机制予以处罚，采取降级、撤职、罚款等措施，使其对其自身行为的严重性产生认识；最后，应使其签署明确的《合规承诺书》，该承诺书应包含对自身行为的检讨、对未来不再犯的承诺及再犯后所愿意承担的后果，并粘贴于公司显著位置。

2. 建立长期观察机制，重点关注合规整改实际成效

考虑到虚开增值税发票是一种可带来较大预期利益的行为，在合规整改的基本工作完成后，如不建立长效观察机制，极易导致合规整改流于形式。本案中，X公司在合规整改工作已经基本完成的情况下，进入合规实效评估阶段，其目的在于观察合规整改是否确实起到了避免违法违规的作用。具体而言，应长期观察以下两个方面：其一，是否全面停止违法行为，是否在涉案行为外仍存在其他违法事实。认罪认罚、承诺不再犯是涉案企业合规整改的基石，如没有完全停止违法犯罪活动，合规整改的基础将荡然无存。其二，合规整改所形成的各项制度是否落到实处。合规整改所设计的各项制度，旨在在公司内部形成真实可靠的内部制约，使公司领导及其他人员的行为受到限制，从制度上避免违法犯罪的发生，如各项制度停留在纸面，就不能说合规整改发挥了应有的作用。

二、上海市 A 公司、B 公司、关某某虚开增值税专用发票案[①]（最高人民检察院典型案例）

（一）基本案情

被告单位上海 A 公司、B 公司，被告人关某某系 A 公司、B 两家公司的实际控制人。2016 年至 2018 年，关某某在经营 A 公司、B 公司业务期间，在无真实货物交易的情况下，通过他人介绍，采用支付开票费的方式，让他人为两家公司虚开增值税专用发票共 219 份，价税合计 2887 余万元，其中税款 419 余万元已申报抵扣。2019 年 10 月，关某某到案后如实供述上述犯罪事实并补缴涉案税款。2020 年 6 月，公安机关以 A 公司、B 公司、关某某涉嫌虚开增值税专用发票罪移送检察机关审查起诉。上海市宝山区检察院受理案件后，走访涉案企业及有关方面了解情况，督促企业作出合规承诺并开展合规建设。

（二）企业合规整改情况及处理结果

检察机关走访涉案企业了解经营情况，并向当地政府了解其纳税及容纳就业情况。经调查，涉案企业系我国某技术领域的领军企业、上海市高新技术企业，科技实力雄厚，对地方经济发展和增进就业有很大贡献。公司管理人员及员工学历普遍较高，对合规管理的接受度高、执行力强，企业合规具有可行性，检察机关遂督促企业作出合规承诺并开展合规建设。同时，检察机关先后赴多地税务机关对企业提供的纳税材料及涉案税额补缴情况进行核实，并针对关某某在审查起诉阶段提出的立

[①] 《最高检发布企业合规改革试点典型案例》（案例二），载最高人民检察院网站，https://www.spp.gov.cn/xwfbh/dxal/202106/t20210603_520265.shtml，最后访问时间：2023 年 2 月 21 日。

功线索自行补充侦查，认为其具有立功情节。

2020年11月，检察机关以A公司、B公司、关某某涉嫌虚开增值税专用发票罪对其提起公诉并适用认罪认罚从宽制度。同年12月，上海市宝山区人民法院采纳检察机关全部量刑建议，以虚开增值税专用发票罪分别判处被告单位A公司罚金15万元，B公司罚金6万元，被告人关某某有期徒刑三年，缓刑五年。

法院判决后，检察机关联合税务机关上门回访，发现涉案企业的合规建设仍需进一步完善，遂向其制发检察建议并公开宣告，建议进一步强化合法合规经营意识，严格业务监督流程，提升税收筹划和控制成本能力。检察机关在收到涉案企业对检察建议的回复后，又及时组织合规建设回头看。经了解，涉案企业已经逐步建立合规审计、内部调查、合规举报等有效合规制度，聘请专业人士进行税收筹划，大幅节约生产经营成本，提高市场占有份额。

（三）典型意义

一是检察机关推动企业合规与适用认罪认罚从宽制度相结合。本案中，检察机关在督促企业作出合规承诺并开展合规建设的同时，通过适用认罪认罚从宽制度，坚持和落实能不判实刑的提出判缓刑的量刑建议等司法政策，努力让企业"活下来""留得住""经营得好"，取得更好的司法办案效果。

二是检察机关推动企业合规与检察建议相结合。本案中，检察机关会同税务机关在回访过程中，发现涉案企业在预防违法犯罪方面制度不健全、不落实，管理不完善，存在违法犯罪隐患，需要及时消除的，结合合规整改情况，向涉案企业制发检察建议，推动其深化实化合规建设，避免合规整改走过场、流于形式。

第三节 税务类犯罪涉案企业合规构建要点与启示

税务合规风险涉及较多的专业知识，具有较强的独立性。税务类犯罪涉案企业合规构建除需考虑企业一般合规体系建设要素外，也需根据税务合规风险梳理情况，评估其合规管理体系中的税务要素是否齐备。此外，就大中型企业及小微企业而言，还应在合规管理体系建设中结合企业实际情况，制定具备可操作性的合规管理机制。

一、企业税务合规风险

企业的税务合规是指企业经营涉税事项应当符合税法规定。具体来讲，就是企业在经营过程中，所涉及的纳税主体、纳税对象、纳税义务、发票开具、纳税地点、纳税核算、税款抵扣、优惠适用、纳税申报等都全面符合税法的相关规定。企业应就涉税领域制定专门的合规指引，及时将法律法规、财税部门的规范性文件中的合规义务转化为企业内部的合规要求，为企业经营活动提供合规指引。

企业税务合规方面的问题主要体现为未能建立完善财务内部控制体系，未能严格执行财务事项操作和审批流程，突出表现为税务管理、财务管理领域的行政处罚和违法犯罪问题。

（一）企业税务合规风险的特征

企业税务风险，是一个非常特别的合规风险。税收风险发端并形成于民事法律领域，适用于行政法律领域，若不加控制、约束或修正，必然会演变至刑事法律领域。而且，税收风险的形成、适用和演变过程，具有与其他法律风险完全不同的特点：

一是具有密切性。企业经营与国家税收紧密相连，税收渗透于企业经营的各个环节、各个阶段、各个决策之中。通俗地说，企业任何导致自有财产变动的内外部行为与结果，都与税收紧密相关。

二是具有隐蔽性。多年习以为常忽视税收风险的做法，使得现实中企业税收风险的形成，呈现出企业外部不晓得、企业内部不清楚、税务机关不知道的现状。

三是具有长期性。经营与税收相伴相生，只要企业持续经营，税收风险便如影随形，从企业设立到企业注销，从内部管理到外部交易，贯穿于企业经营始终。

四是具有顽固性。企业出现税收风险如不及时处理，违规结果就可能会演变成违法行为，且无法通过后续行为改变或消除违规违法事实。可谓一朝成疾，难以治愈，长此以往，积重难返。

五是具有突发性。大数据时代，信息透明化，问题暴露不是可能与不可能的问题，而是早与晚的问题，一旦暴露便是突发，之前不会有一点征兆。

六是具有毁灭性。税收发端于民事领域，而一旦税收问题严重到一定程度，瞬间便进入刑事领域，对企业来说，无异于灭顶之灾。即便税务稽查临门，除了不羁押责任人，其他情形与刑侦办案无异，企业经营会因此陷入停滞，日常交易会受到重大影响，轻则受到经济处罚，重则导致刑事制裁。

（二）企业常见的税务合规风险

1. 发生纳税义务未及时申报缴纳增值税的风险

一些企业的增值税纳税义务时间按照开票时间、收款时间和书面合同约定的付款时间孰先的原则确认。针对付款方已到付款期尚未付款项目的情况，应与付款方及时进行沟通，及时开具增值税发票并缴纳增值税。如果付款方不接收增值税发票，应进行无票收入纳税申报，避免后期税务稽查被查补税款并被处罚。

2. 优惠政策理解有误导致少缴税

企业税收优惠政策一般是特定时期针对特定对象的，如果不加以严格审查和审核，很容易引发一系列的税务风险。例如，某担保公司提供融资担保取得担保费收入时，业务部门没有严格按照规定审核放款对象是否属于农户、小型企业、微型企业，财务部门也没有进行复核，直接将不符合增值税免税条件的担保费收入计入免税收入，少计提了增值税销项税额。在计算纳税人兼营免税项目不得抵扣的增值税进项税额时，因为作为基数的免税收入金额不准确，又造成了少转出增值税进项税额，双重错误最终导致该担保公司少缴几百万元的增值税款。

3. 接受虚开发票套取资金

企业接受虚开发票行为的原因很多，其共性一般都是通过虚开发票套取资金以获得流动资金。自 2018 年 8 月以来，国家税务总局联合公安部、海关总署、人民银行组织开展打击虚开骗税违法犯罪专项行动，严厉打击涉税违法犯罪行为，成效显著。[①] 大量案例提醒企业注意：一方面，要认识到接受虚开发票的可能性和严重性；另一方面，还要以积极主动的态度，采取有效的防范措施，进一步梳理业务流程，排查管控漏洞，特别是要加强对一线业务人员培训，增强其依法取得发票的意识，筑起税法遵从的牢固防线。

4. 收入记账不规范

企业的会计账簿与企业纳税义务直接相关，企业记账不规范更容易导致税务风险，一般而言，常见的情形有：其一，隐藏收入不入账，一般是通过设"账外账"或"内外账"的方式，企业获得收入不入外账（对外提供的账簿），实现资金账外循环。其二，收入长期挂往来，不做纳税申报。其三，价外收入不入账，私设小金库，隐匿收入，不做纳税

[①]《麻辣财经：虚开发票违法！税务总局曝光 8 起典型案例》，载全国党媒信息公共平台网站，https://www.hubpd.com/c/2021-05-10/998033.shtml，最后访问时间：2023 年 2 月 23 日。

申报。其四,视同销售行为不依法确认,逃避缴纳税款。按照税法规定,企业很多行为要视为销售,应做纳税申报。

5. 企业关联方资金往来易导致税务风险

就企业借款问题,常见的多是股东和企业之间的、员工和企业之间的、关联公司之间的借款。这几种资金往来情形涉及是否应该缴纳增值税、利息费用是否可以税前扣除,以及股东的超期借款是否应该视同分红缴纳个税的问题。因此,在处理时,一是要注意形式,如不要高于同期金融机构的利率,要签订合同;二是要注意税收规范,该交的税要交;三是要注意时间,不要长期挂账,避免增加税收或者被怀疑侵占公司的资产。对于不规范的资金,企业要尽量予以避免。

二、税务类犯罪涉案企业合规主要依据

税务合规因涉及企业财务记账、纳税申报、税款缴纳、资金管理、资产管理、发票管理等诸多领域,所涉风险除行政处罚风险外,还可能会有刑事责任,因此,企业税务合规所涉及的法律规范是非常庞杂的,以下列举的内容仅为企业税务合规常用的法律法规及税收规章政策,具体有:

(一)法律法规类

《刑法》《海关法》《税收征收管理法》《税收征收管理法实施细则》《企业所得税法》《会计法》《企业所得税法实施条例》《增值税暂行条例》《消费税暂行条例》《城市维护建设税法》《进出口关税条例》《现金管理暂行条例》《全国人民代表大会常务委员会关于惩治虚开、伪造和非法出售增值税专用发票犯罪的决定》。

(二)司法解释类

《最高人民法院关于审理骗取出口退税刑事案件具体应用法律若干问题的解释》《最高人民法院关于审理偷税抗税刑事案件具体应用法律

若干问题的解释》《最高人民法院关于虚开增值税专用发票定罪量刑标准有关问题的通知》《最高人民法院、最高人民检察院关于办理走私刑事案件适用法律若干问题的解释》《最高人民法院、最高人民检察院、海关总署关于办理走私刑事案件适用法律若干问题的意见》。

(三) 部门规章类

《税收违法行为检举管理办法》《发票管理办法》《税收政策合规工作实施办法（试行）》《发票管理办法实施细则》《偷税案件行政处罚标准（试行）》《财政部、国家税务总局关于全面推开营业税改征增值税试点的通知》《企业所得税汇算清缴管理办法》[①]《企业所得税税前扣除凭证管理办法》《企业资产损失所得税税前扣除管理办法》。

三、涉案企业税务合规的审查重点

涉案企业合规与传统意义上的企业合规是既相互联系又存在区别的一组概念。传统意义上的企业合规，是覆盖公司治理各个方面，以合规风险防控为导向的"大而全"的公司治理体系。而涉案企业合规侧重于在深入分析犯罪原因的基础上，针对涉案企业在生产、经营、管理当中的漏洞及违法犯罪隐患，有针对性地指导企业开展合规整改，完善相关制度，进而弥补漏洞、化解隐患，预防再次发生相同或相似违法犯罪行为。因此，相较于传统的"大而全"的企业合规，涉案企业合规更加注重深入发掘犯罪原因，以犯罪原因为线索发现企业已有的制度漏洞、风险隐患，在此基础上更有针对性地开展合规工作，建章立制，规范经营管理流程。

根据《关于开展企业合规改革试点工作方案》《关于建立涉案企业合规第三方监督评估机制的指导意见（试行）》《关于建立涉案企业合

[①] 该法规部分条款被《国家税务总局关于修改部分税收规范性文件的公告》（国家税务总局公告 2018 年第 31 号）及《国家税务总局关于企业所得税年度汇算清缴有关事项的公告》（国家税务总局公告 2021 年第 34 号）修订。

规第三方监督评估机制的指导意见（试行）实施细则》《涉案企业合规建设、评估和审查办法（试行）》等文件，结合实务经验，涉案企业税收合规整改的审查重点整理如下：

（一）一般税务合规审查重点

1. 应重点审查涉案企业是否就税务违法犯罪认真开展自查，结合犯罪成因，识别企业存在的合规风险

其一，涉案企业应当依照相关法律法规的要求，深刻剖析涉案违法违规行为发生的具体原因，对涉税违法违规行为的内部和外部原因进行全面分析，排查企业及有关人员在主观和客观方面的漏洞及薄弱环节，加强涉案企业和人员对涉税违法违规行为认知，加强相关法律法规、制度规定的学习，对税务合规的要求要有一定的认识和理解。

其二，涉案企业应以内部制度条款和企业实际经营情况为依据识别具体的税务合规风险，以风险识别表的形式清晰地呈现出企业税务合规风险点，并将该合规风险点与外部财税监管规范相比较，可以明确企业在合规整改过程中需要落实的合规义务。

2. 应重点审查涉案企业是否基于识别出的税务合规风险及问题制定合规计划

在制定合规计划的过程，企业通常需要以国际标准《合规管理体系要求及使用指南》（ISO 37301：2021）、中国国家标准《合规管理体系要求及使用指南》（GB/T 35770—2022）等国际和国内标准为指引，明确企业合规管理的基本结构、内容和要求，针对前期识别出的企业合规风险点，结合企业规模、内外环境等具体情况，落实法律法规及相关监管规定所明确的企业合规义务，制定适用于特定企业、可落地的合规整改方案。除上述内容外，合规计划还要特别关注引发企业及责任人员实施犯罪行为的合规风险点。涉案企业制定的专项合规计划，应当能够有效防止再次发生相同或者类似的违法犯罪行为。在税务整改合规计划中，要重点分析企业涉案的多重原因，有针对性地制定涵盖完善企业合同管理制度、财务管理制度、票据管理制度及相关业务管理制度等与企业涉案原因相关的全套方案。此外，涉案企业实际控制人、主要负责人应当在专项合规计划中作出合规承诺并明确宣示：合规是企业的优先价值，对违规违法行为采取零容忍的态度，确保合规融入企业的发展目标、发展战略和管理体系。

3. 应重点审查涉案企业是否成立税务合规建设领导小组，设立专门资金作为合规整改/建设的资金保障

涉案企业一般应当成立合规建设领导小组，由其实际控制人、主要负责人和直接负责的主管人员组成，必要时可以聘请外部专业机构或者专业人员参与或者协助。涉案企业应当为合规管理制度机制的有效运行提供必要的人员、培训、宣传、场所、设备和经费等人力物力保障。

实务中，涉案企业往往会聘请外部合规顾问来帮助企业进行合规建设，但值得特别重视的是，合规顾问的工作只是帮助性的，涉案企业及企业负责人员应当重视合规建设工作，真正理解合规建设的意义及具体操作要求，要能够保证合规机制在企业顺利运行。

4. 应重点审查涉案企业是否突出企业领导作用的发挥

企业合规建设中要特别重视发挥领导作用，涉案企业的实际控制人、主要负责人和高级管理人员应当高度重视企业的合规整改项目，在企业内部以公开方式作出创造和培养合规文化的承诺和表率。同时，企业实际控制人、主要负责人和高级管理人员应当出具书面承诺书，承诺企业建立专项合规制度并有效运行，对企业在开展业务过程中再次发生类似的违法违规行为承担个人责任，并应当明确说明其违反承诺的不利后果。实务中，企业领导的合规承诺书一般应张贴在企业显著位置，应该让企业全体员工知晓合规承诺书的内容，由企业全体人员共同监督。

5. 应重点审查涉案企业是否根据实际情况设置合规管理机构或专职人员

应明确合规管理机构及人员的职责权限，合规管理人员应承诺按照其职责开展合规管理业务，要根据有关制度对企业各项内部经营管理制度的执行情况进行检查，如发现类似违法违规行为，应及时制止、报告，否则需要承担个人责任。

6. 应重点审查涉案企业是否建立风险识别与违规举报、调查机制

没有有效运行机制，制定出再完美的税务合规指引与负面清单制度，最终也是一堆废纸而已。税务合规的有效运行机制包括建立合规风险识别预警机制、合规风险应对机制、合规审查机制、合规管理评估机制、合规举报机制等。

7. 应重点审查涉案企业是否加强合规文化培育工作

企业应当制定合规制度的宣贯培训计划，并建立其相应的咨询、举报、奖惩机制，将有关外部合规政策以及企业的合规制度内化于企业经营管理的具体行为当中，让合规成为企业全员共识及其日常工作中的行为自觉和习惯，以确保合规观念深入人心，使合规成为企业文化不可分割的重要组成部分。

（二）大、中型企业税务合规体系建设要素

大型、中型涉案企业根据合规整改的需要，根据企业规模，建立适当的合规组织体系，可采取委任专人、设定专门机制等，完善税务合规体系。

1. 应重点审查涉案企业是否建立完善的财税管理制度

其一，涉案企业应当构建并完善会计核算体系。会计核算是纳税管理的基础，企业要确保科目设置、凭证审核、核算实施、报表出具过程中的合规性，加强各类凭证管理。

其二，涉案企业应当加强发票管理。根据税务机关发票管理的相关

程序，制定满足企业自身特点的发票管理流程，强化发票开具、取得、使用、保存等方面的管理。

其三，涉案企业应建立财税档案管理制度，妥善保管生产经营期间会计凭证、会计账簿、财务会计报告、所有税务证件、申报软件、IC卡、储存盘、纳税申报表、审计报告、税务批复、税法文件等，且会计信息真实有效，不存在"假账""两本账"的情况。

其四，涉案企业应加强合同审核、资金管理等工作。企业涉税问题与企业合同签订、资金往来等存在密切联系，因此，规避税务风险还应当加强合同管理工作和资金管理工作。

2. 应重点审查涉案企业是否形成有效的税务合规审查机制

其一，涉案企业应当完善纳税申报机制，有关人员应当严格按照纳税申报要求和期限完成申报，避免因不报、漏报而导致税务风险。

其二，涉案企业应建立税务合规审查机制。企业在进行内审时，就企业内部税务有关制度以及执行情况进行审查，如审查增值税的"四流"（合同、业务、发票、资金）是否一致，不一致的是否因为合同管理制度空转导致，制度空转的责任人是谁等。

其三，涉案企业应委任税务专员，税务专员应熟知各项税收法律法规、负责就相关税务问题与财务总监及时沟通，对重大政策的变化应提出合理的税收筹划和可行性方案，若有重大涉税业务、涉税风险或税务检查，及时向上级报告。

其四，涉案企业应建立税务合规审计计划，定期聘请独立专业外部机构，对企业进行税务专项审计。

其五，涉案企业应定期聘请独立法律外部机构，对企业进行税务规章制度体检，确保企业税务制度更新。

（三）小微企业税务合规体系建设要素

小型、微型企业的合规管理规范、合规组织体系、预防机制、识别机制、应对机制可较大型、中型企业适当降低，重点围绕预防企业涉嫌具体犯罪罪名的相关情况建立简明扼要的规范、体系、机制，注重企业合规整改的实效性。

1. 应重点审查涉案小微企业是否对自身商业模式开展论证

涉案小微企业应对自身商业模式开展论证，审查企业盈利方式与税收征管的关系，确保运营模式合法合规，避免系统化、结构化的违法违规行为的发生，并在第三方组织的监督、指导下形成专项论证报告。

2. 应重点审查涉案小微企业是否对涉税材料、凭证及支付介质进行妥善管理

涉案小微企业应妥善保管生产经营期间会计凭证、会计账簿、财务会计报告、所有税务证件、申报软件、IC卡、储存盘、纳税申报表、审计报告、税务批复、税法文件等，并保证会计信息真实有效，不存在"假账""两本账"的情况。

3. 应重点审查涉案小微企业是否建立基本的财税内部管理制度

涉案小微企业应建立财税档案管理制度与发票管理制度，应当根据实际需要建立专门的财务部门或者聘请专门的财务人员，或委托专门的代理记账机构负责相关工作，同时确保财务人员具备相应的专业资质和专业能力，并有适当的文件化信息证明。

涉案小微企业应对合同、发票、货物及资金流向进行审查监督，确保企业经营符合我国税务管理制度的规定。

四、税务类犯罪涉案企业合规思考

（一）税收监管呈现从严趋势，监管技术不断发展

近年来，国家对涉税违法犯罪的监管力度不断强化。一方面，查出的税务案件数量巨大；另一方面，对税务违法犯罪的政策性文件往往由多部门共同出台，反映出中央对打击税务违法犯罪的决心。此外，诸如

"互联网直播带货""医疗美容"等一些曾经监管的"真空地带"也出现了强监管的势头,可以说,监管从严的趋势已较为明显。

为保障国家的税收利益,近年来,从严治税一直都是司法行政层面的重要实施政策,而伴随金税工程的推动,税收征管也逐步由"以票管税"向"以数治税"精准监管转变,逐步实现由经验式执法向科学精确执法的转变。在 2021 年 9 月 15 日举行的金砖国家税务局长视频会议中,我国时任国家税务总局局长王军在会议上发言称:我国正向"以数治税"时期迈进,税务工作将进入一个新的时代。[1] 目前,金税工程四期建设已正式启动实施。金税四期上线之后,企业更多的数据会被税务局掌握,监控将呈全面化、立体化、透明化,国家将对纳税人进行全方位、全业务、全流程、全智能监管。随着"金税四期"的逐步推进,国家对企业涉税违法犯罪的监管力度将会空前强化。在未来,监管只会越来越严,投机取巧、变换名目、虚开虚抵等行为终将引火烧身。

整体而言,企业在税收征管方面面临的行政、刑事风险只会上升不会降低,严格的监管环境和现实的深刻教训要求企业必须重视税务合规。这不仅是企业长远发展的必经之路,也是保护企业家安全的重要环节。

(二)税务合规对企业的生存与发展起至关重要的作用

在税务监管日趋从严的背景下,税务合规将极大增强企业的竞争力与生存能力,带来直接或间接的经济效益。可以说,抓好税务合规是企业在今后的监管环境下行稳致远的先决条件,其具体意义如下:

其一,税务合规能够加强企业在市场中的竞争力。随着法治社会建设的不断推进,未来企业的竞争力不仅仅体现在产品质量和服务上,还体现在企业遵纪守法的能力上。税务合规也是企业社会诚信的重要体现,随着社会信用体系不断完善,税务合规的企业必将在社会竞争中占据优

---

[1] 《2021 年金砖国家税务局长会议举行通过〈金砖国家税务局长会议公报〉王军在会上致辞并作主旨发言深化金砖税收合作 共拓金色发展之路》,载国家税务总局网站,http://www.chinatax.gov.cn/chinatax/n810219/n810724/c5169066/content.html,最后访问时间:2023 年 2 月 23 日。

势,获得更多的发展资源和机会。而对于那些存在偷税漏税逃税行为的企业,必将遭遇税收调查,使企业遭受严重损失。

其二,企业税务合规能提升企业整体内部治理能力。企业在发展中往往存在许多显性和隐性的违规风险,健全的税务合规机制能够有效减少及预防风险。一方面,良好的税务合规体系将牵动带来良好的合同管理机制、业务审核机制、档案及票据管理机制、印章管理机制等多方面改变。另一方面,良好的税务合规管理体系有助于企业家对整体经营情况有更全面认识,减少经营环节的舞弊行为,促进企业内控体系的强化。

其三,构建良好的企业税务合规制度,对企业内部的秩序稳定有着积极的促进作用,从而建立起合理合法的税务合规体系,尽可能早发现企业潜在的逃税犯罪风险,进而保障企业正常的生产经营活动,从而更好地积极承担社会责任。税务合规管理对企业内部责任制度的落实有一定的推动作用,进而培养企业管理者以及员工良好的责任意识。

第七章
走私类犯罪涉案企业合规整改及案例

本章首先总结分析了目前我国走私类犯罪的主要罪名、司法实践犯罪数据等内容，随后分别介绍涉嫌走私废物罪和走私普通货物罪的两起涉案企业合规整改案例。在此基础上，结合相关涉案企业合规整改监管文件、合规理论及实践经验，总结出走私类犯罪涉案企业合规构建之重点，以期为办理走私犯罪涉案企业合规整改相关人员提供参考和借鉴。

第一节 走私类犯罪的基本情况

一、走私类犯罪概述

（一）概念

走私类犯罪是指单位或者个人故意违反《海关法》等国家法律法规，逃避海关监管，非法运输、携带、邮寄国家禁止进出境和其他应缴纳关税、进出口环节海关代征税的货物、物品进出境，以及未经海关许可并且未补缴税款，擅自将保税货物、特定减免货物在境内销售牟利，数额较大，情节严重的行为。

走私类犯罪既有可能发生在沿海沿边地区，也有可能发生在内陆地区；既有可能发生在通关环节，也有可能发生在合法进口后的其他环节，其共同特点是逃避海关监管。尽管我国海关对走私活动的监管和打击力度不断加强，但伴随着我国外贸进出口稳步、持续的发展，走私类违法犯罪层出不穷，冲击着我国外贸事业的有序发展。走私作为一种非法贸易行为，严重损害国家主权和形象，损害国家财税收入，破坏正常的市场经济秩序，也易诱发其他犯罪。

(二) 走私行为

依据《海关行政处罚实施条例》第七条的规定，违反海关法及其他有关法律、行政法规，逃避海关监管，偷逃应纳税款、逃避国家有关进出境的禁止性或者限制性管理，有下列情形之一的，是走私行为：(1) 未经国务院或者国务院授权的机关批准，从未设立海关的地点运输、携带国家禁止或者限制进出境的货物、物品或者依法应当缴纳税款的货物、物品进出境的；(2) 经过设立海关的地点，以藏匿、伪装、瞒报、伪报或者其他方式逃避海关监管，运输、携带、邮寄国家禁止或者限制进出境的货物、物品或者依法应当缴纳税款的货物、物品进出境的；(3) 使用伪造、变造的手册、单证、印章、账册、电子数据或者以其他方式逃避海关监管，擅自将海关监管货物、物品、进境的境外运输工具，在境内销售的；(4) 使用伪造、变造的手册、单证、印章、账册、电子数据或者以伪报加工贸易制成品单位耗料量等方式，致使海关监管货物、物品脱离监管的；(5) 以藏匿、伪装、瞒报、伪报或者其他方式逃避海关监管，擅自将保税区、出口加工区等海关特殊监管区域内的海关监管货物、物品，运出区外的；(6) 有逃避海关监管，构成走私的其他行为的。同时，依据本法第八条的规定，有下列行为之一的，按走私行为论处：(1) 明知是走私进口的货物、物品，直接向走私人非法收购的；(2) 在内海、领海、界河、界湖，船舶及所载人员运输、收购、贩卖国家禁止或者限制进出境的货物、物品，或者运输、收购、贩卖依法应当缴纳税款的货物，没有合法证明的。

(三) 走私贸易领域

1. 一般贸易，有进出口经营权的企业，用外汇从境外购入国内所需的各种物资，并缴纳关税和其他进口环节税费，或由有进出口经营权的企业组织境内商品销往境外，取得外汇。

2. 加工贸易，是指经营企业进口全部或者部分原辅材料、零部件、元器件、包装物料，经加工装配后，将制成品复出口的经营活动，包括来料加工和进料加工。

3. 跨境电子商务，是指分属不同关境的交易主体，通过电子商务平台等数字信息化手段达成交易、进行结算，并通过跨境物流送达商品、完成交易的一种商务活动。

二、走私类犯罪常用法律规范及主要罪名

(一) 常用法律规范

目前，走私类犯罪所涉及的主要刑事法律规范如下：

《刑法》《最高人民法院关于审理骗取出口退税刑事案件具体应用法律若干问题的解释》《最高人民法院、最高人民检察院关于办理走私刑事案件适用法律若干问题的解释》《最高人民法院、最高人民检察院、海关总署关于办理走私刑事案件适用法律若干问题的意见》《最高人民检察院关于擅自销售进料加工保税货物的行为法律适用问题的解释》《最高人民检察院、公安部关于公安机关管辖的刑事案件立案追诉标准的规定（一）》《最高人民检察院、公安部关于公安机关管辖的刑事案件立案追诉标准的规定（二）》《最高人民法院关于审理走私犯罪案件适用法律有关问题的通知》《最高人民法院、最高人民检察院关于办理妨害文物管理等刑事案件适用法律若干问题的解释》《最高人民法院关于审理走私、非法经营、非法使用兴奋剂刑事案件适用法律若干问题的解释》《打击非设关地成品油走私专题研讨会会议纪要》《关于打击粤港澳海上跨境走私犯罪适用法律若干问题的指导意见》《关于办理走私、非法买卖麻黄碱类复方制剂等刑事案件适用法律若干问题的意见》。

（二）主要罪名

根据《刑法》的规定，走私犯罪共涉及十三个罪名，其中分布在《刑法》分则第三章（破坏社会主义市场经济秩序罪）的罪名有十个，分别为走私武器、弹药罪；走私核材料罪；走私假币罪；走私文物罪；走私贵重金属罪；走私珍贵动物、珍贵动物制品罪；走私国家禁止进出口的货物、物品罪；走私淫秽物品罪；走私废物罪；走私普通货物、物品罪。分布在《刑法》分则第六章（妨害社会管理秩序罪）的罪名有三个，分别是走私人类遗传资源材料罪、走私毒品罪、走私制毒物品罪。

从走私犯罪的对象看，走私犯罪主要分两类：一类是涉税走私犯罪；另一类是非涉税走私犯罪。其中涉税类走私犯罪对象即涉税货物、物品，常见罪名为"走私普通货物、物品罪"。而非涉税走私犯罪，根据具体走私犯罪的对象不同，又具体分为多个不同的罪名，如走私毒品罪、走私淫秽物品罪。

根据《刑法》的规定，走私犯罪涉及罪名的具体规定如下表7-1：

表7-1 走私类犯罪涉及的罪名及法律规定

序号	罪名	法律规定
1	走私武器、弹药罪；走私核材料罪；走私假币罪；走私文物罪；走私贵重金属罪；走私珍贵动物、珍贵动物制品罪；走私国家禁止进出口的货物、物品罪	《刑法》 第一百五十一条 【走私武器、弹药罪】【走私核材料罪】【走私假币罪】走私武器、弹药、核材料或者伪造的货币的，处七年以上有期徒刑，并处罚金或者没收财产；情节特别严重的，处无期徒刑，并处没收财产；情节较轻的，处三年以上七年以下有期徒刑，并处罚金。 【走私文物罪】【走私贵重金属罪】【走私珍贵动物、珍贵动物制品罪】走私国家禁止出口的文物、黄金、白银和其他贵重金属或者国家禁止进出口的珍贵动物及其制品的，处五年以上十年以下有期徒刑，并处罚金；情节特别严重的，处十年以上有期徒刑或者无期徒刑，并处没收财产；情节较轻的，处五年以下有期徒刑，并处罚金。 【走私国家禁止进出口的货物、物品罪】走私珍稀植物及其制品等国家禁止进出口的其他货物、物品的，处

续表

序号	罪名	法律规定
1	走私武器、弹药罪；走私核材料罪；走私假币罪；走私文物罪；走私贵重金属罪；走私珍贵动物、珍贵动物制品罪；走私国家禁止进出口的货物、物品罪	五年以下有期徒刑或者拘役，并处或者单处罚金；情节严重的，处五年以上有期徒刑，并处罚金。 单位犯本条规定之罪的，对单位判处罚金，并对其直接负责的主管人员和其他直接责任人员，依照本条各款的规定处罚。
2	走私淫秽物品罪	《刑法》 第一百五十二条第一款、第三款 【走私淫秽物品罪】以牟利或者传播为目的，走私淫秽的影片、录像带、录音带、图片、书刊或者其他淫秽物品的，处三年以上十年以下有期徒刑，并处罚金；情节严重的，处十年以上有期徒刑或者无期徒刑，并处罚金或者没收财产；情节较轻的，处三年以下有期徒刑、拘役或者管制，并处罚金。 单位犯前两款罪的，对单位判处罚金，并对其直接负责的主管人员和其他直接责任人员，依照前两款的规定处罚。
3	走私废物罪	《刑法》 第一百五十二条第二款、第三款 【走私废物罪】逃避海关监管将境外固体废物、液态废物和气态废物运输进境，情节严重的，处五年以下有期徒刑，并处或者单处罚金；情节特别严重的，处五年以上有期徒刑，并处罚金。 单位犯前两款罪的，对单位判处罚金，并对其直接负责的主管人员和其他直接责任人员，依照前两款的规定处罚。

续表

序号	罪名	法律规定
4	走私普通货物、物品罪；特殊形式的走私普通货物、物品罪	《刑法》 第一百五十三条 【走私普通货物、物品罪】走私本法第一百五十一条、第一百五十二条、第三百四十七条规定以外的货物、物品的，根据情节轻重，分别依照下列规定处罚： （一）走私货物、物品偷逃应缴税额较大或者一年内曾因走私被给予二次行政处罚后又走私的，处三年以下有期徒刑或者拘役，并处偷逃应缴税额一倍以上五倍以下罚金。 （二）走私货物、物品偷逃应缴税额巨大或者有其他严重情节的，处三年以上十年以下有期徒刑，并处偷逃应缴税额一倍以上五倍以下罚金。 （三）走私货物、物品偷逃应缴税额特别巨大或者有其他特别严重情节的，处十年以上有期徒刑或者无期徒刑，并处偷逃应缴税额一倍以上五倍以下罚金或者没收财产。 单位犯前款罪的，对单位判处罚金，并对其直接负责的主管人员和其他直接责任人员，处三年以下有期徒刑或者拘役；情节严重的，处三年以上十年以下有期徒刑；情节特别严重的，处十年以上有期徒刑。 对多次走私未经处理的，按照累计走私货物、物品的偷逃应缴税额处罚。 第一百五十四条 【特殊形式的走私普通货物、物品罪】下列走私行为，根据本节规定构成犯罪的，依照本法第一百五十三条的规定定罪处罚： （一）未经海关许可并且未补缴应缴税额，擅自将批准进口的来料加工、来件装配、补偿贸易的原材料、零件、制成品、设备等保税货物，在境内销售牟利的； （二）未经海关许可并且未补缴应缴税额，擅自将特定减税、免税进口的货物、物品，在境内销售牟利的。

续表

序号	罪名	法律规定
5	走私人类遗传资源材料罪	《刑法》 第三百三十四条之一 【非法采集人类遗传资源、走私人类遗传资源材料罪】违反国家有关规定，非法采集我国人类遗传资源或者非法运送、邮寄、携带我国人类遗传资源材料出境，危害公众健康或者社会公共利益，情节严重的，处三年以下有期徒刑、拘役或者管制，并处或者单处罚金；情节特别严重的，处三年以上七年以下有期徒刑，并处罚金。
6	走私、贩卖、运输、制造毒品罪	《刑法》 第三百四十七条 【走私、贩卖、运输、制造毒品罪】走私、贩卖、运输、制造毒品，无论数量多少，都应当追究刑事责任，予以刑事处罚。 走私、贩卖、运输、制造毒品，有下列情形之一的，处十五年有期徒刑、无期徒刑或者死刑，并处没收财产： （一）走私、贩卖、运输、制造鸦片一千克以上、海洛因或者甲基苯丙胺五十克以上或者其他毒品数量大的； （二）走私、贩卖、运输、制造毒品集团的首要分子； （三）武装掩护走私、贩卖、运输、制造毒品的； （四）以暴力抗拒检查、拘留、逮捕，情节严重的； （五）参与有组织的国际贩毒活动的。 走私、贩卖、运输、制造鸦片二百克以上不满一千克、海洛因或者甲基苯丙胺十克以上不满五十克或者其他毒品数量较大的，处七年以上有期徒刑，并处罚金。 走私、贩卖、运输、制造鸦片不满二百克、海洛因或者甲基苯丙胺不满十克或者其他少量毒品的，处三年以下有期徒刑、拘役或者管制，并处罚金；情节严重的，处三年以上七年以下有期徒刑，并处罚金。 单位犯第二款、第三款、第四款罪的，对单位判处罚金，并对其直接负责的主管人员和其他直接责任人员，依照各该款的规定处罚。 利用、教唆未成年人走私、贩卖、运输、制造毒品，或者向未成年人出售毒品的，从重处罚。 对多次走私、贩卖、运输、制造毒品，未经处理的，毒品数量累计计算。

续表

序号	罪名	法律规定
7	非法生产、买卖、运输制毒物品、走私制毒物品罪	**《刑法》** 第三百五十条　【非法生产、买卖、运输制毒物品、走私制毒物品罪】违反国家规定，非法生产、买卖、运输醋酸酐、乙醚、三氯甲烷或者其他用于制造毒品的原料、配剂，或者携带上述物品进出境，情节较重的，处三年以下有期徒刑、拘役或者管制，并处罚金；情节严重的，处三年以上七年以下有期徒刑，并处罚金；情节特别严重的，处七年以上有期徒刑，并处罚金或者没收财产。 明知他人制造毒品而为其生产、买卖、运输前款规定的物品的，以制造毒品罪的共犯论处。 单位犯前两款罪的，对单位判处罚金，并对其直接负责的主管人员和其他直接责任人员，依照前两款的规定处罚。

三、司法实践犯罪数据

（一）海关立案侦办情况

据海关总署 2023 年公布的最新统计显示，[1] 2022 年全国海关开展"国门利剑""风雷"联合行动，深化全员打私，严厉打击重点涉税商品和洋垃圾、象牙等走私，综合整治"水客"、离岛免税"套代购"、粤港澳海上跨境等走私，全年立案侦办走私犯罪案件 4509 起，案值 1210 亿元，分别增长 5.8%、25.6%。

（二）单位犯罪起诉情况

企业是市场经济的主体，守法合规经营是企业必须遵守的原则，也是企业长远发展之道。近年来，企业及企业家涉嫌刑事犯罪的案件数量、频率均呈现较大增长趋势。我国《刑法》规定的单位犯罪涉及的罪名有 164 个，而在走私犯罪中，与企业经营有关的高发罪名是走私普通货物、

---

[1] 《2022 年海关立案侦办走私犯罪案件 4509 起》，载海关总署网站，http://www.customs.gov.cn/customs/xwfb34/302425/4804306/index.html，最后访问时间：2023 年 6 月 7 日。

物品罪，根据最高人民检察院 2022 年 7 月发布的检察业务数据显示，[①] 2017 年至 2021 年，全国检察机关共起诉单位犯罪 1.4 万件 4.7 万人（这里的"人"包括单位以及单位直接负责的主管人员和其他直接责任人员，单位作为拟制人予以统计），起诉数量较多的罪名主要有：虚开增值税专用发票、用于骗取出口退税、抵扣税款发票罪，非法吸收公众存款罪，非法占用农用地罪，走私普通货物、物品罪和污染环境罪。其中走私普通货物、物品罪 931 件，占起诉单位犯罪总数的 6.7%，排名第四位，属于单位犯罪中起诉相对较多的罪名。

（三）近五年走私犯罪审判情况

通过"威科先行"法律信息库，以走私罪为案由检索近五年（2017—2021 年）的案例，共检索到 93016 篇判决书[②]，案件审理情况的统计见下图 7-1：

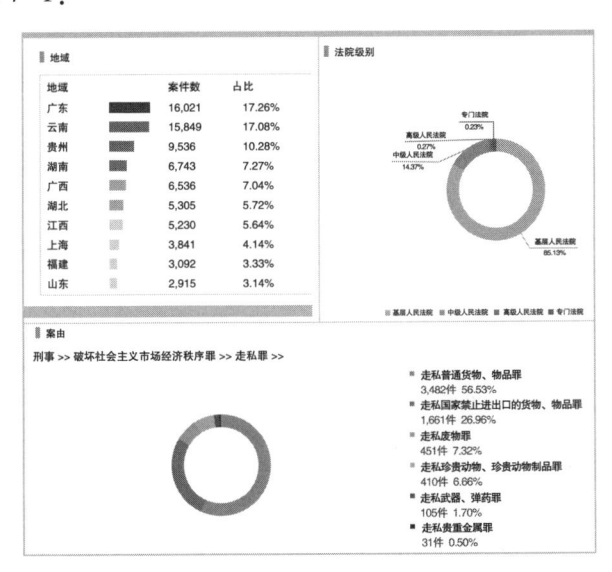

图 7-1　2017—2021 年走私犯罪案件审判统计情况

---

① 《单位犯罪起诉数量从逐年递增到明显下降，涉案企业合规改革试点成效初显》，载最高人民检察院网站，https://www.spp.gov.cn/xwfbh/wsfbt/202207/t20220726_567535.shtml#1，最后访问时间：2023 年 6 月 7 日。

② 本数据仅为说明问题，供读者研究参考。

从上图中可以看出，从地域分布来看，当前走私犯罪案件主要集中在广东省和云南省，分别占比17.26%、17.08%。走私犯罪往往与海关、边境相关，具有非常显著的地域特点，作为我国南部的沿海省份，广东省内口岸众多，对外贸易进出口业务极其发达，走私犯罪较为活跃，案件数量相对较多，是走私犯罪刑事案件的高发省份。云南省作为沿边省份，边境地区走私犯罪多发；从法院审理级别看，绝大多数案件由基层人民法院审理（占比85.13%），中级、高级和专门人民法院审理案件的比例都很少；从具体罪名来看，涉税类走私犯罪中的走私普通货物、物品罪占比最多，为56.53%，然后为走私国家禁止进出口的货物、物品罪，占比26.96%，这也从侧面反映了海关缉私部门在落实总体国家安全观，从"以税为主"到"税管并重"的转变。除这两大罪名外，其余走私罪名占比相对较少，其中走私废物罪为7.32%，走私珍贵动物、珍贵动物制品罪为6.66%，其他罪名占比均在5%以下。

第二节 走私类犯罪涉案企业合规的典型案例

自2020年3月最高人民检察院开展涉案企业合规改革试点以来，作为一种重要类型的破坏经济秩序的犯罪，走私类犯罪在涉案企业合规整改案件中占有一席之地。在走私犯罪中，与企业经营有关的高发罪名是走私普通货物、物品罪，此罪名也是涉案企业合规整改的常见罪名，2021年12月最高人民检察院发布第二批企业合规典型案例，"深圳X公司走私普通货物案"便是其中一例，该案中X公司积极开展企业合规整改，建立了较为完善的合规管理体系，实现合规管理对所有业务及流程的全覆盖，取得阶段性良好效果，深圳市检察院最终对X公司及涉案人员作出相对不起诉处理。

本节以北京星来律师事务所作为第三方监管人办理的四川A公司涉嫌走私废物案、二连浩特市B公司涉嫌走私普通货物案为例，详解走私类犯罪涉案企业合规整改的具体工作内容，对走私类犯罪涉案企业合规整改的经验进行了总结。

一、四川A公司涉嫌走私废物案

（一）基本案情

四川A公司（以下简称A公司）成立于2012年，是一家从事货物进出口及动植物提取物加工、销售的企业。2017年年底开始，犯罪嫌疑单位A公司将在某国Y公司（A公司及Y公司实控人均为唐某某）生产的脱脂骨粒陆续进口至国内予以销售。犯罪嫌疑人唐某某、孙某（A公司及Y公司业务主管）在明知某国生产的不合格骨粒无法正常通关情况下，为了公司利益，决定将2019年6月、7月在某国生产的部分不合格骨粒予以进口，为了逃避海关监管，二人商量将装在吨袋内不合格骨粒取出一部分，上面用合格的骨粒予以覆盖，然后将采取上述方式分装的两车骨粒委托他人从某国运至二连浩特公路口岸并向二连浩特海关申报进口。经鉴定，涉案的不合格骨粒属于固体废物，重量共计36.2吨，涉嫌走私废物罪。犯罪嫌疑人唐某某、孙某归案后，如实供述了犯罪事实。2020年11月，该案经二连浩特海关缉私分局侦查结束，移送内蒙古某检察分院审查起诉，犯罪嫌疑人唐某某已于2020年4月在《同意适用认罪认罚从宽制度意见书》中签字，自愿认罪认罚。2022年3月，A公司提交合规整改申请书，检察机关经审查后，同意开展涉案企业合规整改，并委托星来律师团队作为第三方监管人指导A公司开展合规整改工作。

（二）企业合规整改情况及处理结果

接受委托后，第三方监管人团队立即开展合规监管工作，对A公司进行了详尽的合规尽职调查，发现 A 公司在实际业务经营中存在严重的法律意识淡薄、经营管理不合法、不合规的问题，公司从业人员自上至下整体缺乏进口贸易相关法律意识，负责进口货物人员对固体废物的定义、范围认识不足，并未意识到进口商品质量问题可能导致的刑事法律后果。在启动合规整改前，A 公司内部制度极为欠缺，众多重要管理制度尚未建立。同时，A 公司没有任何合规机制，对法律法规及监管规范的获知主要依靠经验，对生产经营的法律风险并无充足的制度性防范机制。此外，A 公司存在较强"一言堂"情况，公司治理结构形同虚设，风险把控主要凭借公司领导个人经验，公司监事、质检部门等未发挥有效作用。

针对上述问题，第三方监管人向 A 公司出具了《合规整改建议》，涵盖规范库建立、人员配置、资金保障、规则制定等多个方面。在第三方监管人的指导下，A 公司制定了详细的合规计划，开展了一系列合规整改，并采取了以下合规措施：

1. 涉案原因自查及人员处理。A 公司管理层及各部门负责人认真分析了涉案原因，并进行了深刻的自查，决定对直接责任人员唐某某、孙某进行处理，并就相关处理决定在公司进行了通报。

2. 建立进出口贸易相关的法律规范库。在合规顾问的帮助下，A 公司系统梳理了与公司经营管理特别是进口贸易业务相关的法律规范库，并结合法律规范库规定的合规义务内容，开展了合规风险自查与识别，形成《自查报告》。

3. 梳理 Y 公司生产工艺流程，从源头把控进口贸易相关产品的质量。A 公司针对 Y 公司骨粒生产的关键设备，结合设备说明书和相关国家标准进行技术核验，从而保证设备正常运转，产品质量稳定，达到进出口检验要求。同时依照产品标准健全质检制度和监督制度，将责任具体落实到公司管理层个人，从而保证生产的产品质量稳定。

4. 成立合规小组，建立合规专用账户。A 公司在完成问题自查和明确整改方向后，成立了合规整改小组，确定了组长和组员，明确了各小组成员的职责分工。为保障合规整改工作的顺利进行，A 公司还聘请了专业律师作为合规顾问，在合规顾问的辅助下，开展合规整改工作。同时，根据整改工作编制了"合规整改预算表"，设立了合规整改资金的专门银行账户，按照预算存入合规整改专项资金，并确定专人对该资金进行管理。

5. 签署合规承诺书。合规小组及公司全体员工完成了《合规承诺书》的签署工作，合规小组成员承诺履行合规管理职责，员工承诺遵守公司规章制度、积极参与合规建设。

6. 建立健全各项生产经营管理制度。合规整改期间，A 公司完善了经营管理的相关制度，建立了包括采购、财务管理、进口业务、质量检测与控制等重点环节的管理制度，从原材料采购把控、生产工艺优化、员工操作规范、设备设施维护保养、产品质量监测、应急机制等各环节进行合规整改，并完善了各环节的台账记录。

7. 完善合规管理机制。编制《企业员工合规手册》，并向员工下发；建立了合规奖惩及举报制度，包括规定了对合规整改完备、考核优秀的部门或业务环节优秀的个人进行奖励，对不正确履行岗位职责、业务违规及因违反合规管理制度给公司造成直接损失的责任人进行罚款。同时，明确所有员工有义务及时举报正在发生或可能发生的不合规行为，并公布了举报电话、邮箱和合规小组微信号。

8. 开展合规培训及考核。合规整改考察期内，A 公司积极开展走私类犯罪、员工手册及合规手册、质量管理、安全生产等培训，并采取笔试考试等方式对培训效果进行了考核，有效提升了管理层及员工的合规、质量和安全意识。

（三）经验启示

本案中，第三方监管人团队于合规整改初期即介入指导整改工作，通过尽职调查、现场访谈等方式了解本案案情并深入挖掘该企业存在的合规问题，提出了以进口贸易、质量合规为重点和基础，以全面合规为长远目标的合规方向，向该企业出具了深入、全面、系统的监管建议，要求企业充分提交有效合规计划，并及时开展合规整改。整改期间，第三方监管人团队对 A 公司提交的整改材料，经仔细审查和讨论后，及时向公司反馈审查意见，答疑解惑，为 A 公司指明合规整改的路径与方向。合规整改验收阶段，第三方监管人现场审阅了 A 公司的培训考核问卷、合规承诺书等合规整改材料，并查看了监督举报机制公示文件等材料的上墙情况。值得一提的是，在现场验收过程中，多名随机抽取的员工在回答第三方监管人提问时提到，切实感受到了公司合规整改的效果，体现在公司人员的岗位职责更为明确、审批流程更为顺畅、管理制度有据可依、生产操作情况有台账记录可查等方面。

为增加本次合规整改的实效性，第三方监管人根据股权控制关系、业务关联程度、管理层交叉任职情况等因素筛选出两家重要关联公司要求其同步参加整改，关联公司也加强了生产经营管理及合规管理，这也是该涉案企业合规整改的一大亮点。

合规考察期届满，参照《涉案企业合规建设、评估和审查办法（试行）》及相关合规指南、标准等，第三方监管人对 A 公司的整改情况进行了客观评价。经过的充分评估，A 公司符合企业合规建设有效性标准，经评估顺利通过了合规整改验收，随后经检察机关听证评议后，依法对 A 公司及涉案人员作出不起诉的决定。合规整改后，A 公司发展更加稳健，经济效益良好，合规整改真正帮助公司预防及化解风险，促进生产经营管理规范化，实现了良好的法益保护效果，真正发挥了合规"保企业""保就业"等社会功能。

二、二连浩特市 B 公司涉嫌走私普通货物案

(一) 基本案情

二连浩特市 B 公司（以下简称 B 公司）主营业务为绒毛加工贸易。2018 年 4 月至 2019 年 5 月，犯罪嫌疑人王某某（该公司法定代表人）以犯罪嫌疑单位 B 公司的名义，将应以海关监管方式为一般贸易进口的未梳脱脂山羊绒伪报为来料加工走私入境后在国内销售，涉案走私未梳脱脂山羊绒共计 52.6 吨，偷逃税款 156 万余元，涉嫌走私普通货物罪。2021 年 8 月，该案经二连浩特海关缉私分局侦查结束，移送内蒙古某检察分院审查起诉，犯罪嫌疑人王某某在《同意适用认罪认罚从宽制度意见书》中签字，表示认罪认罚，且在侦查过程中主动将收取的代办费中违法所得上缴。2022 年 3 月，B 公司提交合规整改申请书，检察机关同意开展涉案企业合规整改，并委托星来律师团队作为第三方监管人指导 B 公司开展合规整改工作。

(二) 企业合规整改情况及处理结果

接受委托后，第三方监管人团队立即开展合规监管工作，对 B 公司进行合规尽职调查，发现 B 公司在绒毛加工贸易业务经营过程中存在严重的法律意识淡薄、经营管理不合法、不合规的问题，公司此次犯罪的原因主要包括以下几个方面：

1. 公司从业人员自上而下整体缺乏进出口贸易相关法律意识

根据第三方监管人对 B 公司人员访谈情况，B 公司人员整体学历水平较低，缺乏了解进出口贸易相关法律法规、政策文件的专业人员，缺少法律规范的引导与约束，法治观念淡薄，对于各类进出口贸易形式没有准确的理解和把握，对来料加工贸易模式认识不足，不清楚从事业务行为的边界与不可跨越的红线。公司在日常经营活动中，盲目追求经济效益最大化的目标，忽视了企业合法合规经营的重要性，最终导致触犯

刑法的严重后果。

2. 公司内部制度不完善，存在管理、监督与实际经营脱节的问题

在启动合规整改前，B公司内部制度极为欠缺，众多重要制度尚未建立，尤其缺乏开展进出口贸易业务工作、报关工作等内容的系统性、规范性、流程性的指引。已有制度的可操作性较差，主要体现在：制度漏洞较多，制度缺乏具体执行人，制度间存在较多重复、冲突内容，部分制度事实上不具备执行可行性等。

3. 公司管理制度缺乏合规经营内部监督机制

根据第三方监管人对B公司尽职调查及人员访谈情况，在启动合规整改前，公司没有任何合规机制，对法律法规及监管规范的获知主要依靠经验，对生产经营的法律风险并无充足的制度性防范机制。此外，B公司规模较小，内部的组织机构设置缺乏合理性，难以发挥有效作用，公司仅设置了总经理、临时业务员、会计等岗位，未设置专门的法务或合规岗位，缺乏对于财务管理方面和公司经营方面的监督人员。此外，B公司存在较强"一言堂"情况，相关事项均由实际控制人决定，风险把控主要凭借公司领导个人经验。

针对上述问题，B公司制定了合规计划，在第三方监管人的指导下，开展了一系列合规整改，并采取了以下合规措施：

1. 成立合规整改小组，并任命合规专员

公司设立合规专员岗位，由合规专员在整改工作期间担任合规整改负责人，合规专员为独立岗位，可以对关键岗位、关键环节进行审查，并提出合规性评价，对于不合规的业务具有一票否决权，防范相关管理人员权利滥用的风险。

公司成立了合规整改小组，由合规专员担任组长，领导合规整改小组，统筹合规整改工作部署、开展，公司主要管理人员担任组员，分工明确，负责合规整改工作具体实践。同时，公司委托了律师团队担任合规顾问，支撑合规整改工作的推进。

2. 建立进出口贸易法律规范库

B 公司根据第三方监管人建议初步建立与主营业务进出口贸易相关的规范库，主要包括与进出口贸易密切相关的法律、司法解释、行政法规、规章和相关规范性文件，如《海关法》《货物进出口管理条例》《海关加工贸易货物监管办法》等。

3. 对涉案人员作出处理

公司对涉案人员作出了处理，给予罚款等处罚，并将处罚资金转入合规专项资金账户用于合规建设。

4. 开展合规风险自查，制定合规计划书

公司在对此次犯罪行为发生的原因以及暴露出的问题深入分析的基础上，根据第三方监管人的建议，并结合制定的规范库的内容，开展了合规风险自查，形成《风险识别清单》并进行了修订、完善，同时也出具《自查报告及整改计划、实施方案》，并根据第三方监管人的审阅意见对该文件进行了修改、完善。

5. 提供合规专项资金保障

公司开设了合规专项资金账户，用于支持合规建设，并制定《合规专项资金管理制度》《专项资金预算方案》《合规专项资金报销流程》《合规专项资金报销单》等相关文件，初步建立起公司合规整改的资金保障。

6. 签署合规经营承诺书

组织公司管理层及员工签署《合规经营承诺书》，并在公司内发放，一方面，在公司合规整改工作持续推进的过程中能够起到支持作用；另一方面，公司管理层以身作则，加强公司合规文化建设，引领员工培育合规观念，努力营造合规经营的文化氛围，争取做到"人人事事时时处处合规"。

7. 建立健全经营管理与合规管理制度

公司制定并修改、完善了公司经营管理类和合规管理类制度。通过健全相关内部管理制度,如《仓库管理制度》《加工贸易手册管理制度》等制度,规范了经营管理。针对合规风险,建立了《合规管理制度》《合规举报管理制度》等制度文件,形成了较为完整的制度防线,合规管理体系初步建立。

8. 开展合规培训

在合规整改期间,公司开展了多次专项合规培训,公司管理层及员工学习了合规顾问团队关于走私普通货物罪、进出口贸易和企业合规管理知识等内容的培训,同时,为检验合规管理各项措施的落实情况及培训效果,对培训的内容组织开展了考评。

(三) 经验启示

本案办理过程中,第三方监管团队充分发挥了引导监督涉案企业落实落细合规计划的专业化作用,因企施策,找准方向,标本兼治。针对该企业的整改工作,第三方监管人对该企业的整改情况进行了客观评价,针对该公司的自身特点以及本次合规整改的内容,量身定制了合规计划、合规管理制度机制、持续整改、合规文化培育、合规整改亮点等12个模块66项评价要素的评价体系,该量化式评估验收标准助推企业合规工作取得实效,获得了检察机关对第三方监督评估组织的高度认可。

第三节 走私类犯罪涉案企业合规构建要点与启示

目前,涉案企业合规作为一项重要的刑事激励手段,尽管在刑事法律方面还没有专门的规定,但随着涉案企业合规的推进,与涉案企业合规建设、评估、审查、第三方机制适用等相关的法规政策、标准文件不断发布,为合规整改提供了制度遵循。根据已发布规范性文件的规定,特别是《关于开展企业合规改革试点工作方案》《关于建立涉案企业合规第三方监督评估机制的指导意见（试行）》《关于建立涉案企业合规第三方监督评估机制的指导意见（试行）实施细则》《涉案企业合规建设、评估和审查办法（试行）》等规范性文件的要求，结合办理走私犯罪合规整改实务经验，走私类犯罪涉案企业合规整改的工作重点或审查重点一般包括如下内容：

一、剖析犯罪成因，开展合规风险自查

对于涉走私犯罪案件，剖析犯罪成因与找准涉案问题根源是关键。涉案企业应从生产经营实际情况出发，并结合与涉嫌走私犯罪有密切联系的进出口合规风险、财务付汇风险、组织管理体系风险等重点要素，多维度、全方位地深刻剖析影响企业违法犯罪的主客观原因。

涉案企业还应依据进出口贸易相关法律法规、政策等规范性文件的要求，积极开展合规风险识别，围绕涉案走私行为进行合规风险自查，查找在公司治理、组织架构、管理制度、运行机制、合作伙伴、企业文化等方面存在的漏洞和不足，并形成自查报告，报告应包含案件基本情况、案发原因剖析、对涉案行为违法性的认识、对合规的认识、公司存在的合规风险等内容。在自查报告中，涉案企业说明具体涉案事实，还原涉案经过、剖析决策过程、分析根本原因，做到认真反思，全面总结，有助于合规整改落地执行，避免假合规，做到真合规、真整改。

二、制定合规计划

合规计划，是涉案企业合规整改工作的重要依据和标准，也是落实具体整改措施的纲领性文件，对于涉案企业合规整改起着非常重要的指引作用，同时也是第三方组织用来评价合规整改成效的重要依据，其在合规整改中的重要地位不言自明。

在涉案合规风险识别及风险自查的基础上，涉案企业应根据第三方

组织的要求提交专项或者多项合规计划，做好工作安排，并制定时间节点，明确合规计划的承诺完成时限。

涉案企业构建的合规计划应遵循可行性、有效性与全面性的原则。合规计划应当紧密结合企业的实际经营情况制定，根据涉案走私行为反映的违法违规原因，找准涉案问题，查找涉案企业在公司治理、组织架构、管理制度、运行机制、合作伙伴、企业文化等方面存在的漏洞及不足，并结合企业所在行业涉及的常见风险情况，立足标本兼治，因罪施救，力求合规计划务实、精准、管用。

涉案企业提交的合规计划，应当以全面合规为目标、专项合规为重点，主要围绕与企业涉嫌走私犯罪有密切联系的企业内部治理结构、规章制度、人员管理等方面存在的问题，制定可行的合规管理规范，构建有效的合规组织体系，健全合规风险防范报告机制，弥补企业制度建设和监督管理漏洞，防止再次发生相同或者类似的违法犯罪。

三、组建合规建设领导小组

合规整改程序启动后，涉案企业应及时召开合规整改动员会，尽快组建合规整改领导小组，小组成员由企业实际控制人、主要负责人和直接负责的主管人员等组成，必要时，可以聘请外部专业机构或者专业人员参与或者协助。同时，还应明确小组负责人及各成员在合规整改期间的职责与分工，及时推进合规整改工作。

四、设立合规专项资金等保障

涉案企业应当为合规管理制度机制的有效运行提供必要的人员、培训、宣传、场所、设备和经费等人力物力保障。

尤其在经费保障方面，为保障合规管理工作的持续运行，涉案企业应设立专门账户，建立专项资金管理制度，制定合规管理专项资金预算方案，明确合规资金的用途（如合规培训、合规宣传、合规资料印刷等）、使用流程等，并按照规定的流程审批后使用。

五、开展合规建设工作

（一）合规承诺

企业合规是典型的"一把手工程"，因此，涉案企业实际控制人、主要负责人的参与、明确企业合规整改的价值观对合规整改工作至关重要。包括涉案企业实际控制人、主要负责人在内的领导层应当作出依法依规经营的合规承诺，签署《合规承诺书》，承诺发挥带头作用，积极推进合规整改，明确宣示合规是企业的优先价值及对违规违法行为采取零容忍的态度，确保合规融入企业的发展目标、发展战略和管理体系，并在组织上和物质上对合规管理建设提供必要的支持。

此外，建议企业员工也签署《员工合规承诺书》，确保合规承诺传达至各层级员工，使员工熟悉合规承诺书的内容，理解公司的合规目标及合规经营的重要性，并承诺按照其职权范围诚信开展业务及合规管理工作，如有违规或失职行为须承担个人责任。

（二）合规管理机构

合规组织机构是企业合规管理体系的重要组成部分，合规的体系性、全面性要求必须有专门的合规组织机构，负责统领、协调、具体开展合规工作，确保各项事务的连贯与延展。

涉案企业还应结合自身业务性质、内部管理流程特点及涉案情况，调整企业治理结构，设置完整的、与企业规模相适应的合规组织架构体系。例如，涉案企业可以建立董事会—合规委员会—合规管理部门三个层次的合规管理组织架构，负责对企业经营管理活动的合规风险进行识别、评估和管理。如企业尚不具备条件设立三个层次的合规管理组织架构，可以结合自身情况设计执行董事—合规管理人员两个层次的合规管理组织架构。

涉案企业应当明确合规管理人员相关职责，并确保其具体、可考核。同时建立相关制度或采取措施，保障合规管理机构及合规管理人员能够独立履行职责，对于涉及重大合规风险的决策具有充分发表意见并参与审批、决策的权利。

(三) 经营管理制度

为严格把握、落实合规性的要求，涉案企业应围绕进出口申报、报关管理、付汇制度、财税管理、采购管理、仓储管理等易发生走私风险的重点业务环节，建立健全内部管理制度，明确相关人员岗位职责、工作流程和行为规范，并设置相应的汇报审批程序，确保内部经营管理制度完善、可操作、符合公司的实际情况。此外，企业还应就易发生涉案合规风险的业务环节建立台账，并制定台账管理规则。

此外，涉案企业应加强对商业合作伙伴的合规管理，将进出口贸易活动中的合作伙伴纳入合规管理范畴，建立针对合作伙伴的合规管理体系，在与商业合作伙伴签订合同时，引入专门的"合规条款"，将遵守本公司的合规政策作为合同生效的前提条件。例如，加强对代理报关公司的合规管理，明确在合同履行时的责任划分，防范可能因代理报关公司的自身行为差错而承担相关法律责任。

(四) 合规管理制度机制

搭建一套行之有效的合规管理制度体系，是检验企业合规整改工作成效的关键。首先，涉案企业应从顶层的企业合规价值理念着手，制定纲领性的合规基本管理制度，如《企业合规管理办法》作为合规管理体系建设中最重要、最基本的合规制度，是其他合规制度的基础和依据，属于全员普遍遵守的合规行为规范。其次，涉案企业应制定具体的合规管理制度，建立健全合规风险识别与评估、合规培训、合规举报、合规绩效考核等合规体系运行机制。

1. 风险识别与评估

风险识别是最为重要和基础的环节，企业应当紧密结合本企业的产品、服务，依据企业经营管理涉及的法律法规、监管要求、行业准则、良好实践、道德标准，以及自行制定或公开声明开展合规风险的识别，梳理出合规风险点，并形成企业合规风险清单或企业合规风险评估报告。识别出合规风险后，企业应结合风险与企业业务的关联度、风险发生的可能性以及危害后果的严重性等来综合进行合规风险评估及分级管理。

2. 风险应对

首先，对于已经识别的合规风险，应当采取控制措施防止其发生；其次，对于已经发生的合规风险，应当及时处置并采取措施降低其影响；最后，针对风险发生的原因进行整改，持续优化管理水平，并对相关的责任人员问责。

3. 合规审查

合规审查是指企业对经营管理活动的合规性进行审核检查，保障公司经营管理的合规性。企业应当明确开展进出口贸易合规审查工作的相关举措，建立行之有效的审查机制，将合规审查作为规章制度制定、重大事项决策、重要合同签订、重大项目运营等经营管理行为和业务活动的必经程序，及时对不合规的内容提出修改建议。合规审查意见应当由相关合规管理人员签字，对决策事项的合规性提出明确意见。

4. 合规举报

企业应当建立健全合规举报与内部调查及追责机制。鼓励员工举报内部违法违规行为或主动报告自身违法违规行为，并切实保障举报人的合法权利和信息安全。举报人可以通过书面、口头或电子邮件等途径，向合规管理委员会、合规管理部或合规管理专员实名或匿名反映问题或举报任何可能的违法违规行为。对发现的合规风险以及举报的违规行为，企业应按照适当的调查流程，及时开展调查和处理。有条件的企业可设立违规举报奖励标准，对符合要求的举报人给予奖励。对于主动报告自身违规行为的员工，企业也可在内部处罚上予以从宽考虑。

5. 合规绩效考核

企业应积极推进合规绩效考核，设计合规绩效考核指标，建立考核激励机制。针对企业主要负责人、经营管理人员、关键技术人员等开展合规绩效考核，通过将上述员工的合规绩效考核与评优评先、职务任免、职务晋升、奖惩以及薪酬待遇等挂钩，促使员工主动合规。

6. 合规培训

企业应当建立常态化合规培训制度，将合规培训纳入员工培训计划，自行或聘请外部合规专家定期对全员开展关于政策法规、内部合规制度与业务岗位职责分工等方面的合规培训，提高全员合规意识，同时企业应当根据贸易合规活动的需要，结合不同情形或不同对象开展培训，最大限度上使相关人员得到合规要求指导，如监管政策发生重要变更时，应当结合更新文件的发布及时开展培训；进出口产品涉及境外贸易管制的，需定期开展供应商、销售商培训；新晋员工由于缺乏作业经验，往往容易发生差错，也需及时开展培训。

此外，培训活动不能流于形式，在每一次培训后，企业应制作受训人员签到记录，并建立考核机制，考察参与者对培训内容的掌握程度，检验培训效果。最终通过合规培训培养员工的合规意识和风险防范意识，使合规观念深入人心，合规操作了然于心。

7. 持续改进

合规文件制作并非一劳永逸，企业建立合规管理体系后，应采取适当方式定期对合规管理体系运行的适当性、有效性和充分性进行评审，依据行业相关法律法规、政策、标准、监管动态的更新，结合实际运行情况提出改进和优化建议，并且根据业务的变化和内外部环境的变化进行持续改进和完善。

六、培育合规文化

合规文化是企业文化建设的重要内容，企业可通过组织员工学习合规管理制度与合规手册、日常培训、会议沙龙、设立合规宣传周等灵活多样的方式宣传和倡导合规文化，将合规的观念和意识渗透到企业管理的每一个环节，渗透到每个员工的日常行为中，使员工知悉其应遵守的合规义务和相关合规风险，不断增强员工的合规意识和行为自觉，营造依规办事、按章操作的合规文化氛围，使得合规文化深入人心，促进其积极履行合规职责，树立合规价值观。

第八章
扰乱市场秩序类犯罪涉案企业合规整改及案例

第一节 扰乱市场秩序类犯罪的基本情况

扰乱市场秩序犯罪，是指违反国家对市场监督管理的法律、法规，进行不正当竞争，从事非法经营贸易或者中介服务活动，以及强行进行交易，扰乱和破坏等价有偿、公平竞争和平等交易的市场秩序，情节严重的行为。破坏市场经济秩序犯罪不仅直接影响社会稳定，也直接影响经济持续健康发展。

一、扰乱市场秩序类犯罪主要罪名

扰乱市场秩序类犯罪侵害的客体是《刑法》所保护的社会主义市场秩序。该类罪名客观方面包括：违反工商行政管理、商检、劳动等市场管理法规；损害了国家利益、社会公益和他人合法权益，情节严重或数额较大或给他人造成重大损失，有危害后果等行为。自然人和单位都可以成为扰乱市场秩序类犯罪的主体。扰乱市场秩序犯罪主要包括以下罪名：

表 8-1　扰乱市场秩序类犯罪涉及的罪名及法律规定

序号	罪名	法律依据
1	损害商业信誉、商品声誉罪	《刑法》 第二百二十一条　【损害商业信誉、商品声誉罪】捏造并散布虚伪事实，损害他人的商业信誉、商品声誉，给他人造成重大损失或者有其他严重情节的，处二年以下有期徒刑或者拘役，并处或者单处罚金。
2	虚假广告罪	《刑法》 第二百二十二条　【虚假广告罪】广告主、广告经营者、广告发布者违反国家规定，利用广告对商品或者服务作虚假宣传，情节严重的，处二年以下有期徒刑或者拘役，并处或者单处罚金。
3	串通投标罪	《刑法》 第二百二十三条　【串通投标罪】投标人相互串通投标报价，损害招标人或者其他投标人利益，情节严重的，处三年以下有期徒刑或者拘役，并处或者单处罚金。 投标人与招标人串通投标，损害国家、集体、公民的合法利益的，依照前款的规定处罚。
4	合同诈骗罪	《刑法》 第二百二十四条　【合同诈骗罪】有下列情形之一，以非法占有为目的，在签订、履行合同过程中，骗取对方当事人财物，数额较大的，处三年以下有期徒刑或者拘役，并处或者单处罚金；数额巨大或者有其他严重情节的，处三年以上十年以下有期徒刑，并处罚金；数额特别巨大或者有其他特别严重情节的，处十年以上有期徒刑或者无期徒刑，并处罚金或者没收财产： （一）以虚构的单位或者冒用他人名义签订合同的； （二）以伪造、变造、作废的票据或者其他虚假的产权证明作担保的； （三）没有实际履行能力，以先履行小额合同或者部分履行合同的方法，诱骗对方当事人继续签订和履行合同的；

续表

序号	罪名	法律依据
4	合同诈骗罪	（四）收受对方当事人给付的货物、货款、预付款或者担保财产后逃匿的； （五）以其他方法骗取对方当事人财物的。
5	组织、领导传销活动罪	《刑法》 第二百二十四条之一 【组织、领导传销活动罪】组织、领导以推销商品、提供服务等经营活动为名，要求参加者以缴纳费用或者购买商品、服务等方式获得加入资格，并按照一定顺序组成层级，直接或者间接以发展人员的数量作为计酬或者返利依据，引诱、胁迫参加者继续发展他人参加，骗取财物，扰乱经济社会秩序的传销活动的，处五年以下有期徒刑或者拘役，并处罚金；情节严重的，处五年以上有期徒刑，并处罚金。
6	非法经营罪	《刑法》 第二百二十五条 【非法经营罪】违反国家规定，有下列非法经营行为之一，扰乱市场秩序，情节严重的，处五年以下有期徒刑或者拘役，并处或者单处违法所得一倍以上五倍以下罚金；情节特别严重的，处五年以上有期徒刑，并处违法所得一倍以上五倍以下罚金或者没收财产： （一）未经许可经营法律、行政法规规定的专营、专卖物品或者其他限制买卖的物品的； （二）买卖进出口许可证、进出口原产地证明以及其他法律、行政法规规定的经营许可证或者批准文件的； （三）未经国家有关主管部门批准非法经营证券、期货、保险业务的，或者非法从事资金支付结算业务的； （四）其他严重扰乱市场秩序的非法经营行为。

续表

序号	罪名	法律依据
7	强迫交易罪	《刑法》 第二百二十六条 【强迫交易罪】以暴力、威胁手段，实施下列行为之一，情节严重的，处三年以下有期徒刑或者拘役，并处或者单处罚金；情节特别严重的，处三年以上七年以下有期徒刑，并处罚金： （一）强买强卖商品的； （二）强迫他人提供或者接受服务的； （三）强迫他人参与或者退出投标、拍卖的； （四）强迫他人转让或者收购公司、企业的股份、债券或者其他资产的； （五）强迫他人参与或者退出特定的经营活动的。
8	伪造、倒卖伪造的有价票证罪；倒卖车票、船票罪	《刑法》 第二百二十七条 【伪造、倒卖伪造的有价票证罪】伪造或者倒卖伪造的车票、船票、邮票或者其他有价票证，数额较大的，处二年以下有期徒刑、拘役或者管制，并处或者单处票证价额一倍以上五倍以下罚金；数额巨大的，处二年以上七年以下有期徒刑，并处票证价额一倍以上五倍以下罚金。 【倒卖车票、船票罪】倒卖车票、船票，情节严重的，处三年以下有期徒刑、拘役或者管制，并处或者单处票证价额一倍以上五倍以下罚金。
9	非法转让、倒卖土地使用权罪	《刑法》 第二百二十八条 【非法转让、倒卖土地使用权罪】以牟利为目的，违反土地管理法规，非法转让、倒卖土地使用权，情节严重的，处三年以下有期徒刑或者拘役，并处或者单处非法转让、倒卖土地使用权价额百分之五以上百分之二十以下罚金；情节特别严重的，处三年以上七年以下有期徒刑，并处非法转让、倒卖土地使用权价额百分之五以上百分之二十以下罚金。

续表

序号	罪名	法律依据
10	提供虚假证明文件罪	《刑法》 第二百二十九条 【提供虚假证明文件罪】承担资产评估、验资、验证、会计、审计、法律服务、保荐、安全评价、环境影响评价、环境监测等职责的中介组织的人员故意提供虚假证明文件，情节严重的，处五年以下有期徒刑或者拘役，并处罚金；有下列情形之一的，处五年以上十年以下有期徒刑，并处罚金： （一）提供与证券发行相关的虚假的资产评估、会计、审计、法律服务、保荐等证明文件，情节特别严重的； （二）提供与重大资产交易相关的虚假的资产评估、会计、审计等证明文件，情节特别严重的； （三）在涉及公共安全的重大工程、项目中提供虚假的安全评价、环境影响评价等证明文件，致使公共财产、国家和人民利益遭受特别重大损失的。 有前款行为，同时索取他人财物或者非法收受他人财物构成犯罪的，依照处罚较重的规定定罪处罚。
11	出具证明文件重大失实罪	《刑法》 第二百二十九条 【出具证明文件重大失实罪】第一款规定的人员，严重不负责任，出具的证明文件有重大失实，造成严重后果的，处三年以下有期徒刑或者拘役，并处或者单处罚金。
12	逃避商检罪	《刑法》 第二百三十条 【逃避商检罪】违反进出口商品检验法的规定，逃避商品检验，将必须经商检机构检验的进口商品未报经检验而擅自销售、使用，或者将必须经商检机构检验的出口商品未报经检验合格而擅自出口，情节严重的，处三年以下有期徒刑或者拘役，并处或者单处罚金。

二、扰乱市场秩序类犯罪司法实践数据

最高人民检察院 2022 年发布了依法惩治破坏市场竞争秩序的犯罪典型案例和数据统计,数据显示,2019 年 6 月至 2022 年 6 月,检察机关起诉假冒注册商标罪、串通投标罪、侵犯商业秘密罪、虚假广告罪、损害商业信誉和商品声誉罪等重点罪名 1.8 万余件 4.1 万余人,其中假冒注册商标罪 7400 余件 1.5 万余人,串通投标罪 2300 余件 7000 余人,侵犯商业秘密罪 130 余件 250 余人,彰显了检察机关严惩破坏市场竞争秩序犯罪的鲜明态度[1]。随着科技进步和市场环境的发展,扰乱市场秩序类犯罪呈现出新的特点:

(一) 手段持续翻新,隐蔽性增强

近年来,检察机关办理的破坏市场竞争秩序类犯罪一般为智力型犯罪,行为人往往以正常的生产经营活动为掩护,具有一定的迷惑性。扰乱市场秩序犯罪手段持续翻新且隐蔽性强。例如,在某销售假冒注册商标的商品案中,行为人在明知网店商家提供的是侵权假冒商品的情况下,利用"直播带货"的新型电商营销模式,多次销售假冒侵权商品,隐蔽性较强,司法实践中往往难以发现。随着互联网、大数据、人工智能等现代科技的发展,犯罪手段持续翻新,且专业性强,司法机关打击和预防难度加大。

(二) 刑民交叉、行刑交叉案件情况突出

扰乱市场秩序类犯罪呈现出刑民交叉、行刑交叉情况突出的特点。司法实践中,一些破坏市场竞争秩序类行为根据违法程度、造成的影响程度等不同分别归属为民事纠纷、行政违法或刑事犯罪。

(三) 地域性特征明显

地域性特征明显也成为扰乱市场秩序类犯罪的一大特点。由于各地

---

[1] 《严惩破坏市场竞争秩序犯罪助力经济高质量发展》,载最高人民检察院网站,https://www.spp.gov.cn/llyj/202209/t20220917_577964.shtml,最后访问时间:2023 年 6 月 22 日。

经济、文化发展水平以及长期以来经济活动中的行为习惯不同，破坏市场竞争秩序类犯罪涉及的领域、作案手段都存在较大差异。总体而言，破坏市场竞争秩序类犯罪在经济发达地区更为突出，涉及不正当竞争行为的种类也相对更为多样，新型案件较多，案情也更为复杂。

三、扰乱市场秩序类犯罪涉案企业合规整改情况

涉案企业合规改革工作自开展以来，扰乱市场秩序类犯罪类型也发生了变化。截至书成，最高人民检察院发布的四批共20件涉案企业合规典型案例中，扰乱市场秩序类犯罪有4件，占全部涉案企业合规典型案例的20%，其中串通投标罪有3件，提供虚假证明文件罪有1件。

在一些实践案例中，检察机关也积极运用检察建议，推动企业合规经营。例如，在王某某侵犯商业秘密案中，检察机关及时制发检察建议帮助企业建章立制，完善内部防控监管机制，预防侵犯商业秘密等不正当竞争行为再次发生。在冯某、黄某某非国家工作人员受贿案中，检察机关特别关注大型互联网平台员工的犯罪行为可能对市场公平竞争环境的破坏和影响，有针对性地制发检察建议，督促平台进一步健全内控制度，促进行业合规经营。

以上实践情况充分说明了涉案企业合规对于扰乱市场秩序类犯罪具有良好的规制效果和重要的实践意义，涉及扰乱市场类犯罪的企业应当充分把握机会，运用涉案企业合规挽救企业。

第二节　扰乱市场秩序类犯罪涉案企业合规的典型案例

一、福建省三明市X公司、杨某某、王某某串通投标案[①]

（一）基本案情

福建省三明市X公司（以下简称X公司）系当地拥有高资质高技术的通信技术规模级设计、施工、集成企业。杨某某系X公司法定代表人、总经理；王某某系X公司副总经理，负责对外招投标、施工及结算等业务。

X公司在投标三明市公安局交警支队3个智能交通系统维保项目过程中，与其他公司串通，由X公司制作标书、垫付保证金，并派遣X公司员工冒充参与串标公司的投标代理人进行竞标，最终上述3个项目均由X公司中标施工建设，中标金额共计603万余元。上述项目现已施工完毕，并通过工程验收决算。案发后杨某某、王某某主动投案。2021年4月，三明市公安局三元分局以X公司、杨某某、王某某涉嫌串通投标罪向三明市三元区检察院移送审查起诉。2022年1月，检察机关依法对X公司、杨某某、王某某作出不起诉决定。

（二）企业合规整改情况及效果

1. 深入社会调查启动企业合规

X公司系具有涉密信息系统集成资质乙级等多项资质、多项专利的高资质、发展型民营企业，企业综合实力在福建省同行业排名前20名，是三明市该行业的龙头企业，累计纳税近7000余万元、企业员工100余名、拥有专利20余件。案发后，公司面临巨大危机，大量人员有失业风

[①]《最高检发布第三批涉案企业合规典型案例》，载最高人民检察院网站，https://www.spp.gov.cn/xwfbh/wsfbt/202208/t20220810_ 570413.shtml#1，最后访问时间：2023年6月22日。

险，对当地经济和行业发展产生一定的负面影响。在审查起诉阶段，检察机关向 X 公司送达《企业刑事合规告知书》，该公司在第一时间提交了书面合规承诺以及行业地位、科研力量、纳税贡献、承担社会责任等证明材料。X 公司及杨某某、王某某均自愿认罪认罚，涉案项目已施工完毕，并通过竣工验收决算，无实质性危害后果。检察机关经过实地走访调研，X 公司的合规承诺具有真实性、自愿性，符合企业合规相关规定。检察机关在认真审查调查案件事实、听取行政机关意见以及审查企业书面承诺和证明材料的基础上，综合考虑企业发展前景、社会贡献、一贯表现及企业当前暴露出的经营管理机制疏漏，2021 年 9 月，启动合规考察程序，确定了 3 个月的合规考察期。

2. 扎实开展第三方监督评估

三明市第三方监督评估机制管委会指定 3 名专业人员组成第三方组织，对 X 公司启动企业合规监督考察程序。整改期间，检察机关多次与第三方组织、企业专业律师团队会商，针对 X 公司在投标经营活动方面存在的风险漏洞，指导企业修订、完善《企业合规整改方案》和《企业合规工作计划》，有针对性地督促企业健全内控机制及合规管理体系。X 公司积极对照实施，及时汇报进展情况。检察机关会同第三方组织对合规计划执行情况不定期开展灵活多样的跟踪检查评估。

3. 公开听证后作出不起诉决定

2022 年 1 月，第三方组织对 X 公司企业合规整改进行验收，经评估通过合规考察。检察机关组织召开听证会，听取人大代表、政协委员、人民监督员、侦查机关及群众代表对 X 公司合规整改的意见，听证员一致认可企业整改成效。同月，检察机关经综合审查认为，X 公司、杨某某、王某某等人主动投案、认罪认罚、主观恶性较小，相关项目业已施工完毕并通过验收，未给社会造成不良影响。且 X 公司案发后积极开展有效合规整改，建立健全相关制度机制，堵塞管理漏洞，确保依法经营，不断创造利税，依法对 X 公司、杨某某、王某某作出不起诉决定。

4. 持续做好不起诉后跟踪回访

检察机关经综合考察听取各方意见后，依法作出不起诉决定，让企业"活下去"，有机会"经营好"，X 公司对参与投标的 13 个项目均进行合规审核，最终中标 2 个项目，金额 100 多万元。检察机关开展"回头看"，要求 X 公司对已整改到位部分加强常态监管，较为薄弱的环节持续整改。而后检察机关邀请第三方监管人员围绕企业已整改问题及关联持续建设领域进行跟踪回访，继续为企业依法合规经营提供普法服务，确保合规整改效果能够"长效长治"。

（三）典型意义

1. 严格把握企业合规适用标准、条件，围绕企业特点全面做好合规前调查

对于涉案高技术型民营企业，检察机关会同有关部门，对涉案公司开展社会调查，通过市场监管、人社、税务、工商联等平台，调查其社会贡献度、发展前景、社会评价、处罚记录等。同时研判案发原因，查找其经营风险和管理缺漏，以"合规告知书+检察建议书"形式，提出整改建议，使涉案企业"合规入脑"，督促其作出合规承诺。检察机关在社会调查时，主动审查涉案公司是否符合适用条件，及时征询涉案企业、个人的意见，与本地区第三方机制管委会提前沟通，做好合规前期准备。

2. 多方协作优化合规计划，严格督促企业逐条对照落实

依托第三方监督评估机制向相关行业领域的专家"借智借力"，立足 X 公司自身问题，结合相关领域的合规标准，指导企业优化合规计划，对合规体系运行涉及的组织架构、事项流程、内控机制、风险整改、文化培塑等进行分解细化，从提升合规意识、规范投标业务操作到健全配套内部资金流向监管审计等层面，严格按照时间表监督落实，做到点面衔接，实现"合规入心"。检察机关还会同第三方组织通过多次实地走访 X 公司，与律师团队等会商研讨，指导 X 公司对合规计划进行修订完善，为后续推进第三方监督评估创造重要前提条件。

3. 综合运用多类型评估、考察机制，确保涉案企业合规整改实质化

评估程序上，坚持问题导向，逐条对照合规计划检视企业整改效果，防止走过场的"纸面合规"。考察方式上，采取灵活有效的方式，不拘泥于特定形式，在不影响正常生产经营的前提下，融合开展实地考察、听取汇报、查阅资料、组织座谈、同业参照等组合方式，推动合规建设，强化员工守法意识。企业通过评估后，检察机关继续用好公开听证、人民监督员监督、人大代表、政协委员监督等方式，以公开促公正，确保合规验收环节的质量效果，实现合规"成效入档"，避免合规建设流于形式。

二、山西省 K 公司等建筑企业串通投标案

（一）基本案情

2016 年至 2018 年，K 公司在不具备建设资质的情况下，为了项目中标，K 公司负责人为了能够承揽项目工程，借用其他建筑公司资质，承诺中标后给借用资质方支付管理费。伙同时任 K 公司副总，寻找陪标公司实施串通投标行为，最终多次凭借借用资质中标建设工程项目。

K 公司及其管理人员以承揽工程为目的，借用其他公司资质，寻找陪标公司、实施串通投标行为，涉嫌构成串通投标罪。2022 年被移送人民检察院审查起诉。

（二）企业合规整改情况及处理结果

K 公司聘请北京星来律师事务所担任合规顾问，第一时间制定合规整改工作计划，在公司内建立合规整改工作小组并成立合规专项资金，保证涉案企业合规工作能够持续顺利开展。合规顾问通过线上访谈、现

场尽职调查，对企业经营管理流程中的漏洞和法律风险进行详尽梳理，整理了出现串通投标风险的主要原因，在串通投标领域为公司制定了法律风险库，协助公司起草了完善的合规管理制度和经营管理制度，并前往公司进行了多次合规培训，对公司营造合规氛围，树立合规意识提供了指导。

公司的涉案企业合规整改工作内容翔实，基本建立起较为完善的合规整改体系，得到了检察院对工作进展的认可。目前公司正在等待检察院的下一步验收。

第三节　扰乱市场秩序类犯罪涉案企业合规构建要点与启示

扰乱市场秩序类犯罪出现的主要原因在于公司管理制度存在漏洞，以及合规管理体系缺位。因此，开展扰乱市场秩序类犯罪的重要内容就是理顺公司管理流程，明确岗位权责，制定完善的业务流程和审批决策流程，在各个环节避免管理漏洞。下面梳理了此类罪名涉案企业合规整改体系的构建重点：

一、加强顶层设计，建立合规管理制度

合规管理制度是公司各类规章制度的总领，应当从股东会层面贯彻而下，因此为提高合规管理的有效性，增强自我约束能力，促进公司稳健运营与持续发展，需要结合公司实际，制定合规管理制度。公司及工作人员的经营管理和行为应符合法律法规、规章及其他规范性件、行业规范和自律规则、公司内部规章制度，以及行业公认并普遍的职业道德和行为准则。合规管理制度包含以下内容：

1. 扰乱市场秩序犯罪刑事风险库制度

建立扰乱市场秩序犯罪刑事风险库制度，是一项重要的基础工作，需要开展下列工作：

（1）围绕本单位被指控的具体罪名以及其他相关罪名，对企业经营管理流程各环节、各岗位履职进行非法经营刑事风险源、对应风险点的全面梳理，建立本单位非法经营刑事风险库，根据风险点制定针对性的防范措施。

（2）合规风险要素库要根据公司经营和外部监管政策和环境的变化，定期更新风险库。

（3）本单位全部人员都要承担各自职责范围内的扰乱市场秩序犯罪的风险识别责任，及时报告识别情况，并纠正有偏差的行为。

（4）本单位管理人员要承担扰乱市场秩序犯罪定期风险监测责任，定期开展专项检查，及时发现违背合法经营合规管理要求的各类违规行为。

2. 企业合规行为准则

根据梳理出来的合规风险点，制定企业合法经营行为准则：根据所犯罪名以及公司业务流程开展状况，在生产建设环节、销售环节、业务磋商环节、合同签订环节、支付货款环节制定详细标准化的行为准则，并且将合规管理纳入公司的各个业务流程中，对公司全体员工的合规行为进行分配和规定。

3. 合规管理实施办法

为了防止合规管理流于形式，落入"纸面合规"的陷阱，制定本单位合规管理实施办法，主要包含以下三个方面内容：

（1）明确非法经营风险的识别、监测和纠正责任，建立本单位合规管理的岗位责任体系。

（2）建立非法经营线索报告机制，设立举报电话、邮箱和信箱，要求本单位全体员工履行线索的及时报告义务。

（3）建立责任追究机制。对涉嫌非法经营的各种违规行为加大调查和追责力度，严肃处理涉嫌非法经营犯罪的直接责任人和间接责任人，提高合规管理的严肃性。

二、完善公司治理，加强公司治理体系合规

1. 明确企业各层级的合规责任

针对企业管理层而言，公司明确对企业合规管理体系建设的监督责任及合规经营理念，倡导与维护企业诚信合规的价值观，将合规战略纳入市发展成路之中，监督企业合规管理建设预算情况，明确将合规管理时间情况的汇报方式及汇报频率进行制度化，决定企业合规管理负责人任免与薪酬激励制度，确保企业合规管理负责人工作的独立性。

2. 开展有针对性的合规管理

对企业业务的分类，根据某类或者综合多类对企业合规风险进行识别分析与研判企业经营中面临的合规风险，针对重大合规风险重点配置资源进行有针对性的防控。

3. 聘请专门的法律团队

高度重视合规部门的建设，根据自身经营特点，聘请专门的业务团队对企业的合规情况进行检视，指出企业的合规风险，建立完善的合规体系，对企业合规进行整改。

三、开展合规教育和文化建设

反扰乱市场秩序类犯罪合规教育培训，要坚持日常化和多样化原则。

1. 培育企业合规文化

合规经营理念应渗透到每个员工的思想中，让员工意识到合规不仅仅是公司管理层、合规部门以及合规工作人员的事，每位员工都应参与合规管理并履行职责。

2. 对员工进行合规培训

开展形式多样的合规教育培训，通过讲座、知识竞赛等形式增强企业的合规工作氛围，加强员工对政治理论、法律法规等知识的学习，不断提高自身的综合素质。企业持续地进行示范、指导、培训，自上而下地进行讲解、传播、推广合规的价值理念。确保合规价值观在所有员工中得到传达，让员工了解企业合规底线。

在教育培训日常化方面，要提高教育培训的频次，使合法经营真正在本单位的员工中入脑入心；在教育培训多样化方面，要采取全员培训、重点培训、集中训个别谈话、线上和线下培训相结合的方式开展培训；在教育培训的重点人员方面，要结合本单位违法违规行为的发生环节，确立教育培训的重点人员，同时针对刑事风险库，加大对风险程度较高岗位人员的合规教育力度。

四、建立严格的责任追究制度

应当在公司内部建立合规咨询、举报和查处系统，鼓励员工举报任何员工违规行为。一旦证实，就要对违规员工给予责任追究与公开的纪律处分，更要查明违规行为的根源，对于合规管理体系进行重新审视、改进、重新设计。

企业内还应当建立起合规整改信息公开和报告制度，这也是企业在进行涉案企业合规需要履行的义务。第三方合规监管人有权向企业全面了解合规整改信息，企业有向合规监管人全面如实报告的义务，并积极配合监管人开展日常监控和独立评估。

第九章
环保类犯罪涉案企业合规整改及案例

本章将紧密结合司法实务，首先介绍我国目前环保类犯罪的整体发生情况，再分析一起星来律师参与的环保类犯罪涉案企业合规整改典型案例及一起最高人民检察院企业合规指导案例。在此基础上，结合相关环保法规与监管文件、合规理论及事务所实践经验，总结环保类犯罪涉案企业合规构建之重点，以资从业者参考借鉴。

第一节 环保类犯罪的基本情况

一、企业环保合规概述

随着生态文明建设先后写入党章和《宪法》，生态环境保护已然成为现代化国家治理的关键一环。在此背景之下，环保领域加强立法，法律、法规、规章、政策、标准不断完善，企业面临的环保压力与日俱增，若企业不进行环保合规，将面临以下风险：其一，可能会被追究停止侵害、排除妨碍、消除危险、修复生态环境、赔礼道歉、赔偿损失等民事责任，甚至面临高额公益诉讼索赔；其二，可能会被行政机关追究警告、罚款、责令停止违法行为、责令限期改正、吊销经营许可、停产停业、没收违法所得等行政责任；其三，可能会被司法机关追究污染环境罪、非法捕捞水产品罪、非法采矿罪等刑事责任。环保合规不仅关系到企业应对监管机关的监管，更关系到企业长远发展乃至存亡，环保合规可谓成为每一个寻求长期健康发展企业的必然选择。

2020年3月，最高人民检察院启动"企业犯罪相对不诉适用机制改革"试点工作①，将企业合规建设与对涉案企业的刑事处罚结合起来，旨在通过刑事合规相对不起诉的制度设计促使企业通过合规建设来预防、减少犯罪的发生。2021年6月3日，最高人民法院、司法部、中华全国工商业联合会等九部门、团体联合发布了《关于建立涉案企业合规第三方监督评估机制的指导意见（试行）》，为准确理解和实施环保刑事合规不起诉制度提供了基本参照。2022年1月17日，时任最高人民检察院检察长张军在全国检察长（扩大）会议上表示，涉案企业合规改革将在全国检察机关全面推开，这标志着我国刑事合规工作进入全新的阶段。②

对企业而言，环保合规不仅是规避企业风险的重要环节，也是企业向包括社会公众与监管机构等主体在内作出的庄严承诺，环保合规逐渐成为企业社会责任的一部分。环保合规具体来说有以下含义：其一，环保合规是专项合规，是企业大合规的重要组成部分。其二，环保合规要求企业经营应遵守环保相关法律法规、监管规定、行业准则和企业章程、规章制度以及国际条约、规则。为实现环保合规，企业不仅需要遵循外部规定，也需要遵循其内部环保制度与合规管理制度，即企业环保合规的目的是实现守法依规，但对企业的要求大于纯粹的守法依规。其三，企业经营模式应努力做到环境友好。

环保合规并非企业的挡箭牌，仅可最大限度地降低企业因违法行为招致的行政、刑事责任，并不代表可以当然地避免污染的发生与环境侵

---

① 《最高检：第二批涉案企业合规改革试点省份办理相关案件600余件》，载最高人民检察院网站，https://www.spp.gov.cn/spp/zdgz/202202/t20220224_545715.shtml，最后访问时间：2023年3月11日。

② 《涉案企业合规改革试点全面推开！这次部署会释放哪些重要信号？》，载最高人民检察院网站，https://www.spp.gov.cn/zdgz/202204/t20220402_553256.shtml，最后访问时间：2023年3月11日。

权行为，也不能完全避免违法、违规情况发生。企业在建立环保合规体系后，应当继续努力更新设备、改进工艺，努力做到环境友好，积极承担环保社会责任。

二、企业环保合规涉及的常用规范

环保合规主要是指企业经营管理符合规定，"规"分为三个层面：法律、法规、规章。我国现行的涉及环境保护的法律规范形成了环境合规的法律规范体系，按照法律效力层级划分，环境保护法律规范体系依次由法律、法规、规章及相关的国家标准构成，具体如下：

（一）法律

现行环境保护法律体系中法律层级的规范性文件：主要有"环境保护基本法"即《环境保护法》，在污染防治领域有《大气污染防治法》《水污染防治法》《土壤污染防治法》《海洋环境保护法》《噪声污染防治法》《固体废物污染环境防治法》等；在自然资源保护领域有《水法》《森林法》《渔业法》《矿产资源法》等；在生态保护领域有《湿地保护法》等；此外还有大量的专项环境管理制度法，包括《环境影响评价法》《清洁生产促进法》《循环经济促进法》《环境保护税法》等。

（二）法规

环境保护法规分为行政法规与地方性法规，现行环境保护法律体系中，行政法规层级的规范性文件主要有《建设项目环境保护管理条例》《规划环境影响评价条例》《排污许可管理条例》《自然保护区条例》《消耗臭氧层物质管理条例》《危险废物经营许可证管理办法》等；环境保护地方性法规有《浙江省生态环境保护条例》《福建省生态环境保护条例》《青海湖流域生态环境保护条例》等。

（三）规章

环境保护行政规章分为部门规章和地方政府规章。现行环境保护法律体系中，部门规章主要有专项环境管理制度法。它是专门调整某一特定方面环境管理关系法律规范的总称。这些立法既具有一定的综合性，又有特别具体的适用范围。其目的是把有关立法中规定的法律制度具体化。主要有《危险废物转移管理办法》《生态环境标准管理办法》《环境影响评价公众参与办法》等。地方政府规章主要有《辽宁省海洋环境保护办法》《浙江省建设项目环境保护管理办法》等。

（四）环境标准

环境标准是为了防止环境污染，维护生态平衡，保护人群健康，对环境保护工作中需要统一的各项技术规范和技术要求所作的规定。根据《生态环境标准管理办法》第四条规定，生态环境标准分为国家生态环境标准和地方生态环境标准。国家生态环境标准包括国家生态环境质量标准、国家生态环境风险管控标准、国家污染物排放标准、国家生态环境监测标准、国家生态环境基础标准和国家生态环境管理技术规范。国家生态环境标准在全国范围或者标准指定区域范围执行。地方生态环境标准包括地方生态环境质量标准、地方生态环境风险管控标准、地方污染物排放标准和地方其他生态环境标准。地方生态环境标准在发布该标准的省、自治区、直辖市行政区域范围或者标准指定区域范围执行。有地方生态环境质量标准、地方生态环境风险管控标准和地方污染物排放标准的地区，应当依法优先执行地方标准。

国家和地方生态环境质量标准、生态环境风险管控标准、污染物排放标准和法律法规规定强制执行的其他生态环境标准，以强制性标准的形式发布。法律法规未规定强制执行的国家和地方生态环境标准，以推荐性标准的形式发布。强制性生态环境标准必须执行。推荐性生态环境标准被强制性生态环境标准或者规章、行政规范性文件引用并赋予其强制执行效力的，被引用的内容必须执行，推荐性生态环境标准本身的法律效力不变。

三、企业环保合规涉及的主要罪名

2019 年最高人民法院、最高人民检察院、公安部、司法部、生态环境部《关于办理环境污染刑事案件有关问题座谈会纪要》强调"坚持最严格的环保司法制度、最严密的环保法治理念，统一执法司法尺度，加大对环境污染犯罪的惩治力度"。人民法院、人民检察院、公安机关、司法行政机关、生态环境部门均在不断加大对环境违法行为的打击力度。环境犯罪主要分为污染环境类、破坏资源类以及非法进出口污染物三大类，现就环境保护主要涉及的罪名及法律依据作如下梳理：

表 9-1　环保类犯罪涉及的罪名及法律规定

序号	罪名	法律依据
1	污染环境罪	**《刑法》** 第三百三十八条　【污染环境罪】违反国家规定，排放、倾倒或者处置有放射性的废物、含传染病病原体的废物、有毒物质或者其他有害物质，严重污染环境的，处三年以下有期徒刑或者拘役，并处或者单处罚金；情节严重的，处三年以上七年以下有期徒刑，并处罚金；有下列情形之一的，处七年以上有期徒刑，并处罚金： （一）在饮用水水源保护区、自然保护地核心保护区等依法确定的重点保护区域排放、倾倒、处置有放射性的废物、含传染病病原体的废物、有毒物质，情节特别严重的； （二）向国家确定的重要江河、湖泊水域排放、倾倒、处置有放射性的废物、含传染病病原体的废物、有毒物质，情节特别严重的； （三）致使大量永久基本农田基本功能丧失或者遭受永久性破坏的； （四）致使多人重伤、严重疾病，或者致人严重残疾、死亡的。 有前款行为，同时构成其他犯罪的，依照处罚较重的规定定罪处罚。

续表

序号	罪名	法律依据
2	非法处置进口的固体废物罪；擅自进口固体废物罪；走私废物罪	《刑法》 第三百三十九条 【非法处置进口的固体废物罪】违反国家规定，将境外的固体废物进境倾倒、堆放、处置的，处五年以下有期徒刑或者拘役，并处罚金；造成重大环境污染事故，致使公私财产遭受重大损失或者严重危害人体健康的，处五年以上十年以下有期徒刑，并处罚金；后果特别严重的，处十年以上有期徒刑，并处罚金。 【擅自进口固体废物罪】未经国务院有关主管部门许可，擅自进口固体废物用作原料，造成重大环境污染事故，致使公私财产遭受重大损失或者严重危害人体健康的，处五年以下有期徒刑或者拘役，并处罚金；后果特别严重的，处五年以上十年以下有期徒刑，并处罚金。 【走私废物罪】以原料利用为名，进口不能用作原料的固体废物、液态废物和气态废物的，依照本法第一百五十二条第二款、第三款的规定定罪处罚。
3	非法占用农用地罪	（一）《刑法》 第三百四十二条 【非法占用农用地罪】违反土地管理法规，非法占用耕地、林地等农用地，改变被占用土地用途，数量较大，造成耕地、林地等农用地大量毁坏的，处五年以下有期徒刑或者拘役，并处或者单处罚金。 （二）《最高人民法院关于审理破坏草原资源刑事案件应用法律若干问题的解释》 第一条 违反草原法等土地管理法规，非法占用草原，改变被占用草原用途，数量较大，造成草原大量毁坏的，依照刑法第三百四十二条的规定，以非法占用农用地罪定罪处罚。 第二条 非法占用草原，改变被占用草原用途，数量在二十亩以上的，或者曾因非法占用草原受过行政处罚，在三年内又非法占用草原，改变被占用草原用途，数量在十亩以上的，应当认定为刑法第三百四十二条规定的"数量较大"。 非法占用草原，改变被占用草原用途，数量较大，具有下列情形之一的，应当认定为刑法第三百四十二条规定的"造成耕地、林地等农用地大量毁坏"：

续表

序号	罪名	法律依据
3	非法占用农用地罪	（一）开垦草原种植粮食作物、经济作物、林木的； （二）在草原上建窑、建房、修路、挖砂、采石、采矿、取土、剥取草皮的； （三）在草原上堆放或者排放废弃物，造成草原的原有植被严重毁坏或者严重污染的； （四）违反草原保护、建设、利用规划种植牧草和饲料作物，造成草原沙化或者水土严重流失的； （五）其他造成草原严重毁坏的情形。
4	非法采矿罪、破坏性采矿罪	《刑法》 第三百四十三条　【非法采矿罪】违反矿产资源法的规定，未取得采矿许可证擅自采矿，擅自进入国家规划矿区、对国民经济具有重要价值的矿区和他人矿区范围采矿，或者擅自开采国家规定实行保护性开采的特定矿种，情节严重的，处三年以下有期徒刑、拘役或者管制，并处或者单处罚金；情节特别严重的，处三年以上七年以下有期徒刑，并处罚金。 【破坏性采矿罪】违反矿产资源法的规定，采取破坏性的开采方法开采矿产资源，造成矿产资源严重破坏的，处五年以下有期徒刑或者拘役，并处罚金。
5	盗伐林木罪；滥伐林木罪；非法收购、运输盗伐、滥伐的林木罪	《刑法》 第三百四十五条　【盗伐林木罪】盗伐森林或者其他林木，数量较大的，处三年以下有期徒刑、拘役或者管制，并处或者单处罚金；数量巨大的，处三年以上七年以下有期徒刑，并处罚金；数量特别巨大的，处七年以上有期徒刑，并处罚金。 【滥伐林木罪】违反森林法的规定，滥伐森林或者其他林木，数量较大的，处三年以下有期徒刑、拘役或者管制，并处或者单处罚金；数量巨大的，处三年以上七年以下有期徒刑，并处罚金。 【非法收购、运输盗伐、滥伐的林木罪】非法收购、运输明知是盗伐、滥伐的林木，情节严重的，处三年以下有期徒刑、拘役或者管制，并处或者单处罚金；情节特别严重的，处三年以上七年以下有期徒刑，并处罚金。 盗伐、滥伐国家级自然保护区内的森林或者其他林木的，从重处罚。

四、环保类犯罪相关司法实践数据

"绿水青山就是金山银山",近几年来,为贯彻绿色发展理念,国家对生态环境的保护力度不断加大。无论是产废企业还是处废企业,都面临日渐增强的环保压力。若企业对环保问题重视程度不足,不仅会受到行政处罚,还可能会构成危害生态环境类犯罪,面临刑事处罚。公安机关始终保持对环境违法犯罪的高压打击态势,据公安部消息,2021年,全国公安机关依法严厉打击污染环境、非法占用农用地、非法采矿、破坏森林和野生植物资源等严重危害生态环境犯罪,共侦办危害生态环境刑事案件2.3万余起,抓获犯罪嫌疑人3.1万余名,发起17次集群专项打击,对破坏生态安全犯罪进行全链条打击。其中,污染环境罪和非法占用农用地罪是犯罪风险高发地带。[1]

1. 在污染环境罪方面,通过"威科先行"法律信息库,以"污染环境罪"为案由检索近年的案例,共检索到12563篇判决书(2001—2022年)[2],案件审理情况的统计见下图:

---

[1] 《公安部:2021年侦办生态环境犯罪刑事案件2.3万余起》,载中国日报中文网,https://cn.chinadaily.com.cn/a/202201/12/WS61decfd5a3107be497a01f13.html,最后访问时间:2023年3月11日。

[2] 本数据仅为说明问题,供读者研究参考。

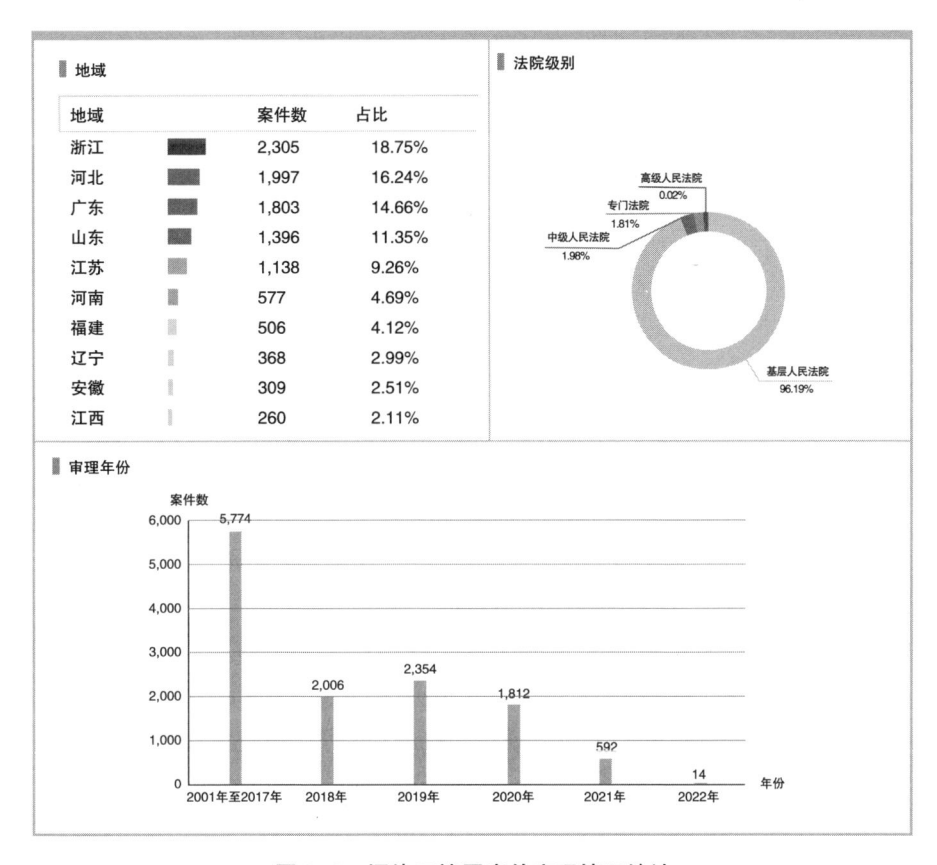

地域	案件数	占比
浙江	2,305	18.75%
河北	1,997	16.24%
广东	1,803	14.66%
山东	1,396	11.35%
江苏	1,138	9.26%
河南	577	4.69%
福建	506	4.12%
辽宁	368	2.99%
安徽	309	2.51%
江西	260	2.11%

法院级别

- 高级人民法院 0.02%
- 专门法院 1.81%
- 中级人民法院 1.98%
- 基层人民法院 96.19%

审理年份（案件数）

- 2001年至2017年：5,774
- 2018年：2,006
- 2019年：2,354
- 2020年：1,812
- 2021年：592
- 2022年：14

图 9-1 污染环境罪案件审理情况统计

从图 9-1 中可以看出，从地域分布方面看，案件审理总数大于 500 件以上的省份共有 7 个，其中排在前五位的省份依次为：浙江、河北、广东、山东、江苏，这也符合公众对环境污染犯罪的一般认知，经济发展水平高、工业化程度较高地区的企业数量更多，环境污染事件更多，同时环境污染犯罪作为新型犯罪，与地区执法水平关系大，东部地区环境执法普遍较为严格，并且较早地对环境执法、侦查、起诉、审判的各个环节进行了制度改革探索；从法院审理级别看，绝大多数案件都是由基层人民法院审理（占比 96.19%），中级、高级和专门人民法院审理案件的比例都很少；从案件审理年份看，近几年污染环境罪的案件审理数量仍然居高不下，特别是近四年来（2018—2021 年），案件审理总数为

6764件，将近占到检索到的案件审理总数的54%，其中在2019年达到数量峰值，共计2354件。

2.在非法占用农用地方面，根据中国裁判文书网、"威科先行"法律信息库两大数据平台所显示的非法占用农用地的相关裁判文书，近年来我国非法占用农用地的案件数量居高不下，同时还体现出鲜明的地域特征。从时间来看，2014年以前的相关案件数量较少，截至2013年，中国裁判文书中显示的裁判文书数量仅有374篇[①]，而2014年则直接跃升至近2000篇，此后2015—2020年，非法占用农用地相关案例裁判文书维持在3000—5500篇，直至2021年出现了显著下滑，这体现出2020年自然资源督查机构开展耕地保护督查的卓越成效。[②]

在地域方面，非法占用农用地犯罪高发地为吉林、内蒙古、云南。上述三个地区均为农用地资源较为丰富的地区，第三次全国国土调查主要数据公报显示，我国耕地面积较大的省份为黑龙江、内蒙古、河南、吉林、新疆5个省份耕地面积较大，占全国耕地的40%，林地面积较大的省份为四川、云南、内蒙古、黑龙江[③]，而上述省份中吉林、内蒙古、云南、黑龙江、河南高居案件数量前五名。由此可见，非法占用农用地数量与各地区农用地数量呈正相关。

---

① 数据来源：中国裁判文书网，https://wenshu.court.gov.cn/website/wenshu/181217BMTKHNT2W0/index.html?pageId=050b121b809076c3f520df9a226be406&s16=%E9%9D%9E%E6%B3%95%E5%8D%A0%E7%94%A8%E5%86%9C%E7%94%A8%E5%9C%B0%E7%BD%AA&s14=4132，最后访问时间：2023年3月11日。
② 本数据仅为说明问题，供读者研究参考。
③ 《第三次全国国土调查主要数据公报》，载自然资源部网站，http://www.mnr.gov.cn/dt/ywbb/202108/t20210826_2678340.html，最后访问时间：2023年3月11日。

地域	案件数	占比
吉林	1,895	15.72%
内蒙古	1,867	15.49%
云南	1,223	10.15%
黑龙江	995	8.26%
河南	858	7.12%
河北	516	4.28%
陕西	484	4.02%
湖南	565	3.78%
辽宁	422	3.5%
广东	403	3.34%

图 9-2 非法占用农用地犯罪案件审理情况统计

除此之外，近年来关于非法占用农用地罪的适用已不再单一强调维护农用地的管理秩序，而开始关注农用地的生态保护价值，这也体现了我国刑事司法实践逐步倾向于对农用地进行全方位保护。有学者统计显示，非法占用农用地罪的案件数量从 2010 年的 12 件上升至 2019 年的 5929 件，其中侵害生态法益的案件数量从 1 件上升至 956 件，占比也从 8.33%上升至 21.86%。由此可见，农用地的生态价值日益凸显[①]。

五、环保类犯罪涉案企业合规整改情况

在最高人民检察院先后发布的 4 批 20 件《涉案企业合规典型案例》中，有 4 件案例涉及环保类犯罪，主要集中在污染环境罪、非法采矿罪、非法占地罪、滥伐林木罪。这些典型案例在探索适用合规改革的全流程办案机制、准确区分单位与责任人责任、推动刑事检察与公益诉讼检察业务实质性融合、制发检察建议等方面都取得了良好成效，对推动涉案企业合规改革试点深入开展具有指导性意义。由此可见，在对生态环境造成污染或破坏程度较轻的情况下，配合检察机关开展企业环保合规整改工作，完成合规评估，建立环保合规管理体系，是涉案企业合规的重点方向。

---

① 陈禹衡：《法益重构、解释修正与共犯新探：民法典时代非法占用农用地罪的刑法规制转向》，载《北京化工大学学报（社会科学版）》2021 年第 2 期。

第二节 环保类犯罪涉案企业合规的典型案例

本节以哈尔滨某实业公司非法采矿案涉案企业合规整改案及张家港市 L 公司、张某甲等人污染环境案为例，从破坏资源类与破坏生态环境类两方面罪名详解环保类犯罪涉案企业合规的各方要点。

一、哈尔滨某实业公司非法采矿案涉案企业合规整改案

非法采矿罪系涉案企业合规整改高发罪名。该案例为黑龙江涉案企业合规案例，系北京星来律师事务所作为合规顾问参与的案例。

（一）基本案情

哈尔滨某实业公司（以下简称 J 公司）系一家国有企业改制企业，其前身为国有钢铁企业，曾包含冶金、水泥、编织袋制造等业务领域。2004 年，经国有资产改制，国有资本全部退出，J 公司成为由全体职工持股的民营企业。由于 J 公司在国企改制时承担了员工安置责任，其需承担大量人员退休、医疗保障及遗属补助费用，员工安置总数达 2000 多名，历史负担沉重。从 2012 年开始，受国家产业政策调整影响，J 公司于 2012 年停产炼铁高炉，2017 年停产水泥。

2005 年，在国有企业改制合并过程中，J 公司获得了哈尔滨市阿城区某地石灰石矿探矿权，在各项产业停产后，开采石灰石矿是能维持近 2000 名员工和家属生计的唯一收入来源。J 公司获得石灰石矿探矿权后，即开始准备申请采矿权证。J 公司原计划在 2008 年年末取得整合矿区《采矿许可证》后，对属于同一矿体的探矿权部分按扩储形式办理探转采登记。2006 年，由于阿城区属黑龙江省水泥用大理岩实施矿产资源整

合试点单位，根据黑龙江省矿产资源整合总体方案的要求，在资源整合期间有探矿权的企业也不能办理采矿权，故 J 公司未按计划获得采矿权。就案发矿山，J 公司享有一部分参与整合矿区之采矿权与一部分探矿权，而探矿权数次到期后续展。在整合矿区一直未取得采矿许可，探矿权又面临有效期届满的情况下，J 公司陷入两难境地。2010 年，资源整合结束，新的采矿许可证于 2010 年 4 月核发，但在同一矿区还有 0.8 平方公里的探矿权已逾期未能办理采矿权许可，而按照资源整合"在同一矿区不能再设立一个采矿权"的规定下，该区域只可在新采矿许可证的范围内探转采进行储量扩储。此次扩储重新划界办理时间到 2011 年上半年结束，J 公司的采矿许可证于 2011 年 9 月即将到期，如仍无法及时解决此问题，J 公司将面临扩储划界的所有相关手续都无法办理，且出现矿山无证开采的情况。为此，就该 0.8 平方公里探矿权"探转采"事宜，J 公司多次向国土资源部门申报。最终于 2019 年 10 月 12 日，J 公司依法取得了矿山资源整合后的《采矿许可证》。

2019 年 8 月 29 日，公司原法定代表人、实际负责人刘某某因涉嫌非法采矿罪被哈尔滨市公安局阿城区分局（以下简称阿城分局）立案侦查。阿城分局经侦查后认为：自 2013 年 2 月 28 日至 2019 年 1 月 10 日，A 公司共越界开采水泥用大理石 148.44 万吨，评估价值共 498.3836 万元。2019 年 9 月 5 日，刘某某接受阿城分局第一次询问，主动交代了全部违法事实，表示认罪认罚。2022 年 1 月 19 日，经阿城分局民警电话通知，刘某某主动到案接受调查，如实供述，于同日签署《认罪认罚承诺书》，并充分认识到其行为的违法性和严重性。2022 年 1 月 20 日，刘某某被刑事拘留。2022 年 1 月 29 日，检察院下达批准逮捕决定书。2022 年 1 月 30 日，刘某某被逮捕，随即阿城分局将案件移送检察院审查起诉。

在阿城区检察院的推动下，J 公司原法定代表人刘某某取保候审，本案启动涉案企业合规整改。J公司于2022年9月委任星来律师事务所律师为合规顾问，启动合规整改工作。

（二）企业合规整改情况及处理结果

J公司历史包袱重，需要安置的人员多，且经产业结构调整，公司大部分业务事实上处于停顿状态；同时，J公司还需退赔超采期间的大量违法所得，资金压力巨大。解决上述问题的唯一方式是尽快争取矿区复工复产，否则合规整改将失去现实意义。而在现有监管条件下，实现复工复产需首先完成"绿色矿山"建设并通过有关部门验收。此外，由于原先作业区域石灰石矿已经枯竭，欲复工复产需首先扩大作业界面，而由于矿区属森林覆盖区域，实现复工复产还需获得占用、征用林地审批。

针对此种情况，在检察院的要求与合规顾问建议下，J公司采用了合规整改与矿山技术整改相结合的思路推进有关工作：

1. 制定合规计划，形成合规领导组织

其一，为有序推进合规整改工作，J公司先行制定了合规计划。合规计划从案件成因、企业可承担的社会责任及合规整改时间安排入手编写，并上报检察院，获检察院批准执行。

其二，成立合规领导小组及合规整改工作小组。J公司由公司负责人牵头组织合规领导小组，负责统领合规整改的落实工作；在领导小组的组织安排下，J公司第一时间成立合规整改工作小组负责合规整改工作的具体执行。上述两个小组的成员覆盖了公司领导层及各个业务部门的核心骨干，可以很好地发挥上传下达的沟通连接作用。

其三，设立专门的合规管理部门。J公司成立合规部专职负责组织、协调和监督全公司的合规管理工作，并依据法律法规变化和监管动态，更新企业内部规章制度，同时按照合规要求完善业务流程，主动开展合规风险识别、分析和隐患排查。合规部下设合规专员，负责日常合规工作的执行与监督。

2. 积极退赔违法所得，推进绿色矿山建设，准备复工复产

在合规整改启动后，J公司积极克服各种困难，就越界开采期间违法所得进行退赔。目前，已先后退赔违法所得100多万元，后续将依据事先与监管部门达成的协议按期退赔违法所得。

在矿山复工复产方面，J公司先期完成了绿色矿山建设验收所需进行的有关准备工作，目前已获部分部门审批。此外J公司完成了林地补偿等与林地征用手续有关的准备工作。尽管矿山采矿复工仍需一定时间，J公司首先安排采矿外的矿石加工生产线率先复工运行，以维持公司基本运行。

此外，根据自然资源规划局的要求，J公司在矿区安装了电子围栏系统，以全面实时监控采矿风险。为确保合规整改期间的安全，公司坚持派驻工作人员正常巡视矿山安全，厂区、矿坑、仓库、食堂和宿舍的监控系统也均在不间断运行，且有安保人员及时监测。

3. 全面推进合规整改

其一，设立合规整改专项资金账户。J公司制定了《合规计划专项资金预算方案》与《合规专项资金管理制度》。合规资金作为专项资金，仅供公司本次合规整改与建设使用。

其二，签署《合规承诺书》。J公司负责人首先签署了《合规承诺书》，深刻反省了越界采矿的不当行为，并就公司未来的合规经营、制度完善和合规文化建设等事项作出承诺，向员工传达公司的合规经营决心。随后公司全体员工也一并签署了《合规承诺书》。

其三，进行合规自查及合规风险识别。在合规顾问的引导下，J公司就公司生产经营过程中可能涉及的合规风险进行自查，并就各业务流程潜在的违法、犯罪可能进行识别。

其四，J公司收集整理外部法律法规，形成法律法规制度库，该法律法规库分为采矿类、安全生产类、环境保护类、劳动用工类多个类别，含与公司经营相关的上百项法律、行政法规、部门规章及地方性法规等。

其五，形成公司合规管理体系。在合规顾问的协助下，J公司起草制定《合规管理制度》《合规资金管理制度》《违规举报办法》《员工合规手册》，并修订了原有《员工奖惩条例》，合规管理体系初步形成。

其六，完善公司各项制度。J公司有针对性地进行制度整理、修订与补充工作，对公司已有制度进行全面梳理，删除部分过时制度，增加部分新规定，特别是将合规考核情况纳入员工绩效发放的重要考虑因素。

目前，J公司建立与检察院、合规顾问间良好的工作协作及信息汇报机制，合规工作正在有序开展。

（三）经验启示

1. 合规整改应结合企业实际情况，维持企业正常经营

本案中J公司属于国有企业改制企业，安置人员的历史包袱重，人员结构老化、固化，且经营领域大多属于"夕阳产业"，自身生存发展本已遇到重大困难，加之企业主要负责人遭受刑事调查，企业已在崩溃解体的边缘。在启动合规整改时，星来律师经过对企业上述特殊情况的考量，认为要求企业立刻达到一定的合规标准或在全面合规完成后再开展业务是不现实的。本案中J公司在推进合规整改的同时，尽可能地恢复部分生产线，维持企业运转与员工生计，具有一定的合理性。

涉案企业合规整改的题中之义包括维护经济稳定与人员就业，本案中J公司属于当地重点纳税单位与最大用人单位之一，一旦J公司倒闭，大量员工将面临失业困境，大量前国企退休人员将"老无所养"。故J公司借助本次合规整改契机，在检察院及地方政府对其合规整改成果高度重视与支持的情况下，在合规顾问的协助下，努力推进矿山复工复产，实现了较大的进展。

2. 环境资源犯罪中，涉案企业合规整改可与技术改进适当结合

解决环境问题的根本在于技术进步。要想从根本上杜绝环境资源违法犯罪，追求技术层面的升级换代是不可或缺的。本案中 J 公司将"绿色矿山"建设纳入合规整改目标之中，其实质是为涉案企业合规整改设定生产技术层面的标准。同时，J 公司通过安装"电子围栏"系统，不仅从根本上杜绝了今后越界、越层开采的可能性，也在一定程度上改善了与监管部门的关系，缓解了来自监管方面的执法压力，有利于公司今后长效经营。

3. 以合规整改为契机，实现企业经营破局

该案中，J 公司系一家已经陷入严重经营困局的企业，由于产业结构调整、相关资质久拖不决、历史包袱重等原因，公司已濒临解体。利用此次涉案企业合规整改，J 公司积极推进绿色矿山建设，强化自身与监管部门的沟通与协作，将困扰企业多年的问题摆上台面，请求有关部门的帮助。在相关领导的重视与自身努力下，作为涉案企业的 J 公司反而加快了多项资质、许可的办理进度，并基本实现了绿色矿山建设的各项要求，将涉案企业合规整改转化为自身经营破局的重要契机。

二、张家港市 L 公司、张某甲等人污染环境案[①]

污染环境罪是涉案企业合规整改的重点罪名之一。本案属最高人民检察院发布的第一批企业合规改革试点典型案例之一。通过该案，可观察污染环境罪涉案企业合规的主要程序与内容。

（一）基本案情

江苏省张家港市 L 化机有限公司（以下简称 L 公司）系从事不锈钢产品研发和生产的省级高科技民营企业，张某甲、张某乙、陆某某分别

[①] 《企业合规改革试点典型案例》，载最高人民检察院网站，https://www.spp.gov.cn/spp/xwfbh/wsfbh/202106/t20210603_520232.shtml，最后访问时间：2023 年 3 月 11 日。

系该公司的总经理、副总经理、行政主管。

2018年下半年，L公司在未取得生态环境部门环境评价的情况下建设酸洗池，并于2019年2月私设暗管，将含有镍、铬等重金属的酸洗废水排放至生活污水管，造成严重环境污染。苏州市张家港生态环境局现场检测，L公司排放井内积存水样中总镍浓度为29.4mg/L、总铬浓度为29.2mg/L，分别超过《污水综合排放标准》的29.4倍和19.5倍。2020年6月，张某甲、张某乙、陆某某主动向张家港市公安局投案，如实供述犯罪事实，自愿认罪认罚。

2020年8月，张家港市公安局以L公司及张某甲等人涉嫌污染环境罪向张家港市检察院移送审查起诉。张家港市检察院进行办案影响评估并听取L公司合规意愿后，指导该公司开展合规建设。

（二）企业合规整改情况及处理结果

检察机关经审查认为，L公司及张某甲等人虽涉嫌污染环境罪，但排放污水量较小，尚未造成实质性危害后果，可以进行合规考察监督并参考考察情况依法决定是否适用不起诉。同时经调查，L公司系省级高科技民营企业，年均纳税400余万元、企业员工90余名、拥有专利20余件，部分产品突破国外垄断。如果公司及其主要经营管理人员被判刑，对国内相关技术领域将造成较大影响。鉴于此，2020年10月，检察机关向L公司送达《企业刑事合规告知书》，该公司在第一时间提交了书面合规承诺以及行业地位、科研力量、纳税贡献、承担社会责任等证明材料。

检察机关在认真审查调查报告、听取行政机关意见以及综合审查企业书面承诺的基础上，对L公司作出合规考察决定。随后，L公司聘请律师对合规建设进行初评，全面排查企业合规风险，制定详细合规计划，检察机关委托税务、生态环境、应急管理等部门对合规计划进行专业评估。L公司每月向检察机关书面汇报合规计划实施情况。2020年12月，组建以生态环境部门专业人员为组长的评估小组,对 L 公司整改情况及合规建设情况进行评估,经评估合格,通过合规考察。同月,检察机关邀请人民监督员、相关行政主管部门、工商联等各界代表,召开公开听证会,参会人员一致建议对 L 公司作不起诉处理。检察机关经审查认为,符合刑事诉讼法相关规定,当场公开宣告不起诉决定,并依法向生态环境部门提出对该公司给予行政处罚的检察意见。2021 年 3 月,苏州市生态环境局根据《水污染防治法》的有关规定,对 L 公司作出行政处罚决定。

通过开展合规建设,L 公司实现了快速转型发展,逐步建立起完备的生产经营、财务管理、合规内控的管理体系,改变了野蛮粗放的发展运营模式,企业家和员工的责任感明显提高,企业抵御和防控经济风险的能力得到进一步增强。2021 年 L 公司一季度销售收入同比增长 275%,缴纳税收同比增长 333%,成为所在地区增幅最大的企业。

(三) 典型意义

一是检察机关可积极主动发挥合规主导责任。本案中,检察机关在办理涉企犯罪案件时,主动审查是否符合企业合规试点适用条件,并及时征询涉案企业、个人的意见,做好合规前期准备。在企业合规建设过程中,检察机关会同有关部门,对涉案企业合规计划及实施情况进行检查、评估、考察,引导涉案企业实质化合规整改,取得明显成效。

二是检察机关应推动企业合规与检察听证、刑行衔接相结合。本案中,检察机关召开公开听证会,听取各方面意见后对涉案企业依法作出不起诉决定,以公开促公正,提升司法公信力。同时,检察机关结合企业合规情况,主动做好刑行衔接工作,提出检察意见移送有关主管机关处理,防止不起诉后一放了之。

第三节　环保类犯罪涉案企业合规构建要点与启示

一、环保类犯罪涉案企业合规体系构建

2019年2月，最高人民法院、最高人民检察院、公安部、司法部、生态环境部联合印发《关于办理环境污染刑事案件有关问题座谈会纪要》，针对污染环境刑事案件的15个难点问题形成了统一认识。2020年12月26日，《刑法修正案（十一）》将污染环境罪的法定刑增加到七年以上，最高可判处十五年有期徒刑，还将三年以上七年以下有期徒刑所对应的"后果特别严重"情形修改为"情节严重"，并规定了同一行为构成其他犯罪时，"择一重罪"的处罚原则，提高了法定刑幅度，强化了对环境法益的保护，体现了从严惩治污染环境犯罪的立法精神。从刑事规制的角度看，我国环境保护监管力度不断强化，企业及相关管理人员的环保刑事责任日趋加重。如何构建企业环保刑事合规方案，防范环境污染相关的刑事风险，已然成为企业不能回避的重要问题。

企业内部合规缺陷和外部合作方违规是导致环保刑事风险发生的主要诱因。

在内部合规层面，企业治理架构中欠缺刑事合规保护方案往往容易诱发刑事风险。企业的决策层、管理层和执行层之间若未能形成一体化的合规治理机制与责任分隔机制，将导致企业决策层和管理层难以及时准时地识别潜在的刑事风险。

在外部合作方管理层面，企业治理架构中缺乏有效的外部合规监督机制亦将诱发刑事风险。这主要体现在三个方面：其一，企业与合作方建立合作关系时，未开展合规尽职调查，未对其资质、技术能力、违法记录等关键信息进行核实。《关于办理环境污染刑事案件有关问题座谈

会纪要》规定，将危险废物委托第三方处置，没有尽到查验经营许可的义务，或者委托处置费用明显低于市场价格或者处置成本的，犯罪嫌疑人、被告人不能作出合理解释的，可以认定其故意实施环境污染犯罪。其二，未对合作方进行持续监督，未能及时发现合作方的违法行为。其三，发现合作企业有环境犯罪行为，未能及时终止合作。一旦出现以上情况，企业就很容易被认定为与合作方构成共同犯罪，从而面临环境犯罪的刑事风险。

实践中还有对投资、租赁行为进行刑事处罚的案例。在"海宁某再生物资有限公司污染环境罪案"中，其辩护人提出，在案证据不能证实沈某兴主观上具有污染环境的故意或者过失，某废旧金属交易公司在购置球磨机、撕碎机时其仅知道要开展油桶盖业务，并予以了资金支持，但并非所有的油桶盖都是危废；且其在此后并不参与公司的管理，其行为属于中立帮助行为。但法院最终仍认定被告人构成污染环境罪。[1] 在"王某强等污染环境案"中，法院认为，被告人王某强明知被告人龙某武从事非法电镀加工仍为其提供场地，严重污染环境，构成污染环境罪。[2]

具体而言，建立环保合规管理体系需要三重保障：具体的负责部门及责任人员、有效的决策与议事机制、一定的物质条件保障，最终目的是实现企业治理的绿色化。环保合规管理体系包含两个层面：其一，在公司治理层面，应建立领导层—合规部门—合规团队的畅通信息通路。其二，在分工层面，应明确领导层的合规主管领导或合规委员会与合规部门、其他部门内环保合规团队或专人的分工。

构建企业环保刑事合规治理中，至少包括刑事风险识别机制——刑

---

[1] 参见浙江省嘉兴市南湖区人民法院（2018）浙0402刑初244号刑事判决书，载中国裁判文书网，最后访问时间：2023年10月29日。
[2] 参见北京市大兴区人民法院（2018）京0115刑初517号刑事判决书，载中国裁判文书网，最后访问时间：2023年10月29日。

事风险控制机制——刑事风险处置机制三个方面。刑事风险识别机制是企业评估刑事风险的基础，在明确具体风险环节后，企业需要及时开启刑事合规，在企业经营管理过程中嵌入有效的监督和保护措施。在发生环境犯罪风险事件时，及时通过环保专项合规建设来应对、化解、处置风险。

企业环保刑事合规机制通常包括内部治理和外部合作。在内部治理风险的识别中，企业需要在决策、授权、执行等环节对刑事风险进行充分评估，并在环境治理的重要行为中增加企业合规化的执行规则和保护方案，以提升企业不同层级部门和人员的合规能力，预防刑事风险。

在公司领导层面，不论是成立合规委员会还是委任专门合规官，均应当有人主抓环保工作，并听取下级合规组织的汇报。

在公司部门层面，主管环保合规的部门应同时具备法律与环保两方面人才，环保合规除了应由合规部门负责以外，在安全环保与供应链等方面也应当有相应的体现。这需要进行充分的部门合作，考虑到公司内部分工的现实方向，短期内较为可行的方式是在合规部门之外的其他部门建立合规团队或指定合规人员，参与其部门决策，必要时可进行部门采购。公司合规部门与其他部门内部的合规团队或合规人员的职权界限应当是明确、具体的。

在项目层面，可能对环境造成不利影响的建设项目或其他项目，应当委任专门人员或团队，在项目启动前充分论证环境影响，就项目可能的环保合规风险进行提示，项目启动后应对项目运行安全进行监管，并向上级汇报工作。

在环保合规管理组织议事机制层面，应坚持科学、民主的原则。合规组织的任何决策，不论是制定相关公司制度、审查项目环保合规性、出具环保合规意见、对外采购还是出具环保合规调查报告，都应当经过充分论证；上述行为不论前期工作是由个人还是团队完成，都应当最终以民主集中原则以合议作出决策；上述行为形成的具有效力的文件应当由合规组织负责人与直接责任人同时签署。环保合规工作应当有符合企业实际的汇报路线。企业合规部的汇报路线通常有三种模式，即矩阵汇报路线、垂直汇报路线和混合汇报路线。矩阵汇报路线是指：合规部门同时向董事会与最高管理者（CEO）汇报，以下各层级合规部门、合规团队同时向上级合规部门及其所属公司或部门的最高管理者汇报。垂直汇报路线是指：合规部门向董事会汇报，以下各层级合规部门、合规团队垂直向上级合规部门汇报，合规部门、合规团队不向所属公司或部门的最高管理者汇报或者只向其做虚线汇报。混合汇报路线是指：上下层级合规部门之间垂直汇报。各级合规部门向上级合规部门汇报工作、业务部门的合规团队或者合规人员（尤其是兼职合规管理员）同时向同级合规部门及其所属部门的最高管理者汇报。混合汇报路线在一定程度上有利于合规工作部门分工开展，并减轻最高层决策压力（其前提是公司已成立合规部门）。

在公司决策层面，环保合规意见应当作为作出公司决策的重要考虑因素。作出公司决策的部门或组织应对合规部门的意见进行采纳与不采纳情况作出必要说明，并提交合规部门复审。对于显著违背法律、法规与公司内部制度的，合规组织有权作出"不同意"意见，该意见应与对应项目共同上会讨论（如公司已设立合规委员会，则有权对此种意见无法调和的情况进行进一步研究，或直接请示董事会、党委会等有权机关，避免项目"带病上会"）。

在对外部合作风险的识别中，企业在进行合作之前需要重点对合作方的资质能力、行业资信、违法涉诉记录、是否存在违规外包等情况进行审查，全面筛查业务合作可能存在的潜在风险。在合作过程中要保持对合作方的必要监督，采取持续性的风险提示，防止因合作方的环保违规问题遭受牵连。一旦发现合作方有环境犯罪或者环境行政违法行为应及时终止合作关系,采取维权措施,有效防范和控制刑事风险。

二、涉案企业环保合规的审查重点

企业环保合规的审查重点在于对企业项目全生命周期的环境合规风险把控,包括项目前期的尽职调查、项目建设和运营环境风险评估以及项目退役环境风险消除。在项目运营前期,应当通过尽职调查全面评估项目运营风险。例如,全面了解投资选址、投资项目的法律风险;准确理解污染物的定义,及时办理排污许可手续等。在开展项目建设前,要完成环境影响评价手续,按照环评文件中的防治污染措施开展项目,及时办理环评审批、备案等手续。在项目建设中,若涉及行政处罚情形,应及时触发环保合规风险机制,采取相应措施确保项目顺利开展,从而维护企业形象,避免刑事责任。在项目运营过程中,企业要结合运营项目特点,建立健全环境合规管理体系。例如,制定切实可行的岗位操作手册、人员岗位职责、设施工艺流程等,根据项目运营情形评估环境管理要素方面的风险,定期排查环境合规风险,保障污染防治设施持续有效投入。项目开展涉及固废管理,应进行固废属性识别,并进行有效的全过程管理合规。企业在项目退役过程中,要做好环境监测,编制应急预案,规范退出流程,安全处置固体废物,防止造成大气、水、土壤等环境要素的污染以及防止对生态环境造成破坏。对于需要实施环境生态修复的,应当积极承担企业主体责任,自行或者聘请第三方实施环境修复,有效防范场地二次污染。

在环保合规中,企业高管应当:(1)制定环保合规方针;(2)推动环保合规管理体系完善;(3)推动环保相应制度订立与完善;(4)委派与任免合规管理人员;(5)决定合规资金使用;(6)调和合规组织与业务部门相互关系;(7)平衡公司经营发展与加强环保合规体系的关系。企业合规部门人员、各部门内环保合规团队和个人应当:(1)向上级合规组织及主管领导报告工作；（2）识别规范，收集企业经营可能涉及的环境法律规范和行业标准、行业规范、监管要求等；（3）风险识别，识别企业经营活动中可能存在的环保合规风险，包括违法、违规可能，或者虽然不违反环境保护相关规定但可能造成环境侵权、产品侵权的情况等；（4）针对项目提出合规意见；（5）针对制度提出修改方案；（6）参与环境安全事故调查处理；（7）参与选聘第三方机构、组织培训等其他应负职责；（8）制订合规资金使用方案；（9）参与环保绩效激励评定。就企业员工而言，应当：（1）自觉遵守公司各项环保规定；（2）针对可能的环保合规风险，及时向上级与合规部门反映；（3）提升自身环保意识与环保技能。对公司整体而言，应当积极探索转型升级之路，走绿色发展道路；当受到政府调查处理时，应及时进行整改，采取适当措施，管理企业公众形象与涉企舆情。

第十章
数据类犯罪涉案企业合规整改及案例

党的十九届四中全会提出要坚持和完善中国特色社会主义制度，推进国家治理体系和治理能力现代化，而推进网络空间治理体系和治理能力现代化是国家治理体系和治理能力现代化的重要一环。[①]如今，我们已身处高度信息化、数据化的网络时代，在此时代大背景下，信息密集型企业的数量每年以指数级别的态势增长。另外，不止互联网、电信行业，教育、金融、交通、医疗等其他行业对数据的规范使用和管理需求也越发强烈。数据类犯罪的研究与治理因此成为重要的时代性课题，它对加强数据保护、规范数据流动、维护国家安全和网络空间主权、保障个人主体基本权利都具有不可忽视的重要意义。

第一节 数据类犯罪的基本情况

一、数据类犯罪概述

数据作为数字经济时代最核心的生产要素，随着数据的需求与服务日益广泛，无论是政府数据、公共数据的应用，还是个人数据、组织数据的流通，数据要素价值的释放路径更加多元，但同时也存在数据被窃

---

① 颜新华：《网络安全视阈下的数据合规：基本理论、问题审视与中国方案》，载《上海法学研究》2021年第1卷。

取、篡改、破坏、滥用等数据犯罪问题，会给国家安全、公共安全以及个人和组织合法利益带来损害。[①]区别于单纯以《刑法》第二百八十五条、第二百八十六条的规范内容界定数据类犯罪，广义的数据类犯罪包括了以数据为犯罪对象、以数据为犯罪载体、以数据为犯罪工具的与数据相关的所有犯罪。

二、数据类犯罪主要罪名

数据类犯罪涉及的主要罪名及相关法律规定如下表所示：

表 10-1　数据类犯罪涉及的罪名及法律规定

序号	罪名	法律依据
1	侵犯公民个人信息罪	《刑法》 第二百五十三条之一　【侵犯公民个人信息罪】违反国家有关规定，向他人出售或者提供公民个人信息，情节严重的，处三年以下有期徒刑或者拘役，并处或者单处罚金；情节特别严重的，处三年以上七年以下有期徒刑，并处罚金。 违反国家有关规定，将在履行职责或者提供服务过程中获得的公民个人信息，出售或者提供给他人的，依照前款的规定从重处罚。 窃取或者以其他方法非法获取公民个人信息的，依照第一款的规定处罚。 单位犯前三款罪的，对单位判处罚金，并对其直接负责的主管人员和其他直接责任人员，依照各该款的规定处罚。
2	拒不履行信息网络安全管理义务罪	第二百八十六条之一　【拒不履行信息网络安全管理义务罪】网络服务提供者不履行法律、行政法规规定的信息网络安全管理义务，经监管部门责令采取改正措施而拒不改正，有下列情形之一的，处三年以下有期徒刑、拘役或者管制，并处或者单处罚金： （一）致使违法信息大量传播的； （二）致使用户信息泄露，造成严重后果的； （三）致使刑事案件证据灭失，情节严重的；

---

① 顾伟、孙伟、陈朝铭：《数字化时代数据犯罪的刑法回应》，载《上海法学研究》2022 年第 1 卷。

续表

序号	罪名	法律依据
2	拒不履行信息网络安全管理义务罪	（四）有其他严重情节的。 单位犯前款罪的，对单位判处罚金，并对其直接负责的主管人员和其他直接责任人员，依照前款的规定处罚。 有前两款行为，同时构成其他犯罪的，依照处罚较重的规定定罪处罚。
3	非法获取计算机信息系统数据、非法控制计算机信息系统罪	第二百八十五条第二款　【非法获取计算机信息系统数据、非法控制计算机信息系统罪】违反国家规定，侵入前款规定以外的计算机信息系统或者采用其他技术手段，获取该计算机信息系统中存储、处理或者传输的数据，或者对该计算机信息系统实施非法控制，情节严重的，处三年以下有期徒刑或者拘役，并处或者单处罚金；情节特别严重的，处三年以上七年以下有期徒刑，并处罚金。
4	破坏计算机信息系统罪	第二百八十六条　【破坏计算机信息系统罪】违反国家规定，对计算机信息系统功能进行删除、修改、增加、干扰，造成计算机信息系统不能正常运行，后果严重的，处五年以下有期徒刑或者拘役；后果特别严重的，处五年以上有期徒刑。 违反国家规定，对计算机信息系统中存储、处理或者传输的数据和应用程序进行删除、修改、增加的操作，后果严重的，依照前款的规定处罚。 故意制作、传播计算机病毒等破坏性程序，影响计算机系统正常运行，后果严重的，依照第一款的规定处罚。 单位犯前三款罪的，对单位判处罚金，并对其直接负责的主管人员和其他直接责任人员，依照第一款的规定处罚。
5	帮助信息网络犯罪活动罪	第二百八十七条之二　【帮助信息网络犯罪活动罪】明知他人利用信息网络实施犯罪，为其犯罪提供互联网接入、服务器托管、网络存储、通讯传输等技术支持，或者提供广告推广、支付结算等帮助，情节严重的，处三年以下有期徒刑或者拘役，并处或者单处罚金。 单位犯前款罪的，对单位判处罚金，并对其直接负责的主管人员和其他直接责任人员，依照第一款的规定处罚。 有前两款行为，同时构成其他犯罪的，依照处罚较重的规定定罪处罚。

下文将根据上述表格中总结数据类犯罪的主要罪名，以分析犯罪构

成、行为模式，同时穿插简短司法案例的形式来梳理其中主要的合规风险点，以期对企业构建数据合规体系作出风险提示。

（一）侵犯公民个人信息罪

近年来，侵犯公民个人信息犯罪处于高发态势。最高人民法院工作报告显示，2021 年审结侵犯公民个人信息犯罪同比上涨 60.2%。[1] 2015 年，《刑法修正案（九）》将"出售、非法提供公民个人信息罪"和"非法获取公民个人信息罪"整合为"侵犯公民个人信息罪"，扩大了犯罪主体和侵犯个人信息行为的范围。[2] 2017 年，最高人民法院、最高人民检察院通过《关于办理侵犯公民个人信息刑事案件适用法律若干问题的解释》，该司法解释对侵犯公民个人信息犯罪的定罪量刑标准作出细致规定，有利于国家全力全面打击侵犯公民个人信息的违法犯罪活动。

侵犯公民个人信息罪规定于《刑法》第二百五十三条之一，是指违反国家有关规定，向他人出售或提供公民个人信息的行为（若以窃取或其他方式非法获取公民个人信息，也符合该罪的客观要件）。该条还规定了从重处罚的情形——在履行职责或提供服务过程中将所获得的公民个人信息，出售或提供给他人的。需明确的是，本罪客体"公民个人信息"是指以电子或其他方式记录的能单独或与其他信息结合识别特定自然人身份或者反映特定自然人活动情况的各种信息，如姓名、身份证号码、住址、账号密码、财产状况、行踪轨迹、医疗健康信息、通讯联系方式等；而客观要件中的"提供公民个人信息"包括：（1）未经被收集个人信息主体同意，将合法收集的公民个人信息向他人提供，但匿名化处理的个人信息除外（经处理后无法识别至特定的自然人且无法复原的技术处理手段）；（2）向特定人提供公民个人信息，或通过信息网络等

---

[1] 《最高人民法院工作报告》，载最高人民法院网站，https://www.court.gov.cn/zixun-xiangqing-349601.html，最后访问时间：2023 年 10 月 27 日。
[2] 黄春林：《网络与数据法律实务——法律适用及合规落地》，人民法院出版社 2019 年版，第 365—378 页。

其他途径发布公民个人信息。本罪的犯罪主体为一般主体（包含单位），主观方面要求有犯罪故意。

司法实践中，企业侵犯公民个人信息的行为模式包括但不限于：（1）在提供服务的过程中，加入自动收集、发送用户信息的SDK（软件开发工具）以窃取个人信息；（2）未经用户同意进行数据交易；（3）通过非法渠道向第三方购买公民个人信息；（4）利用网络爬虫技术不当抓取公民个人信息后，再用于出售牟利。

以下通过一则案例简述企业应如何防范侵犯公民个人信息的刑事犯罪法律风险。[①] 2011年至2013年，6名某公司员工为推销公司奶粉产品，在兰州市多家医院的医务人员处获取了多名产妇的姓名、手机号等个人信息共计12万余条。2016年10月，一审结束后，6名被告的行为被认定为侵犯公民个人信息罪，但他们以涉案行为属于单位犯罪为由提起上诉。最终，兰州中院驳回上诉，某公司并不构成单位犯罪。本案中，某公司正是依靠企业数据合规体系的既有建设成果，有效隔离了员工违法犯罪行为给公司利益带来的冲击。某公司在经营管理过程中，一直重视对个人信息的保护，其早已构建起侵犯公民个人信息犯罪的"防火墙"——某公司制定和执行的《员工行为规范》中强调了个人信息保护的合规政策，且公司在此方面一直坚持常态化的员工培训，这足以证明该公司禁止员工从事侵犯公民个人信息犯罪的行为。因此，企业可以通过如下措施加强个人信息保护方面的合规建设：（1）企业收集个人信息应遵循合法、正当、必要原则，并应征得个人的知情同意或充分授权；（2）企业应制定明晰的内部规章制度，并辅以惩戒措施，尤其需明文禁止员工向外部销售、提供、窃取或通过其他方式非法获取个人信息；（3）企业应坚持开展以保护个人信息为主题的常态化员工培训，逐步提

---

① 参见甘肃省兰州市中级人民法院（2017）甘01刑终89号刑事裁定书，载中国裁判文书网，最后访问时间：2023年10月29日。

高员工法律意识。

(二) 拒不履行信息网络安全管理义务罪

2015年,《刑法修正案(九)》首设拒不履行信息网络安全管理义务罪,这实际上是立法对理论界长期呼吁的"在网络犯罪治理领域应加强网络服务商责任"的回应,说明该罪从诞生之初就有着明显强化企业网络安全管理刑事义务的立法目的。①2019年最高人民法院、最高人民检察院发布《关于办理非法利用信息网络、帮助信息网络犯罪活动等刑事案件适用法律若干问题的解释》(以下简称《网络犯罪活动解释》)的第一条、第三条至第六条,进一步明确了该罪的定罪量刑标准。

拒不履行信息网络安全管理义务罪规定于《刑法》第二百八十六条之一,它的入罪标准为:网络服务提供者不履行法律、行政法规规定的信息网络安全管理义务,且经监管部门责令采取改正措施后仍不改正,并造成以下四种情形之一:(1)致使违法信息大量传播;(2)致使用户信息泄露,造成严重后果;(3)致使刑事案件证据灭失,情节严重的;(4)其他严重情节。②其中,本罪的犯罪主体——"网络服务提供者",涵盖信息网络上的一切提供设备、信息和中介、接入等技术服务的个人、网络服务商以及非营利网络服务提供者。《网络犯罪活动解释》第一条根据"服务类型",将网络服务提供者分为了三类:(1)网络接入、域名注册解析等信息网络接入、计算、存储、传输服务;(2)信息发布、搜索引擎、即时通讯、网络支付、网络预约、网络购物、网络游戏、网络直播、网站建设、安全防护、广告推广、应用商店等信息网络应用服务;(3)利用信息网络提供的电子政务、通信、能源、交通、水利、金融、教育、医疗等公共服务。犯罪客体"信息网络安全"中的信息网络

---

① 韩轶:《网络数据安全领域的企业刑事合规体系建构》,载《江西社会科学》2023年第1期。
② 关于"大量传播""严重后果""情节严重"的阐释,见《网络犯罪活动解释》第三条、第四条、第五条。

包括互联网、移动通信网、公用电话网、广播电视网和物联网等。[①]此外需留意，该罪存在"行政违法前置的入罪条件"，即网络服务提供者在收到网信、电信、公安等监管部门责令整改的通知书或其他形式的整改文书时，拒绝接受，并不采取任何整改措施。但在判定网络服务提供者是否"拒不履行"时，需要综合考量监管部门的整改命令是否有正当的法律或行政法规依据，其整改要求（如整改期限和整改措施）是否明确且合理（是否超出网络服务提供者的实际履行能力）。

该罪常见的行为模式为：网络服务提供者在开展数据处理活动时未履行数据安全保护义务，导致数据泄露、违法信息传播或致使刑事案件证据灭失等危害结果，经监管部门责令整改后仍拒不改正。另外，若企业非法经营互联网跨境接入服务，即未经允许经营互联网跨境接入服务（翻墙）等基础网络服务业务，也可能涉嫌该罪。

以上文提及的"非法经营互联网跨境接入服务"的一则相关案件为例[②]：2015年7月至2016年年底，胡某为非法牟利，租用国内、国外服务器，自行制作并出租"土行孙"等翻墙软件，为境内共计2000余名的网络用户非法提供境外互联网接入服务。2016年，浦东公安分局两次约谈胡某，要求其立即停止非法联网服务。2016年10月，浦东公安分局对胡某利用某公司擅自建立其他通信道路进行国际联网的行为作出行政处罚。事后胡某仍拒不整改，继续经营出租"土行孙"，违法所得共计人民币236167元，最终被法院判定为构成拒不履行网络安全管理义务罪。

企业在进行数据合规建设的过程中，若欲降低此罪的涉罪风险，理想的方式是结合企业自身业务特点，开展以下合规工作：（1）企业应编

[①] 黄春林：《网络与数据法律实务——法律适用及合规落地》，人民法院出版社2019年版，第365—378页。

[②] 参见上海市浦东新区人民法院（2018）沪0115刑初2974号刑事判决书，载中国裁判文书网，最后访问时间：2023年10月29日。

制政府调查、行政违法、刑事调查的应对指引或指南性文件,慎重对待可能的调查、约谈、听证及处罚程序,重视行政违法处罚的严重性,并及时聘请专业人员介入;①(2)企业应建立网络和数据安全管理机构,并配置相应的网络安全负责人和数据安全负责人,明确机构内不同岗位人员的权责,同时需要对管理机构中的重点岗位人员进行安全背景审查;(3)企业应加大全员合规培训的力度,定期举办网络与数据安全保护的普法宣传培训活动,归类存档培训记录,并通过问卷等考核方式检验培训效果,获取有效反馈,以便及时调整后续培训的进度和内容;(4)企业应要求重点岗位人员签署相关网络与数据保护的合规承诺条款,或将条款内化规定至劳动合同和员工手册中,以合理隔离法律风险,防止"内鬼"泄露重要数据,或传播违法有害信息。

(三) 非法获取计算机信息系统数据罪

非法获取计算机信息数据罪规定于《刑法》第二百八十五条第二款。该罪的犯罪主体为一般主体(含单位),主观方面要求有犯罪故意,犯罪客体为计算机信息系统安全,客观方面要求违反国家规定,侵入国家事务、国防建设、尖端科学技术领域以外的计算机信息系统或采用其他技术手段,获取该计算机信息系统中存储、处理或传输的数据,并且达到情节严重的情形。"情节严重"的认定标准,在最高人民法院、最高人民检察院出台的《关于办理危害计算机信息系统安全刑事案件应用法律若干问题的解释》(以下简称《危害计算机信息系统解释》)中的第一条被释明,"(一)获取支付结算、证券交易、期货交易等网络金融服务的身份认证信息十组以上的;(二)获取第(一)项以外的身份认证信息五百组以上的;(三)非法控制计算机信息系统二十台以上的;(四)违法所得五千元以上或者造成经济损失一万元以上的;(五)其他

---

① 黄春林:《网络与数据法律实务——法律适用及合规落地》,人民法院出版社2019年版,第365—378页。

情节严重的情形"。关于"非法性"的认定，主要包括行为人通过避开或采取技术手段突破计算机安全保护系统，未经授权或超越授权范围而对该计算机系统中的数据实施复制、抓取等获取行为，但若涉及植入木马病毒、投放逻辑炸弹、随意删除或修改系统数据的行为，则还可能构成破坏计算机信息系统罪。

此罪的判定在实务中较为集中地反映在不当使用"网络爬虫"抓取数据上。网络爬虫又被称为网页蜘蛛，它是一种按照事先设定的规则，自动访问抓取并下载互联网信息的程序或脚本。爬虫技术本身是中立的，不带有违法性，若遵守网站的爬取规则，则为善意爬虫，可以为某些网页提升流量曝光度。但恶意爬虫意味着不遵守既定的网站爬取规则（实践中称为 robots 协议，指网站建立 robots.txt 文件来告知外界搜索引擎哪些页面可以抓取，哪些页面不能抓取，而搜索引擎则通过读取 robots.txt 文件来识别特定页面是否允许被抓取）[1]，而采取"对抗性/破解性反爬措施"，即突破访问限制而暴力/强行抓取数据信息。常见的反爬措施有：IP 限制、登录限制、参数签名、验证码、隐藏验证和阻止调试等。[2]

全国首例爬虫入刑案中，[3]某公司采取技术手段破解被害单位的反爬措施，使用"tt_spider"文件实施视频数据爬取行为，并在爬取过程中使用伪造的"device_id"绕过被害单位网站服务器身份校验、伪造 UA 和 IP 突破服务器访问频率限制，最终造成被害单位经济损失 2 万元，被告被判处构成非法获取计算机信息系统数据罪。以本案为例，为规避爬取数据时的刑事犯罪风险，企业在使用爬虫时，可从以下角度构建合规规则：（1）做到"三个避免"——避免违反数据主体意愿、避免超越数

---

[1] 吴水兰：《从行业惯例的角度分析 robots 协议的司法约束力——由 3B 大战引发的思考》，载《青年与社会》2013 年第 8 期。

[2] 黄春林：《网络与数据法律实务——法律适用及合规落地》，人民法院出版社 2019 年版，第 365—378 页。

[3] 参见北京市海淀区人民法院（2017）京 0108 刑初 2384 号刑事判决书，载中国裁判文书网，最后访问时间：2023 年 10 月 29 日。

据访问权限范围、避免采取技术手段损害被访问的计算机网络系统；（2）审慎判断被爬取的数据是否涉及敏感个人信息、个人隐私、商业秘密等，若属于，则应禁止爬取；（3）对于内部公开数据，可在职权范围内抓取，但仍需遵守公司内部正常的访问途径；① （4）对于网络上公开的个人信息，如出于正当目的（如科学研究、进一步提升服务体验等），则可善意爬取；（5）做到"及时停止"——当爬取企业收到数据主体关于停止采集数据的通知时，应立即停止爬取行为并删除已爬取的数据和信息。②

（四）破坏计算机信息系统罪

破坏计算机信息系统罪规定于《刑法》第二百八十六条，该罪的客观要件是指违反国家规定，对计算机信息系统功能或计算机信息系统中存储、处理或传输的数据或应用程序进行破坏（如对计算机信息系统功能进行删除、增加、干扰，或故意制作或传播计算机病毒等破坏性程序），且需致使"计算机信息系统不能正常运行"，达到"后果严重"的程度。《危害计算机信息系统解释》中的第四条对"后果严重"有进一步的阐释：（1）造成十台以上计算机信息系统的主要软件或者硬件不能正常运行的；（2）对二十台以上计算机信息系统中存储、处理或者传输的数据进行删除、修改、增加操作的；（3）违法所得五千元以上或者造成经济损失一万元以上的；（4）造成为一百台以上计算机信息系统提供域名解析、身份认证、计费等基础服务或者为一万以上用户提供服务的计算机信息系统不能正常运行累计一小时以上的；（5）造成其他严重后果的。

本罪常见的行为模式还包括网络爬虫，如因行为人暴力爬取行为而导致被访问的网站服务器负荷过高，致使该服务器无法正常运行。另一

---

① 程晓璐、齐佳奇：《企业数据合规刑事风险的识别与合规体系的构建》，载重庆律师网，http://www.cqlsw.net/business/theory/2022041538822.html，最后访问时间：2023年7月19日。

② 孙禹：《论网络爬虫的刑事合规》，载《法学杂志》2022年第1期。

个常见的行为模式是使用"恶意代码"（为达到恶意目的，专门设计的扰乱计算机信息系统或网络通信正常运转的、具有特殊功能的程序或者代码）破坏计算机信息系统的正常运行。比如，牛某某在公司任职期间编写恶意代码上传至公司服务器，致使公司"数据防泄漏系统"软件无法运行，造成公司直接经济损失；① 付某某、黄某某等人租赁多台服务器，使用恶意代码，成功修改网络用户路由器的 DNS 设置和浏览器设置，进而使用户在登录"2345.com"等导航网站时被强制跳转至其设置的"5w.com"导航网站，被告等人后又将获取的互联网用户流量出售给某公司（5w.com 网站所有者），违法所得共计 754762.34 元。②

企业为避免涉及该罪的刑事风险，需要加强对员工接触、处理数据行为的约束力度，如可在劳动合同、员工手册中明令禁止，不得对公司及外部单位的计算机信息系统实施破坏行为，或要求重点岗位的员工签署相关的合规承诺函。此外，企业自身也应注意防止沦为该罪的受害者，尤其需要加强网络与数据安全保护，防范恶意代码和计算机病毒等网络攻击侵入危害行为，防止发生网络与数据安全事件。这不仅是在保护企业自身利益，更是在降低引发他罪的风险。如果企业怠于实施上述防范工作，则可能会因为未切实履行网络安全保护义务而受到行政处罚，甚至引发拒不履行信息网络安全管理义务罪的刑事法律风险。

（五）帮助信息网络犯罪活动罪

帮助信息网络犯罪活动罪规定于《刑法》第二百八十七条之二，是指明知他人利用信息网络实施犯罪，为其犯罪活动提供互联网接入、服务器托管、网络存储、通讯传输等技术支持，或提供广告推广、支付结算等帮助，并达到情节严重的程度。该罪最需注意的是其主观要件——"明知"。关于如何判定"明知"，《网络犯罪活动解释》第十一条作出了

---

① 《全文｜海淀区检察院发布〈网络科技犯罪典型案例〉》，载《北京日报》2021 年 12 月 5 日。
② 参见最高人民法院指导案例第 102 号。

列举规定：(1) 经监管部门告知后仍然实施有关行为的；(2) 接到举报后不履行法定管理职责的；(3) 交易价格或者方式明显异常的；(4) 提供专门用于违法犯罪的程序、工具或者其他技术支持、帮助的；(5) 频繁采用隐蔽上网、加密通信、销毁数据等措施或者使用虚假身份，逃避监管或者规避调查的；(6) 为他人逃避监管或者规避调查提供技术支持、帮助的；(7) 其他足以认定行为人明知的情形。另外，《网络犯罪活动解释》第十二条明确了该罪涉及"情节严重"的情形：(1) 为三个以上对象提供帮助的；(2) 支付结算金额二十万元以上的；(3) 以投放广告等方式提供资金五万元以上的；(4) 违法所得一万元以上的；(5) 二年内曾因非法利用信息网络、帮助信息网络犯罪活动、危害计算机信息系统安全受过行政处罚，又帮助信息网络犯罪活动的；(6) 被帮助对象实施的犯罪造成严重后果的；(7) 其他情节严重的情形。

由于当前电信网络诈骗、套路贷等违法犯罪行为频发，该罪的涉罪企业通常为某些科技公司、数据处理公司和第三方支付公司。上述企业主体在该罪上的行为模式上通常可概括为：为诈骗分子实施违法犯罪活动提供技术支持，包括研发和提供互联网接入、服务器托管、网络存储、通讯传输、广告推广等；或者为网络黑色产业（如网络赌博、色情网站）提供支付结算、虚拟服务器代管等业务。一则相关案例为：曾有一公司明知某手游涉嫌网络赌博，但仍然先后多次以其对公账户大量接受对方资金转账并予以支付结算和广告推广，最终该司被判定构成帮助信息网络犯罪活动罪。因此，鉴于网络赌博、虚拟货币交易、数据非法交易的隐蔽性，为避免提供特定网络服务业务的企业落入该罪的制裁范围，企业在数据合规体系建设中应当注意设置严格的业务审查流程规范，配备专门的审核人员，对外部合作伙伴的各类资质、业务合法性、履约能力和履约情况、商业信誉等指标进行审慎核验，必要时可以引入独立第三方辅助审查，最大限度地降低被认定为"帮凶"或"共犯"的法律风险。

(六) 其他衍生罪名

除了网络数据方面的刑事犯罪以外,数据合规体系中还可能涉及一些衍生罪名:知识产权类的侵犯著作权罪、侵犯商业秘密罪;互联网金融行业类的非法吸收公众存款罪、集资诈骗罪;一些涉及使用网络而进行的犯罪,如诽谤罪(利用信息网络发布诽谤他人的信息)、非法经营罪(如非法开展互联网金融业务、擅自经营国际电信业务)等。本小节特以上述知识产权类的两个罪名展开简要分析。

在侵犯著作权问题上,由于我国《刑法》将文字作品、录音录像等皆纳入了"数据"的概念范畴,因而数据的外延范围是非常大的。司法机关曾在案例中指出:"包括提供作品以外的各种提供网络服务的行为,所有的原始传播及继发传播,包括但不限于传播(提供)作品、使作品的传播成为可能、为作品的传播提供便利、扩大作品的授权传播范围等,都应该属于信息网络传播行为。"[1]若以营利为目的,未经著作权人许可,而通过信息网络向公众传播该著作权人的文字作品、音乐、美术、视听作品、计算机软件以及其他法律和行政法规规定的作品,将有可能构成《刑法》第二百一十七条规定的侵犯著作权罪。再次回顾上文提及的网络爬虫行为,若爬取了涉及其他经营者商业秘密的数据信息,也可能会面临侵犯商业秘密罪的刑事法律风险。因此,企业在设计数据合规架构时,除了重点考虑与网络、数据类相关的常见犯罪以外,还应充分考虑其他衍生犯罪的诱发风险,如切勿遗漏对著作权和商业秘密的防范保护机制。

三、数据类犯罪相关司法实践数据

2021年12月2日,北京市海淀区人民检察院发布《网络安全保护

---

[1] 于改之、陈博文:《数据犯罪的教义形塑及其风险防控——刑事合规语境下的考察》,载《上海法学研究》2021年第21卷。

检察白皮书（2016—2021）》，其中显示：2016 年 9 月至 2021 年 8 月，海淀区人民检察院科技犯罪检察专业化办案组织共办理网络科技犯罪案件 1484 件 3127 人，其中审查批准逮捕案件 931 件 1960 人，审查起诉案件 553 件 1167 人。[1]

2022 年 9 月 8 日，徐汇区人民检察院牵头召开"推动数据治理·护航企业发展"暨网络安全宣传周主题发布活动。会上，徐汇区人民检察院发布了《涉企类"数据安全"检察治理白皮书》，通报了相关办案数据：2017 年至 2021 年，徐汇区人民检察院打击涉计算机网络犯罪，批准逮捕 968 人，提起公诉 544 件 983 人；打击侵害企业合法权益经济犯罪，批准逮捕 230 人，提起公诉 166 件 281 人；挽回各类经济损失 1.7 亿余元。[2]

此外，在最高人民检察院发布的四批 20 件企业合规典型案例中，有 2 件涉及数据犯罪，分别为上海 Z 公司及陈某某等人非法获取计算机信息系统数据案、浙江杭州 T 公司及陈某某等人帮助信息网络犯罪活动案。时任最高人民法院院长周强在去年五月的数字经济法治论坛上发言时指出：要依法妥善审理数字经济新业态案件，共同构建开放、公平、非歧视的数字营商环境；依法严惩各类涉网络信息、数据安全等违法犯罪，支持数字基础设施建设，促进完善数字安全体系，筑牢数字安全屏障。[3]

---

[1] 海淀检察院：《全文 | 海淀区检察院发布〈网络安全保护检察白皮书（2016-2021）〉》，载"海淀检察院"微信公众号，https://mp.weixin.qq.com/s/-nC_lwfID2dGWrTntZ2Lwg，2021 年 12 月 2 日发布，最后访问时间：2023 年 7 月 20 日。

[2] 上海徐汇：《网络安全宣传周 | 涉企类"数据安全"检察治理白皮书发布》，载"上海徐汇"微信公众号，https://mp.weixin.qq.com/s/7Y0_zuLv4rNtns59wyPQQQ，2022 年 9 月 10 日发布，最后访问时间：2023 年 7 月 20 日。

[3] 周强：《加强数字经济法治建设 服务数字经济高质量发展》，载最高人民法院网站，https://www.court.gov.cn/zixun/xiangqing/360491.html，最后访问时间：2023 年 7 月 19 日。

第二节　数据类犯罪涉案企业合规的典型案例

一、基本案情[①]

2019年至2020年，上海市Z公司为运营需要，在未经授权许可的情况下，其首席技术官陈某和多名技术人员通过"外爬"和"内爬"等技术手段，非法获取某外卖平台数据。案发后，Z公司对外卖平台积极赔偿损失并取得谅解。普陀区检察院在走访Z公司时，除积极引导公安机关固定、鉴定该司的爬虫程序和云服务器数据，慎重认定其爬虫运行模式以及外卖平台被爬数据的属性等涉案事实外，还细致核查了外卖平台采取的数据安全保护措施、直接经济损失。经调查，普陀区检察院认为Z公司爬取的数据未涉及身份认证信息，也没有二次兜售牟利等行为，犯罪情节较轻，主观恶性较小；同时，鉴于其属于成长型科创企业，陈某等人均认罪认罚，积极赔偿被害公司经济损失并取得谅解，批准依法启动涉案企业合规考察。

二、企业合规整改情况及处理结果

2021年8月，Z公司收到了普陀区检察院制发的合规检察建议。Z公司按照要求自查整改，并专门聘请法律顾问团队制定数据合规整改计划，严格按照合规承诺推进执行。公司彻底销毁相关"爬虫"程序及源代码，对非法获取的涉案数据进行无害化处理，与相关平台签订数据交互协议，实现了从"爬取数据"到"以合法方式购买数据"的转变。在

[①] 最高人民检察院：《关注！上海首例数据合规案件这样办！》，载"最高人民检察院"微信公众号，https://mp.weixin.qq.com/s/f4RgGbLLUvMQR7_nzzNC1Q，2022年5月30日发布，最后访问时间：2023年7月20日。

解决数据来源合法化问题的同时，Z公司在检察官的指导下，着重加强数据安全和合规文化建设。在网信部门的建议下，Z公司将所有正常运行的系统纳入区级态势感知平台，由平台提供实时安全扫描和漏洞检测，进一步提高数据合规能级；建立数据合规长效机制，复制、移植和外卖平台的合作模式，与多家大型互联网企业达成数据合作。最终，普陀区人民检察院对Z公司开展合规不起诉"云听证"，包括听证员、公安机关、第三方组织、被害单位等一致认可数据合规整改结果，检察院对Z公司作出不起诉决定。[1]

Z公司顺利完成涉案企业合规整改是多方通力有效协作的结果——普陀区检察院审慎认定被告单位爬取事实，依法启动合规考察；被告单位自身严格按照检察建议自查整改，从根本上杜绝一切恶意爬取行为，积极开展数据安全和合规培训，主动承担社会责任，努力创造合规价值；第三方监督评估组织的成员是由第三方监督评估委员会从专业名录库中抽取的，该组织的人员构成覆盖了网信办、知名互联网安全企业和产业促进社会组织，带有显著的专业技术性。

三、经验启示

本案对今后各级检察院开展数据合规不起诉工作有着重要的参考和指示作用，同时也揭示出了此类案件的合规整改启示：以检企合作，同时强化第三方监督，吸纳专业技术人员参与的多方主体合作机制，厘清各方职责明细，最终实现企业自治和国家治理、法律效果和社会效果的统一。

具体来说，相较于传统犯罪，网络或数据服务提供企业的经营管理过程需依托大量信息网络技术，这些企业在涉罪时往往采用更为新颖且隐蔽的行为手段，而检察机关在侦办此类新型犯罪时难度也更大，一方

---

[1] 李翔：《以合规不起诉规范数据企业发展》，载《法治日报》2022年6月15日。

面，是因为对电子证据的提取和保存要求更高；另一方面，是因为企业此时涉罪的类型更复杂，在调查和认定关键事实时需要考虑的因素也更繁多。因此，对于此类案件，单纯依靠检察机关"单打独斗"是行不通的。更合适的方式为：检察机关作为涉案企业合规整改进程的统领者，积极邀请多方力量有序参与其中。例如：（1）除了由律师团队担任传统的法律规范识别和审查的工作以外，还可以加入数据分析师这一主体，这是为了弥补律师对于网络与数据行业中各项技术标准并不知悉和了解的天然缺陷。数据分析师这一角色的加入可以对企业数据运营的技术标准进行更准确的评估，他们还可以和网信办、市场监管等监管部门建立沟通联接，考察企业合规政策制定的有效性；（2）当涉及具体的数据处理流程技术识别时，如在收集、存储、共享、传输环节中，也可邀请数据分析师以及数据工程师来对各环节的数据安全性作评价工作；（3）涉及数据等级评估的，应当由国家相关的网络和数据监管部门参与，对其运营中的数据内容进行等级评估，并且按照分级分类标准给出合规建议。另外，对于其中涉及国家秘密的核心数据，应当强制其进行数据合规建设，强化监督力量，追踪评估其建设后体系的有效性。[1]如此，方能实现"办理一案，治理一片"的良好效果。

第三节 数据类犯罪涉案企业合规构建要点与启示

一、第三方监督评估组织对数据类犯罪涉案企业的合规审查重点

2021年6月，最高人民检察院、司法部等九部门联合印发《关于建立涉案企业合规第三方监督评估机制的指导意见（试行）》（以下简称

---

[1] 于改之、陈博文：《数据犯罪的教义形塑及其风险防控——刑事合规语境下的考察》，载《上海法学研究》2021年第21卷。

《意见》）。据此，检察机关在办理涉企犯罪案件时，对符合企业合规改革试点适用条件的，交由第三方监督评估机制管理委员会选任组成的第三方监督评估组织（以下简称第三方监督组织），对涉案企业的合规承诺进行调查、评估、监督和考察。[①]《意见》第十一条、第十二条规定第三方监督组织应要求涉案企业提交合规计划，并对该合规计划进行"三性审查"，即全面性、可行性和有效性。

对于数据犯罪涉案企业，第三方监督评估将从以下四个方面重点展开合规审查：

1. 涉案企业是否已落实数据分级分类保护义务

该义务明确规定在《数据安全法》第二十一条。此外，《信息安全技术 数据出境安全评估指南（草案）》[②] 第3.5条以及《数据安全管理办法（征求意见稿）》[③] 第三十八条都对"重要数据"进行了界定，并要求企业对此类数据实行更高级别的保护措施。虽然这两份文件尚处于未生效状态，但一定程度上反映了未来国家对数据保护日益严格的强监管趋势。

2. 涉案企业是否已落实数据出境管制义务（若企业经营业务涉及数据出境）

《数据安全法》第二十五条、第三十一条和第三十六条规定国家对数据实行出口管制，关键信息基础设施收集的重要出口管理依据《网络安全法》的规定进行，其他重要数据出境安全管理由国家网信部门与国

[①] 最高人民检察院：《【法学汇】涉数据犯罪企业合规第三方评估标准如何确立》，载"最高人民检察院微信"公众号，https://mp.weixin.qq.com/s/E4kA9YhahOI2YT1O2cYCkw，2021年12月29日发布，最后访问时间：2023年7月20日。

[②] 《关于开展国家标准〈信息安全技术 数据出境安全评估指南（草案）〉征求意见工作的通知》，载全国网络安全标准化技术委员会网站，https://www.tc260.org.cn/front/postDetail.html?id=20170527173820，最后访问时间：2024年2月27日。

[③] 《国家互联网信息办公室关于〈数据安全管理办法（征求意见稿）〉公开征求意见的通知》，载中国政府网，https://www.gov.cn/hudong/2019-05/28/content_5395524.htm，最后访问时间：2024年2月27日。

务院制定具体规则；对于外国司法或执法机构提供数据的请求，也应经我国主管机关批准。[①]对于此项义务，第三方监督组织在进行合规审查时应重点考察涉罪企业是否有违反上述法律规定将数据传输至境外的行为、是否在合规计划中设置数据出境管制义务的预防性条款。

3. 涉案企业是否已落实国家在数据领域的反制裁措施（若企业涉及跨国经营业务）

实施此反制裁的法律依据为《数据安全法》第二十六条，任何国家或者地区在与数据和数据开发利用技术等有关的投资、贸易等方面对中华人民共和国采取歧视性的禁止、限制或者其他类似措施的，中华人民共和国可以根据实际情况对该国家或者地区对等采取措施。涉罪企业的业务范围若涵盖了跨境事务，则应注意在合规计划中设定落实反制裁措施的条款，这也将成为第三方监督组织审查合规计划是否达成"三性"的重要事项。

4. 涉案企业是否已落实数据安全管理制度的构建义务

数据安全管理制度的具体内容包括：建立健全全流程的数据安全管理制度（可参考 ISO/IEC 27001 信息安全管理体系的要求推进建章立制的工作）、设置数据安全管理机构和负责人、组织开展相关的员工安全教育培训、开展数据处理风险监测和评估工作、制定并定期演练数据安全应急预案等。合规考察期间，第三方监督组织重点审查公司内部数据安全管理规章制度的衔接有效性和可落地性，确保涉罪企业数据合规计划的实质有效性。

[①] 最高人民检察院：《【法学汇】涉数据犯罪企业合规第三方评估标准如何确立》，载"最高人民检察院"微信公众号，https://mp.weixin.qq.com/s/E4kA9YhahOI2YT1O2cYCkw，2021 年 12 月 29 日发布，最后访问时间：2023 年 7 月 20 日。

二、企业数据合规管理体系的构建启示

(一) 拟定数据合规计划

数据合规计划是企业开展数据合规体系建设的基础性工作，对于督促企业预防相关刑事犯罪有突出意义。数据合规计划的首要目标，是通过刑法手段促进数据获取、存储、流通传输、使用过程中的合规性与安全性，降低数据开放、数据共享过程中的技术性风险，避免违规行为构成侵犯公民个人信息罪、非法利用信息网络罪、帮助信息网络犯罪活动罪、拒不履行信息网络安全管理义务罪等犯罪。[①]该合规计划的内容应符合以下基本导向：(1) 将刑法中对网络服务提供者、数据服务商等企业所施加的强制性义务在企业内部进行制度化和具体化的工作，并针对相应义务设定履行措施或手段；(2) 合规计划的可执行性是重中之重，企业需确保拟定的数据合规计划不只停留于书面，而是符合企业业务经营特点、适应企业当前发展状况，并能够予以落地实行的；(3) 对于增强数据合规计划的可执行性，可从风险识别、风险评估、风险消除等不同环节设置具有明确性、针对性的预防机制和实施机制。[②]

(二) 设置相关内部管理机构，搭建数据合规制度体系

在拟定数据合规计划之后，企业还需设置相应的内部管理机构（包括进行人员配置），搭建数据合规制度体系，进一步推动数据合规计划的实质有效执行和落地。具体的构建工作可包括但不限于以下内容：

1. 在高层态度上和合规组织建设上：企业最高管理者以及董事、监事、高级管理人员等需高度重视数据合规建设工作，最高管理者应作为数据合规的第一责任人，此外还需要按照《数据安全法》和《个人信息

---

① 于冲：《数据安全犯罪的迭代异化与刑法规制路径——以刑事合规计划的引入为视角》，载《西北大学学报（哲学社会科学版）》2020年第5期。
② 于冲：《数据安全犯罪的迭代异化与刑法规制路径——以刑事合规计划的引入为视角》，载《西北大学学报（哲学社会科学版）》2020年第5期。

保护法》的规定明确企业内部的数据安全管理机构和负责人、个人信息保护工作机构和负责人。对于数据安全管理机构，良好的企业实践为成立数据管理委员会，并设置数据管理委员会主任（或首席数据合规官），统筹全公司数据安全治理策略、规范和流程的制定和监督执行。

2. 在制度建设上：除上文的数据合规计划外，实践中，个别企业还出台制定了《数据安全治理实施指南》《数据安全保护制度》《数据合规审查制度》《人力资源数据管理操作规范》等一系列规则制度及工作规范，还有企业会借助外部咨询机构的指导，在现有制度的基础上，进一步整合、补充、完善制度文件，构建专项针对数据安全的系统化合规管理制度体系。当然，制度建设不应止步于草拟工作，数据合规管理部门应与其他职能监督部门（如法务部门、审计部门、监察部门等）保持积极沟通、分工协作，推动各项制度的实质执行；制度构建上不可忽视的一点还应包括建立相应的考核机制，以此激励和约束相关岗位人员尽职履责。此外，为避免行政处罚和刑事犯罪风险，数据合规管理部门还应与有关政府监管部门建立沟通渠道，若遇到数据合规方面的复杂疑难事项，应及时咨询。

3. 在业务流程上：数据合规体系的建设需要嵌入企业当前的业务模式和经营特点。比如，某些科技产品公司，它们会按照《个人信息保护法》《数据安全法》《信息安全技术个人信息安全规范》《隐私信息管理体系》（ISO/IEC 27701：2019）中有关数据（个人信息）安全影响评估的各项要求，制定《数据安全风险评估表》，并明确了公司适用数据安全评估的情形——特别是新产品上线前，必须先经过数据安全评估，评估通过后方可继续推进。

4. 在技术工具上：以技术力量助推数据合规体系建设是大数据时代下某些新兴企业正致力推进的重要工作。这些企业会充分利用自己的大数据平台，以实现平台一体化安全管控为总体目标，对企业内部的安全策略、认证管理、数据访问控制、存储传输与加密、网络日志管理等事项进行组件开发和集群管控，同时引入安全漏洞扫描来提高平台的稳定性和可靠性。

5. 在合规资源保障上：企业应提供充足的授权、人力和财政资源来支持合规体系的建设和运行。

6. 在风险评估上：企业开展数据合规管理应准确识别风险，数据合规中的重点风险场景包括：数据安全、网络爬虫、软件开发包、个人信息处理规则、个人生物特征信息、向第三方提供数据的规则、接收方处理数据的规则、跨境提供数据安全审查等。[1]这些场景都需要企业审慎地进行风险评估，否则企业可能会在数据处理的过程中因存在未经授权的访问或爬取、数据泄露或滥用行为，而触发诸如上文提及的侵犯公民个人信息犯罪、非法获取计算机信息系统数据罪、侵犯著作权罪等刑事犯罪。

7. 在日常管控上：主要指数据合规风险处理、日常监控和违规举报投诉机制的建立。首先，企业应在识别风险的基础上，结合业务经营特点，对风险分级分类；其次，数据合规管理部门除做好合规工作的日常监督管理外，还应定期向数据合规负责人汇报合规建设情况和近期业务开展过程中涉及的重大风险行为，并针对风险提出解决方案或应对预案；最后，对于日常监控中发现的违规违法行为，应建立匿名举报和投诉机制，便于及时排查合规隐患。

8. 在合规文化建设与培育上：数据合规文化建设机制包括数据合规理念的宣导、数据合规教育与培训制度、数据合规文化的培育等。企业应重视数据合规教育与培训，根据《刑法》《网络安全法》《数据安全法》《个人信息保护法》等规定开展形式多样、主题多元、长期稳定的

---

[1] 程晓璐、齐佳奇：《企业数据合规刑事风险的识别与合规体系的构建》，载重庆律师网，http：//www.cqlsw.net/business/theory/2022041538822.html，最后访问时间：2023年7月19日。

教育培训工作，确保全体员工及时知晓最新监管动态、典型案例以及法律法规等内容，切实提升员工数据合规意识。

9. 构建业务流程以及风险评估与日常管控上取得的各项合规成果，积极获取了官方认证的网络与数据安全保护方面的资质，则能作为展示自身在数据合规上有过硬实力的突出证明。实践中，诸多企业积极完成网络安全等级保护备案、测评和整改工作，又或者获得了信息安全管理体系认证、隐私安全管理体系认证等权威性的多项资质证书。

第十一章
安全生产类犯罪涉案企业合规整改及案例

近年来，安全责任事故在全国时有发生，大连"9·10"燃气爆炸事故[1]、长春"7·24"火灾事故[2]、苏州"7·12"酒店坍塌[3]事故等重大事故将生产安全犯罪再度引入公众的视野之中。企业一旦发生安全事故，不仅人员生命和财产安全可能遭受重大损失，对生产作业负有组织、指挥或者管理职责的负责人、管理人员、实际控制人、投资人等相关人员还有可能构成犯罪并承担刑事责任。对安全生产类犯罪的涉案企业适用合规整改机制，无疑是挽救企业的最佳方式，兼顾犯罪预防和企业治理双重效果。

本章将紧密结合司法实务，首先介绍我国目前安全生产类犯罪的整体发生情况，再分析一起安全生产类犯罪涉案企业合规整改典型案例，在此基础上，结合安全生产相关法规与监管文件、合规理论及实践经验，总结安全生产类犯罪涉案企业合规构建之重点，以资从业者参考借鉴。

---

[1]《大连"9·10"燃气爆炸事故原因初步查明》，载光明网，https：//m.gmw.cn/baijia/2021-09/17/1302584877.html，最后访问时间：2023年7月20日。

[2]《吉林长春"7·24"火灾事故造成15人死亡、25人受伤》，载国家应急广播网，http：//www.cneb.gov.cn/2021/07/26/ARTI1627269028763927.shtml，最后访问时间：2023年7月20日。

[3]《苏州市吴江区"7·12"四季开源酒店辅房坍塌事故调查报告》，http：//www.hcq.gov.cn/attachment/0/153/153233/4636379.pdf？eqid=c4aa485600024561000000003643f9f4c&eqid=cd01665d0010e686000000036489d070，载惠城区人民政府网站，最后访问时间：2023年7月20日。

第一节 安全生产类犯罪的基本情况

一、主要罪名

2019年4月16日，应急管理部、公安部、最高人民法院、最高人民检察院印发了《安全生产行政执法与刑事司法衔接工作办法》，要求依法惩治安全生产违法犯罪行为。2021年3月29日，应急管理部发布了《关于加强安全生产执法工作的意见》，要求密切行刑衔接问题。党和政府在不断加强对安全违法行为的打击力度，现就生产安全主要涉及的罪名及法律依据梳理如下。

表11-1 安全生产类犯罪涉及的罪名及法律规定

序号	罪名	法律依据
1	重大责任事故罪	（一）《刑法》 第一百三十四条第一款 【重大责任事故罪】在生产、作业中违反有关安全管理的规定，因而发生重大伤亡事故或者造成其他严重后果的，处三年以下有期徒刑或者拘役；情节特别恶劣的，处三年以上七年以下有期徒刑。 （二）《最高人民法院、最高人民检察院关于办理危害生产安全刑事案件适用法律若干问题的解释》 第一条 刑法第一百三十四条第一款规定的犯罪主体，包括对生产、作业负有组织、指挥或者管理职责的负责人、管理人员、实际控制人、投资人等人员，以及直接从事生产、作业的人员。
2	强令、组织他人违章冒险作业罪	（一）《刑法》 第一百三十四条第二款 【强令、组织他人违章冒险作业罪】强令他人违章冒险作业，或者明知存在重大事故隐患而不排除，仍冒险组织作业，因而发生重大伤亡事故或者造成其他严重后果的，处五年以下有期徒刑或者拘役；情节特别恶劣的，处五年以上有期徒刑。

续表

序号	罪名	法律依据
2	强令、组织他人违章冒险作业罪	（二）《**最高人民法院、最高人民检察院关于办理危害生产安全刑事案件适用法律若干问题的解释**》 第二条　刑法第一百三十四条第二款规定的犯罪主体，包括对生产、作业负有组织、指挥或者管理职责的负责人、管理人员、实际控制人、投资人等人员。
3	危险作业罪	《**刑法**》 第一百三十四条之一　【危险作业罪】在生产、作业中违反有关安全管理的规定，有下列情形之一，具有发生重大伤亡事故或者其他严重后果的现实危险的，处一年以下有期徒刑、拘役或者管制： （一）关闭、破坏直接关系生产安全的监控、报警、防护、救生设备、设施，或者篡改、隐瞒、销毁其相关数据、信息的； （二）因存在重大事故隐患被依法责令停产停业、停止施工、停止使用有关设备、设施、场所或者立即采取排除危险的整改措施，而拒不执行的； （三）涉及安全生产的事项未经依法批准或者许可，擅自从事矿山开采、金属冶炼、建筑施工，以及危险物品生产、经营、储存等高度危险的生产作业活动的。
4	重大劳动安全事故罪	（一）《**刑法**》 第一百三十五条　【重大劳动安全事故罪】安全生产设施或者安全生产条件不符合国家规定，因而发生重大伤亡事故或者造成其他严重后果的，对直接负责的主管人员和其他直接责任人员，处三年以下有期徒刑或者拘役；情节特别恶劣的，处三年以上七年以下有期徒刑。 （二）《**最高人民法院、最高人民检察院关于办理危害生产安全刑事案件适用法律若干问题的解释**》 第三条　刑法第一百三十五条规定的"直接负责的主管人员和其他直接责任人员"，是指对安全生产设施或者安全生产条件不符合国家规定负有直接责任的生产经营单位负责人、管理人员、实际控制人、投资人，以及其他对安全生产设施或者安全生产条件负有管理、维护职责的人员。

续表

序号	罪名	法律依据
5	大型群众性活动重大安全事故罪	《刑法》 第一百三十五条之一　【大型群众性活动重大安全事故罪】举办大型群众性活动违反安全管理规定，因而发生重大伤亡事故或者造成其他严重后果的，对直接负责的主管人员和其他直接责任人员，处三年以下有期徒刑或者拘役；情节特别恶劣的，处三年以上七年以下有期徒刑。
6	危险物品肇事罪	《刑法》 第一百三十六条　【危险物品肇事罪】违反爆炸性、易燃性、放射性、毒害性、腐蚀性物品的管理规定，在生产、储存、运输、使用中发生重大事故，造成严重后果的，处三年以下有期徒刑或者拘役；后果特别严重的，处三年以上七年以下有期徒刑。
7	工程重大安全事故罪	（一）《刑法》 第一百三十七条　【工程重大安全事故罪】建设单位、设计单位、施工单位、工程监理单位违反国家规定，降低工程质量标准，造成重大安全事故的，对直接责任人员，处五年以下有期徒刑或者拘役，并处罚金；后果特别严重的，处五年以上十年以下有期徒刑，并处罚金。 （二）《最高人民检察院、公安部关于公安机关管辖的刑事案件立案追诉标准的规定（一）》 第十三条　［工程重大安全事故案（刑法第一百三十七条）］建设单位、设计单位、施工单位、工程监理单位违反国家规定，降低工程质量标准，涉嫌下列情形之一的，应予立案追诉： （一）造成死亡一人以上，或者重伤三人以上； （二）造成直接经济损失五十万元以上的； （三）其他造成严重后果的情形。
8	教育设施重大安全事故罪	《刑法》 第一百三十八条　【教育设施重大安全事故罪】明知校舍或者教育教学设施有危险，而不采取措施或者不及时报告，致使发生重大伤亡事故的，对直接责任人员，处三年以下有期徒刑或者拘役；后果特别严重的，处三年以上七年以下有期徒刑。

续表

序号	罪名	法律依据
9	消防责任事故罪	（一）《刑法》 第一百三十九条　【消防责任事故罪】违反消防管理法规，经消防监督机构通知采取改正措施而拒绝执行，造成严重后果的，对直接责任人员，处三年以下有期徒刑或者拘役；后果特别严重的，处三年以上七年以下有期徒刑。 （二）《最高人民检察院、公安部关于公安机关管辖的刑事案件立案追诉标准的规定（一）》 第十五条　［消防责任事故案（刑法第一百三十九条）］违反消防管理法规，经消防监督机构通知采取改正措施而拒绝执行，涉嫌下列情形之一的，应予立案追诉： （一）造成死亡一人以上，或者重伤三人以上； （二）造成直接经济损失五十万元以上的； （三）造成森林火灾，过火有林地面积二公顷以上，或者过火疏林地、灌木林地、未成林地、苗圃地面积四公顷以上的； （四）其他造成严重后果的情形。
10	不报、谎报安全事故罪	（一）《刑法》 第一百三十九条之一　【不报、谎报安全事故罪】在安全事故发生后，负有报告职责的人员不报或者谎报事故情况，贻误事故抢救，情节严重的，处三年以下有期徒刑或者拘役；情节特别严重的，处三年以上七年以下有期徒刑。 （二）《最高人民法院、最高人民检察院关于办理危害生产安全刑事案件适用法律若干问题的解释》 第四条　刑法第一百三十九条之一规定的"负有报告职责的人员"，是指负有组织、指挥或者管理职责的负责人、管理人员、实际控制人、投资人，以及其他负有报告职责的人员。 （三）最高人民法院《关于进一步加强危害生产安全刑事案件审判工作的意见》 11. 安全事故发生后，负有报告职责的国家工作人员不报或者谎报事故情况，贻误事故抢救，情节严重，构成不报、谎报安全事故罪，同时构成职务犯罪或其他危害生产安全犯罪的，依照数罪并罚的规定处罚。

续表

序号	罪名	法律依据
11	污染环境罪	《刑法》 第三百三十八条　【污染环境罪】违反国家规定，排放、倾倒或者处置有放射性的废物、含传染病病原体的废物、有毒物质或者其他有害物质，严重污染环境的，处三年以下有期徒刑或者拘役，并处或者单处罚金；情节严重的，处三年以上七年以下有期徒刑，并处罚金；有下列情形之一的，处七年以上有期徒刑，并处罚金： （一）在饮用水水源保护区、自然保护地核心保护区等依法确定的重点保护区域排放、倾倒、处置有放射性的废物、含传染病病原体的废物、有毒物质，情节特别严重的； （二）向国家确定的重要江河、湖泊水域排放、倾倒、处置有放射性的废物、含传染病病原体的废物、有毒物质，情节特别严重的； （三）致使大量永久基本农田基本功能丧失或者遭受永久性破坏的； （四）致使多人重伤、严重疾病，或者致人严重残疾、死亡的。 有前款行为，同时构成其他犯罪的，依照处罚较重的规定定罪处罚。
12	提供虚假证明文件罪	《刑法》 第二百二十九条第一款　【提供虚假证明文件罪】承担资产评估、验资、验证、会计、审计、法律服务、保荐、安全评价、环境影响评价、环境监测等职责的中介组织的人员故意提供虚假证明文件，情节严重的，处五年以下有期徒刑或者拘役，并处罚金；有下列情形之一的，处五年以上十年以下有期徒刑，并处罚金：……（三）在涉及公共安全的重大工程、项目中提供虚假的安全评价、环境影响评价等证明文件，致使公共财产、国家和人民利益遭受特别重大损失的。

二、危害生产安全犯罪总体分析

（一）人民法院、人民检察院依法惩治危害生产安全犯罪工作情况

2022年12月15日，最高人民法院、最高人民检察院联合发布《关

于办理危害生产安全刑事案件适用法律若干问题的解释（二）》（以下简称《解释》）。《解释》于2022年9月19日由最高人民法院审判委员会第1875次会议、2022年10月25日由最高人民检察院第十三届检察委员会第106次会议通过，自2022年12月19日起施行。《解释》共12条，主要包括以下几个方面的内容：

一是强化对强令、组织他人违章冒险作业罪和危险作业罪的从严打击力度。实践中，强令、组织他人违章冒险作业行为极易引发重特大事故，社会危害严重，应当依法严惩。中共中央、国务院2016年12月9日印发的《关于推进安全生产领域改革发展的意见》提出，研究修改《刑法》有关条款，将生产经营过程中极易导致重大生产安全事故的违法行为列入刑法调整范围。《解释》立足于解决实际问题，明确规定了强令、组织他人违章冒险作业罪的行为方式，以及危险作业罪的犯罪主体范围、客观方面构成要件的具体认定等内容，为各级司法机关正确适用上述罪名有效惩治危害生产安全犯罪提供规范依据。

二是注重对安全评价中介组织人员犯罪的依法惩治。近年来，安全评价中介组织人员提供虚假证明文件或者出具证明文件重大失实问题时有发生，是引发生产安全事故的重要原因。在天津港"8·12"某公司危险品仓库特大火灾爆炸事故系列案[1]、江苏响水某公司"3·21"特大爆炸事故系列案等重大案件中[2]，有多名安全评价中介组织人员被判刑。依法惩治安全评价中介组织人员犯罪，对于及时消除安全风险隐患、有效遏制重特大事故发生，具有重要意义。《解释》明确了安全评价中介组织人员犯提供虚假证明文件罪和出具证明文件重大失实罪的定罪量刑

---

[1] 《天津港"8·12"瑞海公司危险品仓库特别重大火灾爆炸事故调查报告公布》，载新华网，http://www.xinhuanet.com/politics/2016-02/05/c_1118005206.htm，最后访问时间：2023年6月9日。

[2] 《江苏响水"3·21"特大爆炸事故案一审宣判》，载人民网，http://fanfu.people.com.cn/n1/2020/1201/c64371-31950686.html，最后访问时间：2023年6月9日。

标准，同时对如何正确认定刑法规定的故意提供虚假证明文件行为作了列举性和提示性规定，以利于司法实践中依法认定犯罪，准确确定刑罚打击范围。

三是进一步明确依法惩治危害生产安全犯罪的刑事政策以及行政执法与刑事司法衔接工作要求。《解释》明确，实施危险作业犯罪行为，积极配合有关部门采取措施消除事故隐患，确有悔改表现，认罪认罚的，可以依法从宽处罚。《解释》还对行政执法与刑事司法衔接工作作了原则性规定，要求人民法院、检察机关对于依法被不起诉或者免予刑事处罚的危害生产安全犯罪和关联犯罪的犯罪人，需要给予行政处罚、政务处分或者其他处分的，要依法移送有关主管机关处理，确保行政执法与刑事司法程序有效衔接、法律责任落实到位。

（二）检察机关办理危害生产安全刑事案件的总体情况和特点

根据《人民法院、人民检察院依法惩治危害生产安全犯罪工作情况》[①]可知，2013年1月至2022年10月全国检察机关办理危害生产安全刑事案件，受理提请批准逮捕10782件18402人，批准逮捕5943件9903人，受理移送审查起诉25993件44620人。从办案情况来看，危害生产安全刑事犯罪主要特点有：

其一，罪名相对集中。检察机关受理审查起诉的危害生产安全刑事案件（《中华人民共和国刑法》第一百三十一条至第一百三十九条之一12个罪名，第一百三十三条及之一、第一百三十三条之二除外）中，重大责任事故罪、重大劳动安全事故罪、危险作业罪三罪合计占95.7%以上。其中重大责任事故罪占大多数，2013年至2021年，每年的占比均超过70%。自2021年3月《刑法修正案（十一）》施行以来，危险作业罪受案量增长明显。2022年1月至10月，重大责任事故罪受理审查起诉案件量占比

---

① 最高人民检察院：《人民法院、人民检察院依法惩治危害生产安全犯罪工作情况》，载"最高人民检察"微信公众号，https://mp.weixin.qq.com/s/JZgo9pIrfgKT1C4lg1TVAw，2022年12月15日发布，最后访问时间：2023年7月20日

为52.7%，危险作业罪占比40.1%，重大劳动安全事故罪占比4.7%。

其二，多为过失犯罪，且系多因一果。危害生产安全犯罪为事故类犯罪，所涉罪名中除不报、谎报安全事故罪、危险作业罪为故意犯罪外，其余均为过失犯罪。案发原因主要包括涉案单位或人员安全意识淡漠、安全管理制度缺失、不具备从业资质、违反安全操作规程、中介人员出具证明文件不实、相关执法监管人员履职不到位等。不少事故中，各相关责任主体的行为单独均不会导致危害结果的发生，但是各主体的行为叠加在一起共同导致事故后果的发生。

其三，多存在关联案件。危害生产安全犯罪不少与执法监管人员受贿、渎职行为关联，或者涉及破坏社会主义市场经济相关犯罪，如生产、销售伪劣产品罪，生产、销售不符合安全标准的产品罪，非法经营罪，提供虚假证明文件罪等犯罪。

其四，案发领域多元。从生产安全事故发生领域来看，除道路运输、工矿商贸、建筑业这些传统领域外，近年来燃气爆炸、电动车起火、房屋坍塌、农村自建房事故等与人民群众生活息息相关领域的事故也时有发生。比如，2021年湖北十堰"6·13"燃气爆炸事故、2022年湖南长沙"4·29"自建房坍塌事故，均造成重大人员伤亡和财产损失，社会影响恶劣。

（三）人民法院办理危害生产安全刑事案件的总体情况

自2013年1月至2022年10月，全国法院审结一审危害生产安全犯罪案件22740件，判处罪犯35564人。2021年全国法院审结一审危害生产安全犯罪案件数量和判处罪犯数量分别比2013年增加了28%和47%。其中，从2021年3月《刑法修正案（十一）》施行到2022年10月，全国法院共审结一审危险作业犯罪案件1455件，判处危险作业罪犯2235人。同时，最高人民法院通过出台规范性文件、下发通知等方式，要求各级人民法院准确把握、严格控制此类案件缓刑、免予刑事处罚的适用。

2021年，全国法院对危害生产安全犯罪分子适用缓刑、免予刑事处罚的比例比2013年下降了17个百分点。[①]

第二节 安全生产类犯罪涉案企业合规的典型案例

本节以最高人民检察院发布的湖北省随州市Z有限公司康某等人重大责任事故案为例[②]，详解安全生产类犯罪涉案企业合规整改的各个方面。该案是检察机关在涉企危害生产安全犯罪案件中适用企业合规推动当地企业强化安全生产意识的典型案例，也为涉案企业合规制度下企业搭建安全生产合规体系提供了重要借鉴。

一、基本案情

湖北省随州市Z有限公司（以下简称Z公司）系当地重点引进的外资在华食品加工企业，康某、周某、朱某分别系该公司行政总监、安环部责任人、行政部负责人。

2020年4月15日，Z公司与随州市高新区某保洁经营部法定代表人曹某签订污水沟清理协议，将食品厂洗衣房至污水站下水道、污水沟内垃圾、污泥的清理工作交由曹某承包。2020年4月23日，曹某与其同事刘某违规进入未将盖板挖开的污水沟内作业时，有硫化氢等有毒气体溢出，导致二人与前来救助的吴某先后中毒身亡。随州市政府事故调查组经调查后认定该事故为一起生产安全责任事故。曹某作为清污工程的承

[①] 最高人民检察院：《人民法院、人民检察院依法惩治危害生产安全犯罪工作情况》，载"最高人民检察"微信公众号，https://mp.weixin.qq.com/s/JZgo9pIrfgKT1C4lg1TVAw，2022年12月15日发布，最后访问时间：2023年7月20日。

[②] 最高人民检察院涉案企业合规研究指导组编：《涉案企业合规办案手册》，中国检察出版社2022年版，第1098页。

包方，不具备有限空间作业的安全生产条件，在未为作业人员配备应急救援装备及物资，未对作业人员进行安全培训的情况下，违规从事污水沟清淤作业，导致事故发生，对事故负有直接责任。康某、周某、朱某作为Z公司分管和负责安全生产的责任人，在与曹某签订合同以及曹某实施清污工程期间把关不严，未认真履行相关工作职责，未及时发现事故隐患，导致发生较大生产安全事故。案发后，康某、周某、朱某先后被公安机关采取取保候审措施，Z公司分别对曹某等三人的家属进行赔偿，取得了谅解。2021年1月22日，随州市公安局曾都区分局以康某、周某、朱某涉嫌重大责任事故罪移送随州市曾都区检察院审查起诉。

二、企业合规整改情况及处理结果

（一）审查启动企业合规考察

曾都区检察院经审查认为，康某等人涉嫌重大责任事故罪，属于企业人员在生产经营履职过程中的过失犯罪，同时反映出涉案企业存在安全生产管理制度不健全、操作规程执行不到位等问题。事故报告认定被害人曹某对事故负有直接责任，结合三名犯罪嫌疑人的相应管理职责，应当属于次要责任。三人认罪认罚，有自首情节，依法可以从宽、减轻处罚。Z公司系外资在华企业，是当地引进的重点企业，每年依法纳税，并解决了2500余人的就业问题，对当地经济助力很大。且Z公司所属集团正在积极准备上市，如果公司管理人员被判刑，对公司发展将造成较大影响。2021年5月，检察机关征询Z公司意见后，Z公司提交了开展企业合规的申请书、书面合规承诺以及企业经营状况、纳税就业、社会贡献度等证明材料，检察机关经审查对Z公司作出合规考察决定。

（二）精心组织第三方监督评估

检察机关委托当地应急管理局、市场监督管理局、工商联等第三方监督评估机制管委会成员单位以及安全生产协会，共同组成了第三方监督评估组织。第三方组织指导涉案企业结合事故调查报告和整改要求，按照合规管理体系的标准格式制定、完善合规计划；建立以法定代表人为负责人、企业部门全覆盖的合规组织架构；健全企业经营管理需接受合规审查和评估的审查监督、风险预警机制；完善安全生产管理制度和定期检查排查机制，从制度上预防安全事故再发生，初步形成安全生产领域"合规模板"。Z公司在合规监管过程中积极整改并向第三方组织书面汇报合规计划实施情况。2021年8月，第三方组织对Z公司合规整改及合规建设情况进行评估，并报第三方机制管委会审核，Z公司通过企业合规考察。

（三）公开听证依法作出不起诉决定

检察机关在收到评估报告和审核意见后组织召开公开听证会，邀请省人大代表、省政协委员、人民监督员、公安机关和行政监管部门代表、工商联代表以及第三方组织代表参加听证，参会人员一致同意检察机关对康某等三人作不起诉处理。2021年8月24日，检察机关依法对康某、周某、朱某作出不起诉决定。

Z公司通过开展合规建设，逐步建立起完备的生产经营、安全防范、合规内控的管理体系，企业管理人员及员工的安全生产意识和责任感明显增强，企业效益进一步提升。

三、经验启示

（一）检察机关积极稳妥在涉企危害生产安全犯罪案件中适用企业合规，推动当地企业强化安全生产意识

检察机关为遏制本地生产安全事故多发频发势头，保护人民群众生命财产安全，教育警示相关企业建立健全安全生产管理制度，积极稳妥选择在安全生产领域开展企业合规改革试点。涉企危害生产安全犯罪具有不同于涉企经济犯罪、职务犯罪的特点，检察机关需要更加深入细致地开展社会调查，对涉企危害生产安全犯罪的社会危害性以及合规整改

的必要性、可行性进行全面评估，确保涉案企业"真整改""真合规"，切实防止"边整改""边违规"。

（二）检察机关在企业合规试点中注意"因罪施救""因案明规"

在合规整改期间，检察机关针对危害生产安全犯罪的特点，建议第三方组织对企业合规整改情况定期或不定期进行检查，确保企业合规整改措施落实落细。同时，第三方组织还根据检察机关建议，要求企业定期组织安全生产全面排查和专项检查，组织作业人员学习生产安全操作规程，加强施工承包方安全资质审查，配备生产作业防护设备，聘请专家对企业人员进行专项安全教育培训并考试考核。涉案企业通过合规整改，提高了安全生产隐患排查和事故防范能力，有效防止再次发生危害生产安全违法行为。

（三）检察机关积极适用第三方机制，确保监督评估的专业性

本案中，检察机关紧密结合涉企危害生产安全犯罪特点，有针对性地加强与第三方机制管委会沟通协调，由安全生产领域相关行政执法机关、行业协会人员组成第三方组织，应急管理部门相关人员担任牵头人，提升监督评估专业性。第三方组织围绕本案中造成生产安全责任事故的重要因素，如未认真核验承包方作业人员劳动防护用品、应急救援物资配备等情况，未及时发现承包方劳动防护用品配备不到位等问题，指导涉案企业及其相关人员结合履行合规计划，认真落实安全生产职责，细致排查消除安全生产隐患，确保合规整改取得实效。

第三节　安全生产类犯罪涉案企业合规构建要点与启示

为加强安全生产工作，防止和减少生产安全事故，保障人民群众生命和财产安全，促进经济社会持续健康发展，2021年6月，第十三届全

国人民代表大会常务委员会第二十九次会议通过《全国人民代表大会常务委员会关于修改〈中华人民共和国安全生产法〉的决定》，自2021年9月1日起施行。新《安全生产法》应社会经济发展现状，对生产经营单位及其员工提出了更高的合规要求，尤其是大幅度加大了对违法行为的处罚力度。而安全生产合规作为企业 EHS 合规[①]的重要组成部分，应被高度重视，本节将结合《安全生产法》就涉案企业生产安全合规的构建重点作简要介绍。

一、安全生产类犯罪涉案企业合规构建重点

（一）制定完善的安全生产规章制度和操作规程

规章制度，又称管理规范，是企业管理中各种制度、标准、办法、守则等的总称。安全生产规章制度是企业根据其自身生产经营范围、工作性质及具体工作内容，依照国家有关法律、行政法规、规章和标准的要求，有针对性制定的各种管理规范。操作规程，一般就是岗位安全操作规程的简称，是指根据物料性质、工艺流程、作业活动、设备使用要求而制定的作业岗位安全生产的作业要求，是岗位作业人员安全作业的最主要依据。安全生产规章制度与操作规程是一个单位规章制度的重要组成部分，也是保证生产经营活动安全、顺利进行的重要手段。

根据《安全生产法》等规定，安全生产规章制度建设应遵循"安全第一、预防为主、综合治理"的原则。一般安全生产规章制度主要包括以下几个方面：安全生产责任制度、安全生产资金投入制度、安全生产教育培训制度、安全生产检查与隐患排查治理制度、设备设施安全管理制度、事故应急管理制度、事故报告制度、事故救援制度等。

一般操作规程的基本内容包括岗位主要危险有害因素及其风险，作

---

① EHS 管理体系：EHS 是环境 Environment、健康 Health、安全 Safety 的缩写；中文全称：环境、职业健康安全管理体系。

业前、作业中和作业后的相关安全要求和禁止事项,作业现场的应急要求等,其中包括对设备设施、作业活动、作业环境、现场管理等进行岗位自我事故隐患排查治理的要求。

(二) 建立健全的全员安全生产责任制

2016年中共中央、国务院《关于推进安全生产领域改革发展的意见》提出了关于企业实行全员安全生产责任制的要求。2017年国务院安委会办公室《关于全面加强企业全员安全生产责任制工作的通知》明确要依法依规制定完善企业全员安全生产责任制。2020年《全国安全生产专项整治三年行动计划》进一步明确要落实全员安全生产责任,而2021年《安全生产法》将全员安全生产责任上升为法律规定。

根据《中华人民共和国安全生产法释义》,全员安全生产责任制是指根据我国的安全生产方针"安全第一、预防为主、综合治理"和安全生产法规建立的生产经营单位各级领导、职能部门、工程技术人员、岗位操作人员在劳动生产过程中对安全生产层层负责的制度。[1] 企业应建立健全并落实全员安全生产责任制,将安全生产的责任落实到生产经营单位的每一个员工。

(三) 加强安全生产教育和培训计划

根据《安全生产法》第二十八条[2]、《安全生产培训管理办法》第十

---

[1] 尚勇、张勇主编:《中华人民共和国安全生产法释义》,中国法制出版社2021年版,第18页。
[2] 《安全生产法》第二十八条第一款规定:"生产经营单位应当对从业人员进行安全生产教育和培训,保证从业人员具备必要的安全生产知识,熟悉有关的安全生产规章制度和安全操作规程,掌握本岗位的安全操作技能,了解事故应急处理措施,知悉自身在安全生产方面的权利和义务。未经安全生产教育和培训合格的从业人员,不得上岗作业。"

条[1]的相关规定，生产经营单位应制定安全生产教育和培训计划，定期组织对员工、被派遣劳动者、实习学生等进行安全生产相关的教育和培训。生产安全教育与培训应遵守以下要求：未经安全生产教育和培训合格的从业人员，不得上岗作业；使用被派遣劳动者的，应纳入本单位从业人员统一管理；培训和实践的情况及考核结果应当记录在案，与员工合规表现相结合，作为合规考评、评价的依据。

（四）构建安全风险分级管控和隐患排查治理双重预防机制

2016年，国务院安委会办公室出台了《关于遏制重特大事故工作指南构建双重预防机制的意见》，将双重预防机制作为遏制重特大事故的重要举措。《安全生产法》在立法层面上将双重预防机制写入条款之中。风险等级管控是强调通过一定标准对风险进行分级并采取对应的管控措施，而隐患排查治理，则要求加强对各级别安全风险的监测、预警，对隐患开展排查，通过合规检查的方式主动发现合规风险，并采取相应的治理措施。其中，根据原国家安全生产监督管理总局[2]发布的《安全生产事故隐患排查治理暂行规定》第三条的规定，隐患指的是生产经营单位违反安全生产法律、法规、规章、标准、规程和安全生产管理制度的规定，或者因其他因素在生产经营活动中存在可能导致事故发生的物的危险状态、人的不安全行为和管理上的缺陷。

双重预防机制包括以下内容：全面开展安全风险辨识、科学评定安

---

[1] 《安全生产培训管理办法》第十条规定："生产经营单位应当建立安全培训管理制度，保障从业人员安全培训所需经费，对从业人员进行与其所从事岗位相应的安全教育培训；从业人员调整工作岗位或者采用新工艺、新技术、新设备、新材料的，应当对其进行专门的安全教育和培训。未经安全教育和培训合格的从业人员，不得上岗作业。生产经营单位使用被派遣劳动者的，应当将被派遣劳动者纳入本单位从业人员统一管理，对被派遣劳动者进行岗位安全操作规程和安全操作技能的教育和培训。劳务派遣单位应当对被派遣劳动者进行必要的安全生产教育和培训。生产经营单位接收中等职业学校、高等学校学生实习的，应当对实习学生进行相应的安全生产教育和培训，提供必要的劳动防护用品。学校应当协助生产经营单位对实习学生进行安全生产教育和培训。从业人员安全培训的时间、内容、参加人员以及考核结果等情况，生产经营单位应当如实记录并建档备查。"

[2] 根据2018年《国务院机构改革方案》，组建应急管理部，不再保留国家安全生产监督管理总局。

全风险等级、有效管控安全风险、实施安全风险公告警示、建立完善隐患排查治理体系。

(五) 安全生产事故处置管理措施

1. 制定生产安全事故应急管理制度

根据《生产安全事故应急条例》第五条①、《国务院关于全面加强应急管理工作的意见》②等法律规范，生产经营单位应建立生产安全事故应急管理制度。生产安全事故应急管理制度的主要内容包括：制定预案，并向本单位从业人员公布、事故预防与应急准备、应急预案编制与实施、应急响应等。

2. 建立生产安全事故报告制度

根据《安全生产法》、《生产安全事故报告和调查处理条例》第九条③规定，生产安全事故报告制度主要是指发生生产安全事故后，生产经营单位负有报告义务的人员应当履行报告义务，避免生产经营单位承担瞒报、谎报、迟报、漏报责任而采取的管控措施。

报告制度应该明确内部报告程序、外部报告程序、报告事故内容、补报情况等。其中，报告内容主要为事故发生的时间、地点以及事故现场情况、事故的简要经过、事故已经造成或者可能造成的伤亡人数（包括下落不明的人数）和初步估计的直接经济损失、已经采取的措施等。

---

① 《生产安全事故应急条例》第五条第二款规定："生产经营单位应当针对本单位可能发生的生产安全事故的特点和危害，进行风险辨识和评估，制定相应的生产安全事故应急救援预案，并向本单位从业人员公布。"

② 国务院《关于全面加强应急管理工作的意见》的（十二）规定，提高基层应急管理能力……企业特别是高危行业企业要切实落实法定代表人负责制和安全生产主体责任，做到有预案、有救援队伍、有联动机制、有善后措施。

③ 《生产安全事故报告和调查处理条例》第九条规定："事故发生后，事故现场有关人员应当立即向本单位负责人报告；单位负责人接到报告后，应当于1小时内向事故发生地县级以上人民政府安全生产监督管理部门和负有安全生产监督管理职责的有关部门报告。情况紧急时，事故现场有关人员可以直接向事故发生地县级以上人民政府安全生产监督管理部门和负有安全生产监督管理职责的有关部门报告。"

3. 建立生产安全事故应急救援制度

应急救援制度指的是生产安全事故发生后，企业按照应急救援方案采取的具体救援措施，及减少人员、财产损失而采取的管控措施。

根据《生产安全事故应急条例》第十二条[①]、第十七条[②]的规定，生产经营单位应当立即启动生产安全事故应急救援预案，采取应急救援措施，应急救援工作主要包括：迅速控制危险源，组织抢救遇险人员；根据事故危害程度，组织现场人员撤离或者采取可能的应急措施后撤离；及时通知可能受到事故影响的单位和人员；采取必要措施，防止事故危害扩大和次生、衍生灾害发生；根据需要请求邻近的应急救援队伍参加救援；向参加救援的应急救援队伍提供相关技术资料、信息和处置方法、维护事故现场秩序；保护事故现场和相关证据等。

二、安全生产类犯罪涉案企业合规构建的思考

（一）专项合规与全面合规平衡

最高人民检察院会同全国工商联等八部门制定发布的《关于建立涉案企业合规第三方监督评估机制的指导意见（试行）》及其配套文件明确提出，涉案企业应当以全面合规为目标、专项合规为重点，并根据规模、业务范围、行业特点等因素变化，逐步增设必要的专项合规计划，推动实现全面合规。如果企业涉案，在后续接受检察院主导的合规整改时，很可能需要面对检方或者第三方监督委员会要求的以全面合规作为

---

① 《生产安全事故应急条例》第十二条第一款规定："生产经营单位应当及时将本单位应急救援队伍建立情况按照国家有关规定报送县级以上人民政府负有安全生产监督管理职责的部门，并依法向社会公布。"

② 《生产安全事故应急条例》第十七条规定："发生生产安全事故后，生产经营单位应当立即启动生产安全事故应急救援预案，采取下列一项或者多项应急救援措施，并按照国家有关规定报告事故情况：（一）迅速控制危险源，组织抢救遇险人员；（二）根据事故危害程度，组织现场人员撤离或者采取可能的应急措施后撤离；（三）及时通知可能受到事故影响的单位和人员；（四）采取必要措施，防止事故危害扩大和次生、衍生灾害发生；（五）根据需要请求邻近的应急救援队伍参加救援，并向参加救援的应急救援队伍提供相关技术资料、信息和处置方法；（六）维护事故现场秩序，保护事故现场和相关证据；（七）法律、法规规定的其他应急救援措施。"

目标进行彻底改造。但合规即成本，对于涉案企业来说，企业发展盈利才是第一要义，推进全面合规的成本无疑太高，而在特定领域进行专项合规可能是企业的首选。因此，专项合规与全面合规平衡是构建生产安全类犯罪涉案企业合规的重点。

(二) 企业与个人的平衡

目前公布的合规案例大部分是同时存在单位和个人刑事责任的双罚制犯罪，而在合规不起诉案例中，常见的是企业通过合规整改争取不起诉。也就是说，企业更有推进合规的动力。同时，《关于建立涉案企业合规第三方监督评估机制的指导意见（试行）》第三条规定："第三方机制适用于公司、企业等市场主体在生产经营活动中涉及的经济犯罪、职务犯罪等案件，既包括公司、企业等实施的单位犯罪案件，也包括公司、企业实际控制人、经营管理人员、关键技术人员等实施的与生产经营活动密切相关的犯罪案件。"也就是说，企业员工实施了与企业生产经营活动密切相关的犯罪，则企业可能存在重大的合规漏洞，因此有必要对企业进行刑事合规整改。但《安全生产法》明确了"全员安全生产责任制"，也就是说，保证安全生产的顺利进行，已经不是一个部门或者一个人的职责，而应由企业全体成员予以配合。上到企业的主要负责人，下到企业的每个员工，都要担负相应的安全责任。但对企业进行刑事合规整改后能否将其效用惠及企业员工，即将企业的刑事合规整改作为从宽处理企业员工个人犯罪的重要事由却未明确规定。若能够平衡好企业和个人，自然能够更好地调动企业和个人推进合规建设的积极性。

(三) 刑行衔接与协同

《安全生产法》第六十二条规定："县级以上地方各级人民政府应当根据本行政区域内的安全生产状况，组织有关部门按照职责分工，对本行政区域内容易发生重大生产安全事故的生产经营单位进行严格检查。应急管理部门应当按照分类分级监督管理的要求，制定安全生产年度监督检查计划，并按照年度监督检查计划进行监督检查，发现事故隐患，应当及时处理。"现阶段我国的安全生产监督行政管理体制可以概括为：人民政府统一领导下，由安全生产监督管理部门负责的综合监督管理与其他有关部门负责的专项监督管理相结合。其中，应急管理部门是综合监管部门，专项监管部门包括公安、交通、铁路、民航、建筑、质检等。危害生产安全犯罪行为绝大部分既涉及刑事追诉，也涉及上述监管部门的行政执法（查处），即司法机关对涉案的行为人（包括直接负责的主管人员和其他直接责任人员）追究刑事责任，行政监管部门对单位和相关人员追究违反《安全生产法》的行政违法责任，在刑事追诉中又往往需要运用行政监管部门所收集的相关证据（如事故调查报告），即使监管部门移送刑事追诉，不再追究相关方行政责任，也可能强化对单位安全生产的检查，因此危害生产安全犯罪中适用企业合规必然需要处理刑事程序与行政监管的关系。

涉案企业若进行合规整改，检察机关及其委托的第三方监督评估组织（若有）需要对企业实施合规计划以监督、评估、审查的方式进行合规监管。《安全生产法》规定，安全生产行政监管部门在企业发生安全生产严重违法行为或生产安全事故后，具有督促、监督整改、防范措施落实情况的责任，对于事故整改和防范措施的落实情况应当在批复事故调查报告1年内对整改、防范措施落实情况进行评估。当案件适用合规时就可能存在检察机关合规监督与行政监管部门的整改检查、评估重叠。因此如何建立监管协同、刑行平衡是安全生产合规进一步思考的方向。

下篇 涉案企业合规业务指引

第十二章
涉案企业合规法律服务的问题

第一节 涉案企业合规法律服务者的角色

2021年11月3日,中国检察官协会、中华全国律师协会联合发布《关于加强检律良性互动、共同维护司法公正的倡议书》[1],其中强调:"在企业合规改革试点工作中,高度重视律师作用的发挥,确保客观公正审查处理案件。"作为法律职业共同体的重要组成部分,全面依法治国的重要力量,律师在涉案企业合规改革中承担着支撑性的作用,充当着司法机关与企业之间的纽带。

从2020年3月最高人民检察院启动企业合规改革第一期试点[2],到2021年6月最高人民检察院联合八部门发布《关于建立涉案企业合规第三方监督评估机制的指导意见(试行)》(以下简称《指导意见》)确立涉案企业合规第三方监督评估机制(以下简称第三方机制),再到

---

[1] 《中国检察官协会、中华全国律师协会共同倡议加强检律良性互动 共同维护司法公正》,载最高人民检察院网站,https://www.spp.gov.cn/xwfbh/wsfbt/202111/t20211103_534425.shtml#1,最后访问时间:2023年7月3日。

[2] 《企业合规改革开出太阳花——专访最高检检察理论研究所所长谢鹏程》,载最高人民检察院网站,https://www.spp.gov.cn/zdgz/202111/t20211116_535505.shtml#:~:text=,最后访问时间:2023年7月3日。

第十二章　涉案企业合规法律服务的问题

2022年6月最高人民检察院发布《涉案企业合规第三方监督评估机制建设年度情况报告》，宣告全国检察院累计办理涉案企业合规案件1700余件[1]，随着改革的扩展、深入，律师在涉案企业合规中的角色亦由模糊逐渐明晰。总体而言，律师在涉案企业合规中的角色可分为三种：(1) 担任涉案企业或企业相关涉案人员的辩护人；(2) 担任涉案企业的合规顾问；(3) 担任第三方监督评估组织的组成人员。我们在涉案企业合规机制推行两年多来，在不同的合规整改案件中担任了不同的角色（合规顾问及第三方监督评估组织人员），也有以辩护人身份申请涉案企业合规整改并获得批准，从而成功从辩护人转为合规顾问的情形。必须说明的是，涉案企业合规法律服务的具体工作要求与合规法律服务者所扮演的角色息息相关，因此有必要对前述三种角色单独予以介绍。

一、担任涉案企业或企业相关涉案人员的辩护人

以辩护人的身份代理刑事案件、参与诉前程序是律师的传统业务，而涉案企业合规改革的开展，给这一传统业务提供了新的拓展空间，也提出了新的挑战。在涉案企业合规改革的政策背景下，除了会见、申请取保候审、申请认罪认罚等通常的诉前业务以外，辩护律师还可通过申请涉案企业合规整改、启动第三方机制，来为涉案的委托人争取从宽处理的机会。由于涉案企业合规整改机制的适用以涉案企业、犯罪嫌疑人认罪认罚为前提，因此作为辩护律师申请涉案企业合规整改，既要对案件本身有准确的认知和判断，也需要和涉案企业及其负责人、涉案人员充分沟通，对其介绍清楚合规整改机制的适用要求和前提，并充分说明涉案企业合规整改可能的几种后果，由其最终作出是否同意申请启动涉案企业合规整改的决定。实务中特别值得注意的是，辩护律师要严格遵

---

[1]《〈涉案企业合规第三方监督评估机制建设年度情况报告〉发布》，载最高人民检察院网站，https://www.spp.gov.cn/zdgz/202206/t20220615_559847.shtml，最后访问时间：2023年7月3日。

守职业道德,不可误导涉案企业及其负责人、涉案人员,为了尽快"脱罪"而申请涉案企业合规整改,但实际上却不能真正整改或者涉案企业根本不具备合规整改的条件。

在涉案企业合规中,作为肩负维护涉案主体利益职责、同时了解企业涉案情况和涉案企业合规试点相关政策的专业人士,辩护人的配合仍然是企业合规建设顺利开展所必不可少的,辩护人的参与也是在合规考察期间保障涉案主体权利和利益的重要环节。

与此同时,为了最大化地保护委托人的利益,辩护人还应做到:(1)基于专业判断,制定与涉案企业合规整改相适应的、符合委托人利益的诉讼策略,并取得委托人的理解和信任;(2)与检察院、第三方监督评估组织(以下简称第三方组织)保持沟通,及时获取第三方机制运行情况和案件进展的最新信息,以确保在合规整改未达到要求、需要继续推进诉讼程序时做到及时续接。

二、担任涉案企业的合规顾问

涉案企业的合规顾问与辩护人有着相同的立场,都是从涉案主体的利益出发,通过帮助涉案企业完成合规建设换取对涉案主体宽缓处理的机会,两种角色通常不涉及利益冲突,故早期的涉案企业改革试点中,存在辩护人同时帮助企业落实合规工作、承担合规顾问职能的情形,业界主流也认为辩护人担任合规顾问不存在实质性障碍。但是,随着改革的逐渐深入,对第三方机制及涉案企业合规建设的要求逐渐精细化、专业化,合规顾问和辩护人在工作重心、能力要求和职能职责上的区别也逐渐明晰,越来越多的涉案企业选择单独聘请合规顾问,来负责涉案企业合规的相关工作。

合规顾问应围绕与企业涉嫌犯罪有密切联系的企业内部治理结构、规章制度、人员管理等方面存在的问题,制定具有针对性的合规整改计划，并协助企业完成合规计划的落实工作，包括起草可行的合规管理规范，构建有效的合规组织体系，健全合规风险防范报告机制，弥补企业制度建设和监督管理漏洞，开展合规培训等。

值得特别注意的是，涉案企业合规顾问的选择一般要求比较高，一方面，合规顾问律师必须知道什么是合规、什么是涉案企业合规建设、涉案企业合规建设怎么做，需要懂企业经营管理。另一方面，涉案企业合规顾问要摆正地位，在涉案企业合规整改过程中涉案企业和合规顾问要有主次，应以企业为主，顾问律师发挥辅导、帮助作用，不能完全代替企业工作。须知涉案企业的合规建设并不仅限于合规整改这个过程和阶段，根据涉案企业合规整改的有关要求，涉案企业还要完成持续改进的工作，因此，合规顾问要在涉案企业合规整改过程除了协助制定合规整改计划书、合规管理制度及有关运行机制，更要协助涉案企业培育合规文化，培养合规管理人员，帮助涉案企业逐步依靠自身力量完成后续合规管理机制的运行和完善。

三、担任第三方监督评估组织的组成人员

第三方机制是当前涉案企业合规开展的主要制度机制，根据《涉案企业合规第三方监督评估机制建设年度情况报告》，截至2022年5月底，全国适用第三方机制的案件1197件，占全部合规案件的67.36%[1]；而第三方组织是第三方机制运行的关键环节。根据《指导意见》，第三方组织承担着对涉案企业的合规承诺进行调查、评估、监督和考察的职责，第三方组织的考察结果将可能作为办案机关处理案件的重要参考，影响案件的结局。

与辩护人和合规顾问两个角色不同，担任第三方组织的组成人员

---

[1] 《〈涉案企业合规第三方监督评估机制建设年度情况报告〉发布》，载最高人民检察院网站，https://www.spp.gov.cn/zdgz/202206/t20220615_559847.shtml，最后访问时间：2023年7月19日。

（以下简称第三方组织成员）存在客观的资格门槛。根据《指导意见》，当检察机关商请本地区第三方监督评估机制管理委员会（以下简称第三方机制管委会）启动第三方机制时，第三方机制管委会应当根据案件具体情况以及涉案企业类型，从专业人员名录库中分类随机抽取人员组成第三方组织，并向社会公示；而只有进入第三方机制专业人员名录库的律师，才有机会通过抽选担任第三方组织成员。

一旦成为第三方组织成员，律师就需要同时承担其两个方面的职责：一方面，应当向检察机关和第三方机制管委会汇报，协助检察机关作出是否对涉案企业提起诉讼的决定，并接受检察机关的持续监督；另一方面，在对涉案企业进行评估和考察的过程中，作为第三方组织成员的律师也势必要根据涉案企业的情况对其合规建设提出具体要求，提供一定的指导。这要求律师把握好其作为第三方组织成员的立场定位，不偏不倚，客观公正，完成好指导和监督的双重任务。

为了更好地履行监管和考察职责，我们认为第三方组织的考察与评估应建立在对企业基本情况、涉案成因深入了解的基础上。只有通过全面了解企业的业务模式、内部治理结构、规章制度、人员管理及涉案经过等信息，才能对其合规整改计划的有效性、全面性及可操作性作出准确的审查，督导涉案企业从严、从实确定涉案企业合规计划，也才能制定符合企业实际情况的合规整改评估考察方案及具体的评分模块和要素。

此外，第三方监管人的监督考察评估工作，既要注重合规整改的结果，也要参与合规整改的全过程，密切关注涉案企业合规整改工作的动态与完成情况，积极回应涉案企业合规整改中的困难和疑惑，以"真监管"促进企业"真整改"。特别是一些中小微民营企业，由于其人员素质水平较低，日常更注重业务开展而忽视管理工作，对于合规整改具体工作的理解往往会有所偏差，因此，不仅是要求这类涉案企业的合规顾问律师发挥其辅助作用，第三方监管人也要通过对涉案企业合规整改材料的审查及定期汇报的反馈，向涉案企业灌输合规理念，宣讲合规建设的有关知识，促成其正确、有效地完成合规整改工作。

值得注意的是，为更好地让案件承办检察机关了解、掌握涉案企业合规整改工作进度及第三方监管人的履职情况，第三方监管人应建立定期向案件承办检察机关汇报的机制，及时听取检察机关的要求和建议，督促涉案企业按照检察机关的主导完成合规整改工作。

第二节 专业能力

涉案企业合规改革的逐渐铺开，催生了新的律师业务，也对参与其中的律师的专业能力提出了新的要求。为了应对涉案企业合规的相关业务，尤其是承担好合规顾问和第三方组织成员的职责和工作，律师应当具备复合型的专业能力，具体可包括：

一、企业合规相关知识和技能

涉案企业合规是企业合规的一种特殊形式，涉案企业合规建设工作的开展离不开企业合规的相关知识和技能。企业合规自20世纪起源以来，经历数十年的发展，已经成为一门包含整套概念、标准体系和特定工作方法的管理科学。律师只有在掌握了相关知识和技能的前提下，才能参与合规相关业务。

二、法律专业知识

扎实的法律专业知识是律师开展一切业务的基础，如从事刑事业务的律师必然要掌握刑事实体法和刑事程序法的相关知识，但涉案企业合规业务又要求律师从梳理企业合规义务的角度重新认识和构建法律法规的知识体系。涉案企业合规建设要求对涉案企业业务经营中可能涉及的合规风险进行识别，而合规风险在《合规管理体系要求及使用指南》（ISO 37301：2021）中被定义为：因不符合组织合规义务而发生不合规的可能性及其后果，可见合规风险与合规义务如一个硬币的两面。为了更好地识别、分析合规风险，律师应当尽可能地熟悉企业经营所需遵守的相关法律法规，如税务、企业治理、工商行政管理相关法律法规，以及企业主营业务的行业监管法规，从而掌握企业的外部合规义务。

三、企业管理相关知识

在涉案企业合规建设中，律师需要帮助涉案企业搭建合规管理体系、培育企业合规文化，为了保证最终形成的合规管理体系合理有效、企业文化具有感召力，律师应当掌握企业管理的相关知识，具体包括：企业管理实操要点，如管理环境、组织职能、企业战略、治理流程、领导力与激励、文化建设等；企业财会知识，如投资管理、财务会计要素、财务分析与评价、运营资金管理等；企业内控要点，如内控组织架构、管理风险与关键点控制、岗位职能控制、业务控制、信息系统管理等。

四、快速了解细分领域的学习能力

涉案企业整改所依据的专项合规计划必须结合涉案企业所在行业的具体情况，因此，律师在制定合规计划时，应当对企业对应的细分领域、细分行业的商业模式、业务流程、发展趋势和行业惯例有一定的理解。然而在实践中，涉案企业可能来自各行各业，所经营的主营业务各不相同，即使是再博学的律师也不可能做到对全部行业都了如指掌，只依靠过往积累的经验和知识则会使业务受到限制，故具备快速了解细分领域的学习能力对律师而言十分必要。

五、诉讼实务经验

办理涉案企业合规业务的律师还应具备一定的诉讼实务经验。具有刑事辩护、刑事代理、民商事诉讼仲裁等诉讼实务经验的律师往往对司法实践规律有更好的把握,也更善于应对行政和司法机关的要求和行动;同时,诉讼实务经验能够培养律师的对抗性思维、风险意识和对合规风险是否可能演化成案件的敏感度,有利于发现、评价进而应对合规风险。

六、沟通能力和技巧

涉案企业合规的开展实施过程涉及多个立场、诉求均不相同的主体,包括检察院、第三方组织、涉案企业、涉案个人、合规顾问、辩护人等,如不能维持各个主体间的良性互动,保证信息、建议和反馈意见的畅通流动,将可能导致第三方机制运行受阻、企业合规效果不佳。为了保证第三方机制正常运行,不论是作为辩护人、合规顾问还是第三方组织成员,律师都需要承担起作为不同主体间意见交换的渠道和桥梁的作用,而这也要求律师具备和不同身份、不同知识水平的人沟通的能力和技巧。律师应当能够面对不同对象,选择适当的表达方式,准确地传达自身的意图,一方面,完成意见交换,另一方面,获取对方的信任,推动后续工作的顺利开展。

第三节 业务展开

作为一项肇始于2020年的新兴律师业务,涉案企业合规业务仍处于"摸着石头过河"的探索阶段,虽然相关制度已经逐渐成形,现实中也已积累了较多实践案例,但仍缺乏对具体业务流程和业务展开形式的官方指引，以致目前律师界在开展涉案企业合规业务时仍是"八仙过海，各显神通"，并无一定之规。故而在此，我们基于《指导意见》和最高人民检察院等九部委于 2022 年 4 月 19 日发布的《涉案企业合规建设、评估和审查办法（试行）》（以下简称《评估审查办法》）这两份已发布的官方文件，对律师在三个基本角色中所需进行的具体工作逐一梳理。

一、律师如何开展涉案企业合规的工作

（一）律师担任辩护人的具体工作

《指导意见》初步确立了涉案企业合规第三方监督评估机制，其中虽未明确规定辩护人的职责，但结合第三方机制启动和运行的相关程序，亦可一窥辩护人在此机制中应开展的工作。具体而言，辩护人应当：

1. 判断是否符合第三方机制适用条件，提出适用第三方机制申请

《指导意见》对涉案企业合规第三方机制的适用条件作出了明确规定，同时规定涉案企业、个人及其辩护人、诉讼代理人或者其他相关单位、人员提出适用企业合规试点以及第三方机制申请的，人民检察院应当依法受理并进行审查。与此相应，辩护人应当及时对案件是否符合第三方机制适用条件作出研判；对于符合适用条件的案件，应当提出适用第三方机制申请，以便帮助涉案主体获得宽缓处理的机会。

需要注意的是，根据《指导意见》的规定，除了企业本身涉嫌犯罪的情形以外，企业实际控制人、经营管理人员、关键技术人员等相关人员实施的与生产经营活动密切相关的犯罪案件同样可以适用涉案企业合规第三方监督评估机制，即同样有机会通过在所任职企业开展合规建设争取从宽处理。

2. 跟进第三方机制的实施，协助完成合规建设相关工作

根据《评估审查办法》的规定，在涉案企业合规建设中，涉案企业的专项合规计划应当能够有效防止再次发生相同或类似的违法犯罪。在

当前的实践经验中，涉案企业虽会聘请合规顾问来完成合规建设的必要工作，但合规顾问并无阅卷权，对于涉罪具体情形的了解往往比较有限。为了确保企业合规建设具有对涉罪行为的充分针对性，拥有阅卷权的辩护人应当参与到合规建设中，基于其阅卷得到的、对具体涉罪情形和违法违规行为成因的了解，协助合规顾问完成专项合规计划制定等工作，为帮助委托人争取宽缓处理而尽己所能。

3. 在第三方机制运行期间维护当事人的权利，就权利遭受侵害的情况向检察院提出申诉、控告

根据《指导意见》的规定，检察院有职责依法办理涉案企业、个人及其辩护人、诉讼代理人或者其他相关单位、人员在第三方机制运行期间提出的申诉、控告或者有关申请、要求。在第三方机制运行期间，辩护人作为涉案主体的守护者，应当时刻留意涉案主体的各项合法权利是否受到任何侵害，在发现侵害并查证属实时，应当主动利用法律赋予的权利，向有关部门或者机构积极提出申诉、控告，捍卫委托人的权利和利益；同时，辩护人还应与检察院保持良好的互动、交流，及时向检察院传递委托人合法、合理的申请和要求。

4. 参加有关审查逮捕、决定起诉或变更强制措施的听证会，向办案机关提出从轻处理意见

根据《指导意见》的规定，人民检察院对于拟作不批准逮捕、不起诉、变更强制措施等决定的涉企犯罪案件，可以根据《人民检察院审查案件听证工作规定》召开听证会。在当前的实践中，不少检察院都会采取听证会的形式决定案件的处理结果，并邀请辩护人参加。当办案机关因拟作不捕、不诉、变更强制措施等决定而召开听证会时，辩护人应当参加听证会，并向办案机关发表从轻处理的法律意见。辩护人的法律意见不仅应包含刑法角度的分析和主张，还应针对涉案主体就特定罪名的再犯可能性发表意见，帮助委托人展示涉案企业合规建设所取得的成效，

促使办案机关对委托人作出从轻处理的决定。

（二）律师担任合规顾问的具体工作

相比于辩护人，合规顾问的工作目标更为单纯，就是帮助企业完成合规整改计划、建成合规体系并通过第三方组织的考察验收。具体而言：

1. 帮助涉案企业制定合规计划，并拟定合规承诺的期限

根据《指导意见》的规定，涉案企业应向第三方组织提交专项或多项合规计划，并明确合规计划的承诺完成时限。合规计划的制定是一项复杂的工作，要求制定者通过前期合规调查了解企业的实际情况，充分检索行业特点和政策法规的更新动态，完成企业合规义务梳理和合规风险识别、评估，并基于前述工作成果为企业量身定做符合其特点的合规计划。此外，合规计划还需要根据第三方组织的意见加以修改完善。

2. 帮助涉案企业落实合规计划，构建合规管理体系

科学的合规计划需要专业的执行。根据《评估审查办法》的规定，为了落实合规计划，完成合规建设，企业还应当作出合规承诺及相关对合规优先的宣示，设置与企业特点相适应的合规管理机构或管理人员，建立健全合规管理制度机制，为合规管理机制提供必要的人力物力保障，建立监测、举报、调查、处理机制和合规绩效评价机制，建立持续整改、定期报告机制等。这些合规建设要求的满足都离不开合规顾问的参与和协助，合规顾问应当通过设计合规管理架构、起草制度规范和员工手册等必要文件、开展合规培训等具体工作，帮助企业构建起有效的合规管理体系，不仅用于应对第三方组织的考察，也为企业的长期健康发展提供了有力保障。

3. 应对第三方组织的检查、评估与考核

在落实合规建设工作的同时，合规顾问还应帮助企业应对第三方组织的检查、评估与考核，如根据第三方组织提出的定期或不定期检查要求提供相应的反映合规整改情况的资料，在第三方组织要求定期书面报告计划执行情况时协助企业准备报告，为第三方组织撰写合规考察书面报告提供所需的材料等。此外，合规顾问还应积极与第三方组织沟通，及时获取第三方组织对企业合规建设进度、成果的反馈，并根据第三方组织的建议随时调整合规计划，对相关成果如合规管理制度文件等进行修改完善，以确保最终的合规效果符合第三方组织的要求。

在部分实践案例中，第三方组织还会在合规考察期届满后，对企业合规体系运行的实际效果进行进一步抽查乃至飞行检查，为了使企业合规体系持续有效、顺利通过第三方组织检查，合规顾问应当对企业合规体系进行持续性监测与评估，确保企业合规体系不会因合规考察期的结束而停滞不前，甚至沦为"纸面合规"。

（三）律师担任第三方组织成员的具体工作

1. 第三方组织成员资格的获取

在《指导意见》发布后，各地都逐步成立了第三方机制管委会，并开始组建第三方机制专业人员名录库，如北京市已经公布了首批160名第三方机制专业人员入库名单，其中包括多名律师。[①] 但是，当前对第三方机制专业人员的实质选拔标准仍不明晰。

在中华全国工商业联合会官网公布的《涉案企业合规第三方监督评估机制专业人员选任管理办法（试行）》第六条规定，第三方机制专业人员一般应当具备下列条件：（1）拥护中国共产党领导，拥护我国社会主义法治；（2）具有良好道德品行和职业操守；（3）持有本行业执业资格证书，从事本行业工作满三年；（4）工作业绩突出，近三年考核等次为称职以上；（5）熟悉企业运行管理或者具备相应专业知识；（6）近三年未受过与执业行为有关的行政处罚或者行业惩戒；（7）无受过刑事处罚、被开除公职或者开除党籍等情形；（8）无其他不适宜履职的情形；

[①] 《我局推荐10名知识产权领域专家入选涉案企业合规 第三方监督评估机制首批专业人员》，载北京知识产权局网站，https://zscqj.beijing.gov.cn/zscqj/sjd/xwdt26/21214923/index.html，最后访问时间：2023年11月3日。

第三方机制管委会可以通过审查材料、走访了解、面谈测试等方式对报名人员进行审核考察，并在此基础上提出拟入库人选并进行公示。

可以看出，当前对第三方机制专业人员的选任条件主要是基础性的要求，而符合条件的人员是否能成功入库，还需通过第三方机制管委会的审核考察决定。但可以肯定的是，律师应当保持良好的道德品行和职业操守，努力提升自身的专业素质和业务水平，方有成为第三方组织成员的资格。

2. 第三方组织成员应当履行的职责和义务

根据《指导意见》和《评估审查办法》的规定，作为第三方组织成员的律师应当履行如下职责：

（1）要求涉案企业提交合规计划，明确合规计划的承诺完成时限。

（2）对企业合规计划的可行性、有效性与全面性进行审查，提出修改完善意见，并根据案件具体情况和涉案企业承诺履行的期限确定合规考察期限。

（3）对涉案企业合规计划履行情况进行检查、评估：这部分工作又分为在合规考察期内对涉案企业合规计划和定期书面报告进行的定期或不定期的检查和评估，以及合规考察期届满后对合规计划完成情况的全面检查、评估和考核；第三方组织应当结合特定行业合规评估指标和涉案企业、涉罪行为的具体情况，制定符合涉案企业实际的评估指标体系，对涉案企业的专项合规整改计划和相关合规管理体系的有效性进行评估，还可根据需要制定具体细化、可操作的合规评估工作方案。

（4）在考察期间，监督涉案企业是否有漏罪或又实施新罪，若有则中止监督评估程序，并如实向负责办理案件的检察院报告。

（5）在合规考察期届满后，将评估考察结果制作成合规考察书面报告，报送给第三方机制管委会和办案检察院。

（6）参加检察院就拟作不批准逮捕、不起诉、变更强制措施等决定的案件召开的听证会,并发表有关意见;第三方组织的意见应当围绕涉案企业的合规计划的履行情况及合规整改效果,不宜对涉案企业及个人诉与不诉、捕与不捕以及是否变更强制措施发表意见,以维持作为监督者的客观中立立场。与此同时,作为第三方组织成员的律师还应当注意:

一是在履职过程中应做到遵纪守法,勤勉尽责,客观中立,不得泄露履职过程中知悉的国家秘密、商业秘密和个人隐私,不得利用履职便利,索取、收受贿赂或者非法侵占涉案企业、个人的财物,或干扰涉案企业正常生产经营活动。

二是在履职责期间不得违反规定接受可能有利益关系的业务,在履职结束后一年以内,律师本人及其所在律所均不得接受涉案企业、个人或者其他有利益关系的单位、人员的业务。

二、律师如何防范涉案企业合规的执业风险

为了在执业道路上安全、平稳地向前迈进,律师在各尽所能开拓新业务领域的同时,仍需注意遵守基本的执业规则、防范可能的执业风险。律师从事涉案企业合规法律服务涉及的风险类型主要包括:民事责任风险、行业惩戒与行政处罚风险、刑事违法风险。

(一) 民事责任风险

在涉案企业合规业务中,客户与作为合规顾问的律师所在事务所签订法律服务合同,建立民事法律关系,可能产生的民事责任风险主要源于律师因不当履职而导致委托人遭受损失的情形,如合规顾问提交的合规整改材料存在重大错误导致企业未能通过合规验收,而被企业要求退还律师费甚至承担赔偿责任。

为了防范上述风险,律师应当:(1)在履行法律服务合同的过程中勤勉尽责,掌握从事相关业务所应具备的法律知识和服务技能,尽可能地保证服务质量,避免出现严重过失;(2)在订立的法律服务合同中,

增加合理的免责条款，如"律师事务所为委托人提供合规法律服务，不应视为律师对委托人行为合规的保证；律师对某一商业行为、某一体系、制度、流程是否合规的判断，仅为律师的职业判断，律师已做到勤勉尽责的，不对其分析和结论的正确性做出保证；除律师违反职业道德和执业纪律要求之外，律师事务所不对律师的执业后果承担赔偿责任。"[①]

（二）行业惩戒与行政处罚风险

在涉案企业合规业务中，可能的行业惩戒与行政处罚风险主要来源于律师在执业过程中违反律师执业规范，因而受到主管部门或律协的惩戒、处罚。比如，律师采用虚假承诺方式承揽涉案企业合规业务，或将在从事涉案企业合规业务中所知悉的涉案企业商业秘密对外泄露等。

为了防范上述风险，律师应当：（1）充分了解提供法律服务过程中应当遵守的执业行为规范及纪律要求，包括《律师法》《律师和律师事务所违法行为处罚办法》等法律法规及《律师执业行为规范》《律师办理刑事案件规范》等行业规范的规定；（2）遵守执业规范和执业纪律，严格执行律师事务所对于立案、利益冲突检索、合同订立、收费等环节的标准程序，防止因操作不规范触发违规风险；（3）由于涉案企业合规业务中律师可能存在多种角色，在从事该项业务时，还应特别注意避免利益冲突。

（三）刑事违法风险

涉案企业合规业务中的刑事违法风险具有更为复杂的可能性：对于担任企业合规顾问的律师而言，若其在提供法律服务期间发现涉案企业存在尚未被公安司法机关掌握的犯罪行为，但未及时向检察院报告，而是继续向其提供法律支持，则视其提供支持的具体内容，可能被认定为企业犯罪行为的共犯，或涉嫌伪证、包庇、掩饰、隐瞒犯罪所得等罪；

---

① 《律师从事合规法律服务业务指引》，载江苏律师网，http://www.jslsw.org.cn/lvxie/html/portal/detail.html?info=9306199，最后访问时间：2023年7月3日。

对于担任第三方组织成员的律师而言，若其在履职期间未能严格遵守第三方组织成员的义务，出现收受涉案企业赠与的财物、在合规考察报告中发表虚假陈述等行为，则可能被认定构成非国家工作人员受贿、提供虚假证明文件等罪。

为了防范上述风险，律师应当：（1）严格遵守法律法规的相关规定，培养合规执业意识，坚决抵制索贿受贿、毁灭伪造证据、侵犯商业秘密等违法犯罪行为，严守律师执业底线；（2）在提供涉案企业合规法律服务的过程中，应注意审查涉案企业业务的合规性，重点防范以合法形式掩盖非法业务内核的情形，避免因参与本身不合规的业务而被牵连；（3）对于客户的违法要求应果断予以拒绝，并阐明拒绝的法律依据，对于客户出现的未被公安司法机关掌握的违规、涉罪行为，应及时向主管机关举报。

第四节　团队组建

涉案企业合规是一项高度复合的业务，除了刑事风险的识别防控以外，还包括制定可行的合规管理规范，构建有效的合规管理架构，健全合规风险防范报告机制，弥补企业制度建设和监督管理漏洞等一系列工作。因此，合规计划的制定和执行难以仅由某一名律师独立完成，而是需要组建包含多名律师的专业团队，进行分工配合，以求达到更好的效果。涉案企业合规团队一般由4—6人组成，根据涉案企业的规模、案情的复杂程度、合规建设的工作量等具体条件不同，也可以更多或更少。实务中，我们建议要根据案件的具体情况组建团队，如涉及环保类犯罪的涉案企业合规整改，团队中应当有一定数量环保专业的人员，涉及税务类犯罪的涉案企业合规整改，团队中应当有一定的财税人员，涉及数据类犯罪的涉案企业合规整改，团队中应当有一定的数据合规人专业人员……这样才能更加精准地判断涉案企业犯罪成因，才能准确分析涉案企业存在的各类合规问题，并提出有针对性的建议和整改方案，为企业提供专业高效的合规法律服务。

一、复合型的专业结构

涉案企业合规律师团队不仅应包括精通刑事业务、熟悉刑法各项罪名、熟稔刑事诉讼程序的刑事律师，以及具备合规业务经验、充分掌握合规方法论的合规律师；为了根据企业涉罪的具体情形建立针对性的合规风险防控体系，团队还应当根据涉罪行为的类型匹配不同专业背景和业务经验的律师，如对于破坏环境资源保护类罪名，最好配备具有环境法背景的律师；对于危害税收征管类罪名，最好配备税务律师等，力求以精通相关领域法律法规的专业人士来解决对应领域合规中可能出现的复杂问题。

二、诉讼律师与非诉律师搭配的技能结构

诉讼律师具有较多的诉讼实务经验，能够基于实践经验发现潜在风险点、分析和评估合规风险的种类和等级，对涉案企业合规和诉讼程序的衔接有较强的把握能力，适合完成风险识别等工作。非诉律师具有较多尽职调查项目经验，能够熟练掌握的文件制作、资料审查、相关人员访谈等尽职调查技能，能够快速熟悉企业的管理架构和业务流程，适合从事合规管理体系搭建、相关管理规范和合规报告起草等工作。一个团队如果能将诉讼律师与非诉律师合理搭配，使他们分工配合，更容易使合规计划的落实有血有肉、有表有里，得到检察院和第三方组织的认可。

三、资深律师与年轻律师配合的年龄结构

资深律师通常具有一定的团队管理经验，有利于其在开展涉案企业

合规业务时管理项目的工作安排、把控工作进度；在业务开展过程中遇到疑难问题时，资深律师积累的丰富实务经验也能帮助团队找到破局点；同时，资深律师更容易在外部沟通中取得沟通对象的信任，为业务开展打下良好的基础。而年轻律师相较于资深律师，时间和精力更为充裕，费率也相对较低，更适合承担合规项目的具体落实工作。以资深律师作为把控大局的引领者和指导者，以年轻律师作为负责具体工作的执行者，既有利于项目工作的合理推进，也有利于年轻律师的成长。

四、建立合理的内部工作流程

相较于常规的诉讼业务，涉案企业合规的业务团队规模更大，工作任务也更为复杂多样，同时，因为涉案企业合规第三方机制要求设定一定的考察期，律师通常需要在考察期内持续跟踪合规建设进展，定期更新相关的书面材料。这就要求律师团队内部建立起合理的标准工作流程，一方面，便于统筹协调团队人员的内部分工，明确人员责任；另一方面，通过设定标准化的工作流程，保证输出成果的质量和统一性。

五、寻求外部合作

即使在律师团队具有综合化服务能力的情况下，考虑到一些领域仍具有极高的专业能力要求，仍可能需要借助外部机构的专业能力来弥补律师团队的能力短板。比如，在涉及数据安全和网络安全合规体系建设的项目中，可以引入网络安全测评机构提供项目支持，并由测评机构出具安全评估报告；在涉及税务、财务管理等方面违法违规行为的涉案企业合规项目中，也可以考虑借助会计师、专业税务筹划人员等人员的专业知识，以实现更好的合规效果。

第十三章
全面合规法律服务的延伸

第一节　全面合规概述

一、全面合规的概念

公司治理在上百年的发展过程中，历经古典治理模式、董事会中心主义和现代公司治理模式三个阶段。[①] 20世纪90年代，在现代公司治理不断创新发展的过程中，为防范经营风险、减少企业损失，企业逐渐将合规机制纳入公司治理结构中，要求企业在全方面符合合规要求。[②]

从本质上来看，全面合规是一种追求长远价值的"日常性合规管理模式"[③]，即企业在没有发生任何违反法律法规或犯罪行为的情况下，根据日常合规风险评估结果，开展的一种防范企业潜在合规风险的合规管理体系建设。[④] 全面合规有助于企业对自身业务及管理开展全面性诊断。具体而言，全面合规能从预防角度帮助企业查漏补缺，并对出现异常指标的业务或流程进行长期跟踪监控，从而达到以最小成本避免未来面临合规经营风险的目的。因此，全面合规不仅是某个部门的独立指标，更

[①] 胡夏冰：《公司治理结构的新发展》，载《法学》2001年第11期。
[②] 陈瑞华：《企业合规基本理论》，法律出版社2022年版，第33页。
[③] 陈瑞华：《企业合规基本理论》，法律出版社2022年版，第147页。
[④] 尹云霞、李晓霞：《中国企业合规的动力及实现路径》，载《中国法律评论》2020年第3期。

是贯穿公司各部门、各业务线的全面治理体系。同时,当企业未来探索新业务和新领域时,也势必要做到合规先行。

相较涉案企业合规更注重对已发生的违法行为进行纠正,对已产生的损失利用合规整改措施进行补救,全面合规是一项完善公司治理的方法,服务于完整的企业治理体系,包括设立合规组织结构、配备合规人员、识别合规风险、针对重点业务管控合规事项、明确岗位合规职责、建立合规举报机制及培育合规文化等。这些内容相互补充、互相完善,逐渐成为企业治理建设中不可缺少的一部分。

二、全面合规的意义

随着我国经济实力和综合实力快速提升,对外开放全方位深化,国际经济合作和竞争新优势不断增强,我国构建符合经济全球化进程、遵守国际法治企业的任务日益繁重。

党的二十大报告指出:"构建高水平社会主义市场经济体制。……完善中国特色现代企业制度,弘扬企业家精神,加快建设世界一流企业。"同时提出,"以国内大循环吸引全球资源要素,增强国内国际两个市场两种资源联动效应,提升贸易投资合作质量和水平。稳步扩大规则、规制、管理、标准等制度型开放"。[①] 党和国家对企业发展的重点关注,表明合规建设已成为我国企业发展的核心竞争力及重要软实力,是企业繁荣、健康发展的根本遵循,更是我国社会主义市场经济实现高质量发展的客观需要。《中央企业合规管理指引(试行)》和《中央企业合规管理办法》的出台进一步证明,将法治中央企业打造为标杆,引领其他上市企业、中小型企业加入建设全面合规企业的队伍,是国家保障各类企业持续健康发展并逐步走向世界的重要战略部署。

---

① 《习近平:高举中国特色社会主义伟大旗帜 为全面建设社会主义现代化国家而团结奋斗——在中国共产党第二十次全国代表大会上的报告》,载中国政府网,https://www.gov.cn/xinwen/2022-10/25/content_ 5721685.htm,最后访问时间:2023 年 6 月 12 日

实践充分证明，全面合规是中国企业走向国际市场，符合国际规则和国际惯例的新方法、新策略，是实现国家治理体系与企业治理能力现代化的重要组成部分。企业全面合规不仅能够促进企业合规守法经营，将违法违规行为在源头阻却；还能够警醒缺乏合规治理体系的企业在发展过程中遵纪守法，降低企业被行政、刑事处罚的风险。企业大力推行全面合规，有利于推进法治国家、法治政府、法治社会建设；有利于让企业"走出去"，更好地适应其他国家法律法规及风俗习惯；有利于为中国企业开展对外贸易、境外投资等相关业务提供制度支撑，对于依法保障更高水平对外开放具有重要的实践意义。

三、全面合规的对象

作为市场经济的参与者，中央企业、上市公司、民营企业均为全面合规的对象，但因各自特征和角色差异，三者在全面合规的进程中展现不同特点。

首先，中央企业是国家全面治理的重中之重。自2015年国资委发布《关于全面推进法治央企建设的意见》以来，各大中央企业纷纷投入全面合规的建设中，探索并实施符合企业发展特色的合规制度及措施。2018年，国资委发布的《中央企业合规管理指引（试行）》，为中央企业搭建合规体系提供了更为具体的指导意见，充分推动中央企业全面加强合规管理。2022年，国家对合规工作作进一步部署，全面合规顺利迈入"强化期"。根据国资委发布的《中央企业合规管理办法》的规定，中央企业必须建立有效防控合规风险的合规制度，将合规要求嵌入经营管理各领域各环节，贯穿决策、执行、监督全过程，落实到各部门、各单位和全体员工，实现多方联动、上下贯通。预计到2025年，中央企业均需按照《关于进一步深化法治央企建设的意见》，建立全面覆盖、有效运行的合规管理体系。

其次，在当前国际政治形势复杂，国内监管制度体系呈"强监管"的趋势下，为适应复杂多变的合规新常态，上市公司业已将全面合规纳入重点关注范围。除遵循《证券法》《公司法》《上市公司治理准则》及《上市公司信息披露管理办法》等法律法规、部门规范性文件开展企业治理活动外，上市公司更应制定并实施符合其行业实际现状的合规治理制度体系及合规计划。例如，某能源上市企业在登陆A股前举办了"防范内幕交易"专题合规培训[①]；某建筑上市企业建立了建筑企业全面合规风险识别体系及与之所匹配的预警方案。

最后，从可持续发展的视角来看，中央企业、上市企业建立全面合规体系是其长久发展的基石，而同样的趋势也必将传导至民营企业。近年来，国家大力推动民营企业改革创新、转型升级、健康发展，根据中共中央、国务院《关于营造更好发展环境支持民营企业改革发展的意见》："民营企业要筑牢守法合规经营底线，依法经营、依法治企、依法维权，认真履行环境保护、安全生产、职工权益保障等责任。民营企业走出去要遵法守法、合规经营，塑造良好形象。"由此，搭建全面合规体系是民营企业筑牢守法合规经营底线的坚实后盾。

在依法治国的时代背景下，依法治企是中国企业未来发展的必经之路。企业作为经济活动的参与者，需要有坚实的底线意识和合规意识，企业的管理者更应牢牢树立合规经营的理念，帮助企业在未来日趋复杂的市场竞争环境中，提前打下面临困难与险阻的稳固基础。

---

① 梁枫、岳久博：《新年展望丨从2022到2023：央企合规管理经验总结与启示》，载"子象"微信公众号，https://mp.weixin.qq.com/s/_-t3kCmmyIqe9ScZby-fnw，2023年1月3日发布，最后访问时间：2023年7月20日。

第二节　全面合规的工作内容与流程

一、全面合规管理的工作内容

根据《合规管理体系 要求及使用指南》（ISO 37301：2021）、《合规管理体系 要求及使用指南》（GB/T 35770—2022）、《中央企业合规管理指引（试行）》《中央企业合规管理办法》等合规管理文件的要求，全面合规管理体系建设的工作内容大致可分为以下四类核心要素，即搭建合规组织架构、制定合规政策制度、运行合规机制流程和落实合规支持保障，核心要素中通常包括以下主要内容：

表 13-1　全面合规管理体系建设核心要素

序号	核心要素	具体工作内容
1	合规组织架构	（1）董事会、监事会、高级管理人员的合规管理职责 （2）各部门、各分支机构和各层级子公司负责人的合规管理职责 （3）全体人员的合规责任 （4）违法违规行为及合规风险隐患报告渠道 （5）合规管理部门的职权和职责 （6）合规负责人/首席合规官的职权和职责 （7）海外机构合规机制（如有）
2	合规政策制度	（1）合规政策/理念 （2）合规管理制度体系 （3）合规管理计划 （4）合规管理手册 （5）员工行为准则 （6）合规承诺

续表

序号	核心要素	具体工作内容
3	合规机制流程	（1）合规风险识别、评估、监测、报告、预警机制 （2）法规变化跟踪、解读及协调落实 （3）合规风险指标监控 （4）合规咨询与合规培训 （5）合规审查和合规检查 （6）合规举报与合规问责 （7）合规绩效考核 （8）合规管理工作报告 （9）合规档案管理 （10）重点岗位和重点人员合规管理 （11）与监管方沟通及关系维护 （12）海外投资经营合规管理（如有）
4	合规支持保障	（1）合规专项资金保障 （2）管理层支持 （3）合规专业人员任职要求 （4）合规职能的独立性与权威性 （5）合规管理有效性评估 （6）合规信息化建设

二、全面合规管理的一般流程

合规管理，以有效防控合规风险为目的，以提升依法合规经营管理水平为导向，以企业经营管理行为和员工履职行为为对象，以组建合规组织架构、制定合规制度、完善合规运行机制等为管理活动。合规管理系动态化、过程性及综合性的管理活动，由多个相互依存、相互加强的要素组成。结合前述提及的全面合规所需的核心要素，本节主要向读者介绍全面合规管理的主要工作流程。

（一）合规组织架构

健全的合规组织管理体系是推进企业全面合规体系建设的重要保障，也是后期合规制度及运行机制得以切实执行的重要前提。

合规组织体系应自上而下进行设计，从企业最高决策层到企业业务一线，均应考虑配备合规人员（如从首席合规官到业务部门合规管理员）。企业应当根据实际情况搭建科学、完善的合规组织架构，明确各层级合规组织在合规管理中的角色定位和职责，合理配置资源，明确各层级的审批、汇报路径，完善违法违规行为及合规风险隐患报告渠道，协调各部门之间相互协作，从而发挥企业各层级、各部门的优势，形成合规管理合力，将合规管理的工作落实到位。企业员工若企业涉及海外经营，还应当健全海外机构合规机制。

根据 ISO 37301、GB/T 35770 等文件的规定及合规管理"三道防线"理论，业务部门是本业务领域合规管理责任主体，负责梳理本业务领域合规风险，并建立健全合规制度及机制，履行"第一道防线"职责。合规管理牵头部门组织开展风险管控、预警和应对处置工作，履行"第二道防线"职责。内部审计、纪检监察部门是合规管理的第三道防线，主要对各岗位、各部门及各项业务全面实施监督。

（二）合规政策制度

1. 完善合规政策及理念

企业要根据自身实际情况确立顶层合规政策，从董事会、监事会到管理层乃至普通员工，都要树立人人合规、时时合规、事事合规的理念，真正让合规成为企业的价值追求。

合规政策应包含有关合规的各项主要内容，包括合规的理念、合规管理的框架、单项合规制度以及部门合规操作指南等，涵盖企业经营中每一环节的管理规范与行为准则，为企业开展合规工作提供指导。

2. 完善合规管理制度体系

合规管理体系的实施最终依赖于管理制度。企业应当建立健全合规管理基本制度及专门制度，形成"1+N"的合规管理制度体系，包括：合规管理基本制度、合规风险评估制度、合规风险预警制度、合规检查制度、合规审查制度、合规举报与调查制度、合规绩效考核制度、合规培训制度、合规报告制度及境外合规管理制度（如有）等。

其中，合规管理基本制度（或称合规管理办法）是合规管理工作的基本规定，为一般性指导文件，主要规定合规管理工作的原则、合规管理的组织与职责、合规管理的重点领域、合规管理体系的运行和合规管理保障等基本内容。

3. 合规管理计划

合规管理计划是企业为有效防控合规风险，将企业和企业内部人员的经营行为、职务行为作为调整对象，以此开展的包括制度制定、风险识别、合规审查、风险应对、责任追究、考核评价以及合规培训等在内的各项管理活动。

企业应当根据合规管理目标及合规管理的具体情况，制定并执行合规管理计划，使企业合规管理各项工作都有制可依、有规可循。

4. 编制合规管理手册

合规管理手册本质上是汇编文件，将合规监管体系建设工作成果有选择地进行汇编，形成合规管理手册。不同企业可根据自身情况，对手册内容进行取舍，最终形成。

5. 编制员工行为准则

员工行为准则是企业员工应该具有的共同的行为特点和工作准则，也是企业文化的重要支撑和保证，具有明显的导向性和约束性，通过倡导和推行，使员工形成自觉合规意识，从而规范员工言行举止和工作习惯，提高行为规范的执行力。

6. 签署合规承诺书

企业应当编制适用于企业不同职位、不同层级员工的合规承诺书。通过层层组织，领导带头，召集全体员工签署合规承诺书，推动全体员工在知悉合规准则的基础上，对遵守合规要求、履行合规义务作出郑重承诺。

(三) 合规机制流程

1. 开展合规风险识别与评估

企业应当根据外部法律规定及内部规章制度，结合企业实际经营情况，全面梳理相关规定之下重点领域可能涉及的合规风险行为，识别可能引发的生产经营合规风险点，形成合规风险识别清单（合规风险库），清单内容主要包括风险行为的表现形式、风险等级、违规后果、内外规依据、建议控制手段或方式等。

2. 法规变化跟踪、解读及协调落实

在企业外部监管法律法规发生变化时，企业应当结合公司合规管理实际情况，及时将法规变化情况开展跟踪解读，重新评估合规管理风险，持续完善合规管理体系。

3. 建立合规管理系列运行机制

合规管理体系的运行，除书面的合规管理制度规定外，更需要有实际的、动态的合规管理实施机制运行。合规管理运行机制的目的是把合规管理制度和合规指引举措落地，将合规风险的发现、预防、控制等责任落实到相关责任人员，并建立起事前、事中、事后多层级的合规风险防范机制。比如，对于合规举报机制，需要构建合规举报及调查程序，设立合规举报平台，完善违规追责机制，严肃追究违规人员责任。

4. 开展合规培训

合规培训的目标在于强化员工的合规意识，使员工熟悉企业的合规理念、合规价值观及合规目标。开展合规培训有助于帮助企业员工从"要我合规"向"我要合规"转变。合规培训须具有针对性，如对管理人员开展合规管理集中培训，对高风险领域、关键岗位员工开展业务合规培训等；同时，合规培训须常态化、制度化，如企业可将培训效果纳入部门和员工的绩效考核，以此将合规贯穿至企业运营的全方面、各流程。

5. 建立合规性审查机制

企业应当建立健全事前合规性审查机制，提升企业合规治理水平。将合规审查作为规章制度制定、重大事项决策、重要合同签订、重大项目运营等经营管理行为的必经程序，及时对不合规的内容提出修改建议，未经合规审查不得实施。

合规审查机制的确立，需要明确哪些事项需要进行合规审查、由哪个部门具体实施审查工作、审查的具体程序以及审查出现问题如何处理等事项。

6. 完善合规举报机制

企业需要建立举报制度，对可能出现的企业违反合规义务的行为及时制止和纠正，员工、客户和第三方在工作中发现违法违规行为和合规风险隐患时，均有权进行举报和投诉，企业可以通过设立举报专用电话、专用邮箱或当面举报等多种方式接受举报，举报人可实名举报，也可匿名举报。企业接到举报后，应当在第一时间予以立案并开展调查，情况属实的，应当按照规定对相关责任人员进行处理和问责，同时，根据案件性质对举报人员给予相应的奖励，做好保密工作，切实保护好举报人的合法权益。

7. 建立合规问责机制

企业应当建立完善违规行为处罚机制，明晰违规责任范围，细化惩处标准，及时调查处理，严肃追究违规部门及人员责任。比如，对于违规部门进行合规整改，包括但不限于调配合规管理资源、降低年终考核分数等整改措施；对于引发或者疏于管理的合规管理风险事件的责任人，依照处罚机制对其进行警告、降职、职位调换、降低年终奖等纪律处分。

8. 合规考核机制

企业应加强管理者和员工的合规考核评价，把合规经营管理情况纳入对各部门和负责人的年度综合考核,细化评价指标,推动落实合规管理责任,增强合规管理效能。同时,对部门及员工合规职责履行情况进行评价,并将结果作为年度考核结果、评先选优、职务晋升、薪酬待遇、部门资源调配等工作的重要依据。

9. 合规管理工作报告

企业的合规管理部门可每年牵头组织对企业的合规工作进行总结、评估,以编写年度合规工作报告的形式,通过对企业经营中的合规事件进行概述,对重大或反复出现的合规风险和违规问题,要结合法律法规、案例进行分析,明确其可能产生的法律后果,提出相应的具有可操作性的管控措施,务求使企业的合规工作可以达到有效防范企业合规风险的目的。

10. 合规档案管理

合规档案的管理对合规管理工作具有重要意义,企业应当加强合规档案的管理工作,制定合规档案管理制度,可指派专人负责。企业应当及时收集、分类整理合规管理过程中形成的相关制度、流程等文件,规范化记录和管理合规档案,既能够彰显企业合规管理的成功做法,也能够为监管应对提供重要工具。

11. 与监管方沟通及关系维护

企业与监管方的沟通及关系维护主要包括以下三个方面内容:一是在出现监管风险时,积极主动查找问题来源,查清违规事实,快速形成整改措施,包括对违规责任人进行处理;二是与监管部门保持顺畅沟通,无违规行为的,积极申辩,存在违规行为的,按照监管部门要求披露事实,争取免除或者减轻监管处罚;三是开展危机管理,一方面,避免避重就轻,及时澄清事实,避免引发重大舆情,另一方面,通过客观陈述和对整改意愿的清晰表达,避免出现放大效应。

(四) 合规支持保障

1. 合规专项资金保障

企业合规管理体系的运行离不开资金的支持,企业应当制定合规管理体系建设及运行工作的专项资金预算方案,可设立专门账户,建立专门管理制度,加强对专项资金的监管,明确合规专项资金的用途(用于企业各种合规管理的开支,如合规培训、合规宣传及合规资料印刷等)。

2. 管理层支持

企业合规管理离不开领导的重视,为确保合规管理体系充分发挥效力,管理者需要作出承诺并亲自参与,通过自己的行动和决策,坚持并积极、明确地支持合规与合规管理体系。管理者应为企业合规管理提供充足的财政、人力和技术资源,积极参与公司的合规管理实践,以身示范,鼓励并支持员工共同参与公司合规建设,参加并协助合规培训活动,积极宣传企业合规文化,鼓励人员提出合规问题和建议,保障员工的合规咨询得到及时、规范回复。

3. 合规专业人员任职要求

合规部门人员应该具备必要的资质、经验、专业水准和个人素质,以使他们能够履行特定职责。在业务素养方面,应当熟悉企业的业务模式、业务内容、业务范围、业务流程以及业务术语等,并养成良好的业务素质和能力。因为企业合规人员从事的合规工作实践必须以企业业务工作实践作为基础和依托,只有对企业业务工作开展情况进行紧密跟踪、科学分析和及时预判,才能从本源上解决企业合规风险等各种问题,进而切实提升企业合规管理效果和水平。在专业素养方面,企业合规专业人员必须熟练掌握关于企业合规的一系列基本原理、国家政策、法律法规以及实践技能等,尤其是在把握合规法律、规则和准则的最新发展方面的技能,应通过定期和系统的教育和培训得到维持。

4. 合规职能的独立性与权威性

企业应保障合规职能部门的权威性和合规职能的运行具有独立性，不受任何不当干扰或压力。权威性是指合规人员对企业重大决策、经营事项具有参与、评审风险和发表意见的权力，并直接向合规第一负责人汇报。独立性是指合规人员履职的独立性，主要体现为经费独立保障、独立开展工作、独立向实际控制人汇报等方面。

合规专业人员在公司内部应当享有正式职称或职位，并在公司的合规政策或制度文件中予以规定。在合规专业人员的职位安排上，应避免其合规管理职责与其承担的任何其他职责之间产生可能的利益冲突。合规专业人员为履行职责，应能够享有相应的资源，能够获取和接触必需的信息和人员。

5. 合规管理有效性评估

为适应变化的合规环境以及企业自身业务发展，企业的合规管理体系需要不断完善，定期或根据需要对其有效性开展评估，以满足企业内外部合规管理的要求。合规管理有效性评估应重点包括以下内容：对合规风险的有效识别、控制；对违法违规行为的及时处置；合规领导机构、合规管理部门或者管理人员的合理配置；合规管理制度机制建立以及人力、物力的充分保障；监测、举报、调查及处理机制及合规绩效评价机制的正常运行；持续整改机制和合规文化已经基本形成。

6. 合规信息化建设

企业合规信息化建设在合规管理中发挥重要作用，如企业合规信息的记录、查询、报告、检举、识别及监测等方面都依赖信息化。企业的合规制度流程和相关合规内容的储存、采集、查询和统计等都离不开企业的信息系统。合规正反方面的案例、法律法规和规范性文件都可以通过信息系统即时查询，方便合规知识的学习和合规管理。同时，合规信息化建设可以将董事会、监事会和企业内控、合规、风控、审计以及纪检监察部门的各自工作流程打通，提高部门之间的协作效率。

三、全面合规管理成果介绍

如前所述，企业开展全面合规体系建设应当从合规组织架构、合规政策制度、合规机制流程及合规支持保障等环节出发，结合企业经营实际，构建能够切实防范合规风险的体系内容。以下简要介绍全面合规管理体系建设的主要成果：

1. 合规组织架构及合规管理职责

自上而下设计的合规管理体系，从最高决策层到组织的业务端，包括董事会、监事会、经理层、业务部门、职能部门、下属单位和业务岗位等都应有明确的合规职责说明，同时还应明确合规管理的牵头部门和责任部门。合规管理过程中涉及的组织安排和人力资源安排、各部门或人员的合规职责必须明确化、书面化及制度化，防止权责不清造成的互相推诿。

2. 合规管理各项制度及运行机制

建立健全合规管理基本制度及专门制度，形成"1+N"的合规管理制度体系，包括：合规管理基本制度、合规风险评估制度、合规风险预警制度、合规检查制度、合规审查制度、合规举报与调查制度、合规绩效考核制度、合规培训制度及合规报告制度等。

同时建立实际的、动态的合规管理运行机制（如合规风险识别、预警机制、合规风险应对机制、合规审查机制、违规问责机制以及合规管理评估机制）将合规管理制度和合规指引举措落地，将合规风险的发现、预防、控制等责任落实到相关责任人员，并建立起事前、事中、事后多层级的合规风险防范机制。

3. 合规法律法规库

主要收集生产经营所涉及的现行有效的重点法律法规（如央企的重

点领域包括但不限于市场交易、安全生产、环境保护、产品质量、劳动用工、财务税收、知识产权和商业伙伴等），形成重点领域法律法规规范库。

4. 合规义务库

根据外部法律法规库要求，结合企业内部管理制度，梳理企业重点领域合规义务，形成合规义务库。合规义务的收集，需关注与企业实际经营业务的关联度，重点收集与企业所属行业、所采取的商业模式、所采用的运作流程密切相关的法律、法规，特别是行业监管规定。

5. 合规风险识别清单

一般由合规管理部门组织各业务及职能部门逐项梳理各自的工作内容，深入开展合规风险识别评估，并结合应当遵循的法律法规、监管规定和政策文件，确定具体的合规风险点及对应合规义务，再将这些风险点按照风险等级和发生概率排列出来，编制风险清单和应对预案。

6. 岗位合规职责清单

严格落实"全员合规"的工作理念，以岗位为根本明确每个岗位的合规主体职责，通过这些岗位职责，将每个岗位上的岗位职责所对应的合规审核、合规应对、合规流程、合规动作等要素进行拆解并反映出来，据此细化生成岗位合规职责清单，有效压实各合规主体责任。

7. 业务流程管控清单

企业风险主要来源于业务行为，具体而言，是指某个业务流程的缺陷、缺失或错误。针对企业经营管理的重点领域或者合规风险较高的业务，通过识别评估合规风险，精准定位流程中的关键环节以及重点事项，将合规义务融入业务流程，设置关键风控节点，增加必要的合规审查内容，按照流程管控环节依次予以合规确认，即可生成流程管控清单。必要时，还可以画出相应的业务流程管控图示。

8. 专项合规指引

合规指引应当指明企业需要遵守的合规义务，并给出合规风险及具体防范措施。指引的形式可以多样化，如以图文、文字或清单等方式展现。同时，可按照企业的业务流程制定合规指引，如采购合规管理指引；也可按照合规管理的领域制定，如劳动用工合规管理指引、安全生产合规管理指引等。

9. 合规管理手册

企业合规管理体系建设的一个重要成果是企业合规管理手册，大中小微型企业建立的合规管理体系，文件化成果中均应当有企业合规管理手册，企业规模不同，内容略有不同。合规管理手册应当以合规监督为核心，集中反映企业合规建设成果。

10. 合规承诺书

编制适用于企业不同职位、层级员工的合规承诺书，召集企业全体员工参加合规宣誓动员会，并签署合规承诺书。

11. 合规培训

将合规培训纳入员工培训计划，制定培训课件，开展合规培训。包括对公司管理层、合规管理人员开展集中培训，对高风险领域、关键岗位员工开展专门合规培训，对新入职员工进行合规培训等不同层级人员开展培训，并进行相关考核。

第三节 刑事律师参与全面合规的必要性

企业全面合规是针对企业经营管理活动所有领域，贯穿企业全部业务流程的合规。从涉案企业合规到企业全面合规，从事后合规到事前合规，刑事律师参与企业全面合规体系建设，既是合规服务的进一步延伸，也是拓展业务的重要机遇。尽管企业合规在法律服务中本身属于非诉领域，刑事律师同样在企业全面合规管理体系建设服务中扮演着十分重要的角色。

我国经济发展目前仍处于高速发展的时期，追求经济效益的同时往往有时会忽略法律风险。但随着法律法规的日趋完善，企业需要遵守的法律义务日趋增多。随之而来，企业所面临的法律风险越来越多，其中，刑事法律风险对企业的经营活动影响最为致命，企业通常难以承受。

企业的刑事法律风险包括内部刑事法律风险和外部刑事法律风险。内部刑事法律风险，是指企业因内部管理上存在问题和不足而诱发的企业内部犯罪的风险；外部刑事法律风险，则是指企业因对外经营活动不合规、不合法而引发刑事法律风险。对企业及企业家而言，不论是面临外部还是内部刑事法律风险，都可能会为此付出惨重代价、遭受重大损失。

因此，在企业的全面合规体系建设过程中，最为基础的是能够有效防控企业的刑事风险，这就需要刑事律师有效参与进全面合规工作中。比如，刑事律师系统的刑事法律思维、专业的刑事法律理念和丰富的刑事法律工作经验，对企业内外部相关犯罪的犯罪手法、企业经营行为的罪与非罪评判及如何防范企业犯罪等方面，拥有更强的识别内外部潜在刑事风险的能力，可以为企业在全面合规建设中设置一整套用于防范刑事风险的制度体系，最大限度地减少和避免潜在的刑事法律风险转化为现实的刑事法律处罚。再如，在合规风险识别工作中，刑事风险的准确识别有赖于刑事律师予以完成。

当然，全面合规建设仅有刑事律师的参与是远远不够的，刑事律师需要和民商律师、行政律师以及专业的合规律师加以配合，共同为企业打造合规建设体系。

附录
实用文书模板

1. 合规调查清单

合 规 调 查 清 单

致：【 】公司

北京星来律师事务所（以下简称本所或我们）受贵司委托，为贵司×××涉嫌【 】案的企业合规整改事宜（以下简称本项目）提供咨询服务。为此，本所将对贵司进行必要的合规调查。本合规调查清单（以下简称本清单）旨在协助本所律师取得有关贵司的相关文件、资料及其他信息，以便完成合规调查。本所请贵司理解和支持本所的合规调查工作。

如已按本清单提供了文件，请在"已提供"栏打√；如查明没有本清单列出的某项文件，请在"不适用"栏打√；如本清单所列某项文件稍后才能提供，请在"待提供"栏打√；如不便提供本清单列出的某项文件，请在"不提供"栏打√；如需要对本清单列出的某项文件作出解释，请在"备注"栏予以说明。

本清单文件请优先提供电子扫描版，放入写有对应板块名称的空文件夹内，以对应本文件清单中的序号及名称命名；若部分或全部提供纸质版文件，请在所提供的每份文件的右上角标明对应本文件清单中的序号；若清单中不同序号涉及的文件相同，则可只在一处提供文件，而在另一处注明"请见××序号的文件"。若涉及数据及其他引用，所有数据和引用请注明出处。所有原始文件仅需提供复印件，请以 A4 纸提供文件。

需要说明的是，本清单只是根据目前所了解的情况提出的初步要求，我们可能根据本项目进展在适当时候针对特定的情况提出补充清单。

北京星来律师事务所

序号	资料清单	已提供	待提供	不提供	不适用	备注
一、公司组织结构						
1	请提供公司完整的组织结构图，包括各股东、下属公司（指控股公司、通过协议控制的公司、参股公司等）、不具备法人资格的下属分公司或部门等。					
2	请提供公司的关联方①名单。					
3	请提供公司完整的部门设置图，并提供各部门的所有岗位设置说明（涵盖岗位职责范围及权限说明）。					
4	请说明公司股份是否存在被质押的情况；如有，请提供相关文件。					
二、股东及股权结构						
5	请提供公司最新前十大股东名册。					

---

① 一方控制、共同控制另一方或对另一方施加重大影响，以及两方或两方以上同受一方控制、共同控制或重大影响的，构成关联方。控制，是指有权决定一个企业的财务和经营政策，并能据以从公司的经营活动中获取利益。共同控制，是指按照合同约定对某项经济活动所共有的控制，仅在与该项经济活动相关的重要财务和经营决策需要分享控制权的投资方一致同意时存在。重大影响，是指对一个企业的财务和经营政策有参与决策的权力，但并不能够控制或者与其他方一起共同控制这些政策的制定。下列各方构成企业的关联方：（1）公司的母公司。（2）公司的子公司。（3）与公司受同一母公司控制的其他企业。（4）对公司实施共同控制的投资方。（5）对公司施加重大影响的投资方。（6）公司的合营企业。（7）公司的联营企业。（8）公司的主要投资者个人及与其关系密切的家庭成员。主要投资者个人，是指能够控制、共同控制一个企业或者对一个企业施加重大影响的个人投资者。（9）公司或其母公司的关键管理人员及与其关系密切的家庭成员。关键管理人员，是指有权力并负责计划、指挥和控制企业活动的人员。与主要投资者个人或关键管理人员关系密切的家庭成员，是指在处理与企业的交易时可能影响该个人或受该个人影响的家庭成员。（10）公司主要投资者个人、关键管理人员或与其关系密切的家庭成员控制、共同控制或施加重大影响的其他企业。

续表

序号	资料清单	已提供	待提供	不提供	不适用	备注
三、业务性文件						
6	请说明公司业务经营情况（包括但不限于业务范围、生产及销售、提供服务、进行投资的模式及流程等），并介绍公司行业特点以及经营的重点环节。					
7	请提供公司经营业务所需的资质文件。					
8	请提供公司各业务管理制度（尤其是采购、销售、招投标等环节）。					
9	请提供公司产品（如有）的说明及相关材料，包括但不限于产品介绍、展业渠道建设与维护、主要客户（群体）等。					
10	请提供公司的前十大供应商清单（包括供应商名称、采购的原材料或商品、采购数量、原材料或商品的用途等）。					
11	请提供公司的前十大客户清单（包括客户名称、销售的商品或服务、销售数量等）。					
12	请说明公司商业谈判、合同审查、批准、签署、履行、保管及相应发票开具、接收的一般流程。					
13	请提供公司重大或特定经济业务合同（可以先提供合同台账）。					
14	请说明公司进行招投标的一般流程。					
15	请提供公司对外投融资文件及合同（如有）。					

续表

序号	资料清单	已提供	待提供	不提供	不适用	备注
四、公司治理及内控						
16	请提供公司的治理文件（包括但不限于股东会议事规则、董事会议事规则、监事会议事规则等）。					
17	请提供公司现行有效的采购制度、报销制度、存货管理制度、销售管理制度、合同管理制度、研发制度、纳税申报复核制度（以上如有）。					
18	请说明公司是否使用OA等信息系统；如使用，请说明具体情况。					
五、财务情况						
19	请提供公司的财务报表及近三年的审计报告。					
20	请提供公司现行有效的财务会计制度、财务核算制度、发票管理制度、税务风险管理制度（以上如有）。					
21	请说明公司对发票的管理方式。					
22	请提供公司内部或外部第三方出具的涉税鉴证、税收策划、审计、咨询、认定报告。					
23	请说明公司、下属公司及分支机构的主管税务机关。					
24	请说明公司对现金的使用情况及管理方式。					
25	请说明公司是否存在非公账户打款、接收款项的情况。					
六、员工事宜						
26	请提供公司全体员工的名册（包括姓名、性别、年龄、学历、专业、部门、岗位、入职日期、劳动合同期限、薪酬）。					

续表

序号	资料清单	已提供	待提供	不提供	不适用	备注
27	请说明公司是否存在劳务派遣;如有,请提供劳务派遣名单(须体现具体人数)。					
28	请提供公司为员工缴纳五险一金的记录及凭证。					
七、涉税事宜						
29	请提供公司的纳税信用等级情况。					
30	请提供公司的纳税申报及计算资料。					
31	请提供公司的税款缴纳资料。					
32	请提供公司的税收优惠文件资料。					
33	请提供税务机关对公司进行检查的资料。					
34	请提供公司的其他涉税资料(如有)。					
八、规范经营事宜						
35	公司是否存在因违反或被指控违反工商、税务、互联网、通信、测绘、安全、环保、卫生等方面的法律法规而发生诉讼、仲裁或受到行政调查或罚款或刑事处罚?如有,请提供有关文件。					
九、诉讼、仲裁和行政处罚						
36	公司已发生的、正在发生的以及将要发生的重大诉讼、仲裁案件,请说明其在案件中的地位(原告、被告、第三人)、对方当事人、争议事由及管辖机构,并提供与案件有关的文件及函件(包括但不限于起诉状、答辩状、各方证据、判决书、裁定书、执行令、工作人员函等)。					

续表

序号	资料清单	已提供	待提供	不提供	不适用	备注
37	公司目前如涉及任何政府调查及质询程序，请说明有关情况并提供相关文件。					
38	公司如涉及行政处罚，请说明有关情况并提供相关文件。					
39	若存在公司的董事、监事、高级管理人员和核心技术人员作为一方当事人的诉讼、仲裁、行政调查或罚款事项，则请提供有关文件。					

2. 合规尽职调查补充清单

合规尽职调查补充清单（一）

致：【　】公司

北京星来律师事务所（以下简称本所）受【　】公司（以下简称贵司或者公司）委托，为公司合规整改项目提供法律服务，现正展开针对贵司的合规尽职调查。根据对贵司截至目前已提供资料的审阅情况及对贵司相关人员的访谈情况，本所梳理了本合规尽职调查补充清单（一），烦请贵司根据本补充清单提供相关资料并/或反馈相关信息。

非常感谢贵司对本所法律尽职调查工作的支持与配合！

如在提供合规尽职调查资料时遇到任何问题，请随时与本所律师联系，联系方式如下：

×××律师：电话，邮箱

×××律师：电话，邮箱

一、待公司提供资料

1. 请提供董监高签署合规承诺书；

2. 请提供以【法定代表人/实际控制人】名义起草致员工的信（单独一页写明匿名举报及奖励制度，附举报邮箱及举报专线）；

3. 请提供公司与新三板对标企业对比的信息，如营收等指标（凸显公司实力）；

4. 请提供公司亮点/优势信息：

（1）一些资料展示对国家、行业做的贡献（对比其他企业，自己有但别人没有）；

（2）成立20年，为某地经济建设做出贡献，参与国家的新基建建设所做出的贡献；

（3）除了在合规法律意见中提到的税收、社保以外的部分再提供一

305

些其他资料,如资质、软著、承接工程、建设工程中取得的名誉、公司取得需满足特定条件才能获取的资质等信息;

5. 请提供公司当前重点开展的项目情况的合同和相应的汇款凭证(时间节点:合规整改开始后的),需包含税务合规条款;

6. 请提供采购《询价记录表》;

7. 请提供公司的采购/销售合同模板;

8. 请提供公司的格式合同(1 份即可);

9. 请提供以下流程图(标注相应的审批人员和岗位):

(1)合同审批流程图;

(2)付款审批流程图;

(3)业务审批流程图;

10. 请提供公司在职员工花名册;

11. 请提供公司与劳务分包公司签订的框架协议,以及正在执行中的部分项目的劳务分包合同;

12. 请提供票据管理制度;

13. 请提供新修改的报销制度;

14. 请提供公司现有制度目录。

二、公司待起草或者细化的制度

1. 请起草员工行为守则;

2. 请起草合规工作管理总则,包括合规管理委员会相关制度(如组成框架、职责、采购/销售相关的合规政策等;同时提供依照决策程序设置合规委员会、任命相关人员的决议文件,如董事会决议、股东大会决议等);

3. 请起草现金支付管理制度(包括日常业务规范、处罚机制等);

4. 请起草员工行为守则;

5. 请完善合同管理制度:

（1）新增合同履行反馈机制，或者新设制度用以核查业务真实性及业务执行情况；

（2）新增第三方合规承诺制度（与格式合同的合规条款相对应）；

6. 请完善财务内控制度；

7. 请在公司合同模板中增设第三方合作伙伴关于税务合规的条款，或者单独签署第三方合规承诺；

8. 请细化采购制度中的供应商筛查制度，或者建立供应商入库制度；细化采购制度中的定价制度（如明确依照含税价采购、向有资质的供货商采购、采购产品货真价实等要求）；

9. 请在所有制度中增补罚则（奖励机制可总体制定）。

3. 访谈提纲

关于【 】公司的
访谈提纲

访谈对象	所在单位			
	姓名		职务	
调查人			记录人	
时间			地点	
其他参与本次访谈的人员				

访谈内容：

一、公司基本情况及历史沿革

1. 请介绍公司的股权结构及各股东身份。

2. 请说明公司的股份上是否存在权利负担（包括但不限于股权质押或被采取扣押、冻结或其他强制措施）。

3. 请说明公司股东或股东与股东外其他主体之间是否存在一致行动、股权委托代持、代为行使投票权等约定或其他有关各自权利、义务以及有关股东在公司权利、义务的特殊安排。

4. 请介绍公司部门设置及主管人员。

5. 请介绍公司各个部门的运作方式及流程。

6. 请介绍公司各部门基层到管理层之间的汇报链条。

7. 请说明公司的主要管理层及决策程序。在股东大会或董事会上，实际控制人的提案是否被否决过？

8. 领导层人员是否可以绕开审批流程行事？公司是否有简化或事后补审批程序？

9. 请介绍公司下属子公司、关联公司的情况，并说明重要子公司、关联公司的范围及其划分依据。另请说明集团对下属子公司、关联公司的管理及合作方式。

二、业务经营情况

（一）行业及主要商业模式

1. 请简要介绍公司所在行业的行业特点、发展现状、公司的行业定位。

2. 请介绍公司所在行业是否存在任何商业惯例。

3. 请介绍公司目前所从事的主营业务及其经营模式，并说明自成立以来公司所从事的主营业务变化情况。

4. 请说明公司业务经营主要涉及哪些资质、备案或许可（如省级人民政府公安机关的生产登记批准证）。公司是否存在未取得经营许可证照从事相关经营或超越许可经营范围从事相关经营的情形？

5. 请介绍公司为工程商提供产品和服务的具体情况；公司为终端用户提供视频监控系统集成安装服务的具体情况；以及集成商客户和终端客户的联系与区别。

6. 请介绍公司当前重点开展的项目情况。

（二）采购

1. 公司主营业务经营或主要产品销售中是否涉及政府采购？是否依法参加相关项目招投标程序？公司是否存在招投标管理办法？

2. 请介绍公司主要的采购内容。是否均签署合同？

3. 请介绍公司的供应商筛选机制（要求、标准）及采购流程。

4. 请介绍公司采购的定价方式。如是否进行招投标等。

5. 请介绍公司采购商品或劳务的费用结算方式。如是否允许现金结算、结算周期、是否存在赊购情况等。

6. 请说明公司近三年的采购规模。

7. 请说明公司各供应商的采购占比，以及公司是否对任何供应商存在依赖（如协议安排、长期合作协议或框架协议等）。

8. 请介绍公司的主要供应商（如前五大供应商），说明该等供应商的类型（是否国有、是否外资）、主营业务、来源。

9. 请介绍公司采购部门的组织架构、人员规模，采购合同及费用支付的汇报和审批流程。

10. 请介绍公司采购人员的业绩考核标准。

11. 请介绍公司是否存在对采购人员的行为管理。

（三）销售

1. 请介绍公司的销售模式、盈利模式，及市场推广策略。

2. 请介绍公司客户来源，以及销售人员一般的业务开发方式。

3. 请介绍公司主要的销售渠道。

4. 请介绍公司的销售政策，是否存在赊销情况？

5. 请介绍公司的主要客户（如前五大客户），说明该等客户的销售额占比，以及公司是否对任何客户存在依赖。

6. 请介绍公司销售部门的具体组织架构、人员规模，销售合同签订及销售相关费用支付的汇报和审批流程。

7. 公司销售团队近年不断扩招，请介绍扩招原因。

8. 请介绍公司销售人员的业绩考核标准，并提供一两名销售骨干人员的姓名。

（四）合同管理

1. 请提供公司自身的格式合同。

2. 公司经营过程中，是否存在重大履约风险的合同及事项？

3. 请介绍各部门签署合同的范围权限。

4. 请介绍各部门签订合同具体的审批流程和负责人。

5. 请介绍合同签订后的知情人员范围。

6. 公司业务是否签署过阴阳合同？

7. 请介绍合同执行流程（如部门是否需要持有合同以拨付款项）。

8. 请介绍合同执行后的管理和反馈方式（如部门是否会跟进合同后续的出入库记录及履约情况）。

（五）融资及税务

1. 请说明公司的对外负债情况，以及主要借款合同的履约情况。

2. 请说明公司是否存在对外担保的情形。

3. 请说明公司现金的主要来源及现金管理的内部政策及具体管理方式。

4. 请说明公司是否享有税收优惠或财政补贴；如有，请介绍其来源及依据。

三、劳动人事

1. 请提供公司核心人员名单，包括董监高、核心技术人员、核心业务人员名单，并说明该等人员的职务及基本履历。

2. 请说明公司各部门核心成员的管理权限，公司是否就该等管理权限分工有明文规定？

3. 请说明公司的员工情况（人数、结构、学历等）。是否与每位员工签订劳动合同、保密协议（针对知识产权或商业秘密）以及竞业限制协议（限高级管理人员、高级技术人员和其他负有保密义务的人员）？

4. 请说明是否存在劳务派遣或者非全日制工（以小时计酬为主）。

5. 请说明公司灵活用工的具体情况（例如，是否经部门备案；是否签署合同；灵活用工是否包含农民工；灵活用工的数量，是否超过用工总量的10%；是否存在合同确定或制度确定的工资标准；工资发放是否存在台账记录，是否入账；什么项目灵活用工较多；灵活用工由哪个部门管理；灵活用工员工个税是否代扣代缴等）。

6. 请说明公司销售人员的薪资构成，及与同行业其他公司的比较情况。

7. 请说明公司是否与任何员工存在过劳动纠纷。

8. 请说明公司是否受到过任何社保处罚。

四、经营合规及现金管理问题

1. 请介绍公司为节约设备采购和人员成本而采取的措施，以及该等措施是否仍在持续进行。

2. 公司的财务账簿是否准确、完整地反映了公司的各项交易和资产处置情况？该账簿是否与向税务机关等有关单位提供的一致？是否存在两套账、账外资金？如是，请对设置原因、账外资金规模等问题进行具体介绍。

3. 公司是否有销售费用列支？如有，请介绍过去3年中每年公司列支销售费用的总额，占公司总成本的比例，以及销售费用的具体类目及占比（如差旅费、会议费、咨询费、专家劳务费等）。

4. 公司是否有财务内控制度？如有，其中是否包含发票查验制度（查验发票真假，发票是否与真实交易情况相符，纳税申报表、财务报表、代扣代缴报告的真实性？负责经济业务事项和会计事项的审批人员、记账人员、经办人员等的职责是否相互分离且制约？）并请具体介绍其是否受到严格执行。

5. 请介绍公司下述不合规发票的具体情况（例如，如何查出、数量占比以及应对措施）：一是外部合作单位或个人提供；二是内部工作人员提供的报销凭证；三是领导层决策让他人为自己代开。

6. 公司或员工是否会通过现金来支付某些公司应支付的费用？公司的政策是否允许采取现金支付？如允许，公司是否将其入账？入账后如何平账？公司如何跟踪和记录现金或现金等价物的使用？是否建立现金出纳账目并严格审核现金收付凭证？

7. 公司是否允许经由个人银行账户支取现金等操作方式？如允许，

经手人员包括哪些？

8. 公司目前开立的主要交易账户有哪些？各个账户主要用于何种业务结算？

9. 请介绍公司的报销制度，包括报销的款项类别、提交方式、审批程序、金额限制、是否需要提交发票、收据等支付凭证、报销项目是否必须与支付凭证一一对应等。

10. 请介绍公司的重大资产处置、对外投资、资金调度等重要经济业务事项的决策和执行程序是如何运行的。

五、诉讼、仲裁及行政处罚

1. 请说明公司是否存在因违反证监会、工商、税务等方面的法律法规受到处罚，以及是否依法履行处罚决定的情况？

2. 公司是否存在其他潜在的重大诉讼或劳动仲裁风险情况？

六、合规政策及制度

1. 公司是否有专门的合规部门和负责合规职能的个人（如合规委员会，首席合规官或类似职位）？如有，请说明该部门或该人员的职能和责任范围、履职方式。

2. 公司是否准备或已经每年拨付经费支持合规建设？

3. 公司是否已制定任何合规政策（如采购、销售相关的合规政策）？

4. 如公司已有合规政策，请说明相关政策是如何传达给员工的，并说明政策的执行落实情况。

5. 公司是否会对员工进行行为准则、反贿赂、采购合规等相关培训？如果有，请描述：①培训的频率、形式和流程；②接受培训的员工范围；③是否聘请专业人士培训并具体说明专业人士的身份；④是否有专门培训材料；⑤是否对培训效果进行检查、考核。

6. 公司董事、高管及员工是否被要求签署经营、税务合规承诺文件或道德声明？如是，请说明被要求签署的人员范围及签署文件内容。

7. 公司是否要求合作方（包括采购、销售合作方及聘请的第三方代理等）签署合规声明，或在签订的合同中设置税务合规条款？

8. 公司是否设置程序考核或验证管理层、雇员、聘请的第三方中介、顾问及代表（如有）对公司经营及税务合规政策的理解和遵守情况？如有，请具体介绍。

9. 公司是否设置针对违规行为的举报途径？如是，请具体介绍相关流程，并说明是否允许匿名举报。

10. 对于员工的违规行为是否规定了处罚，对于经查证属实的举报行为是否规定了奖励？这些处罚或奖励政策是否曾得到执行？

11. 公司是否曾就任何不合规行为开展过正式或非正式的调查？如有，请具体介绍相关情况，及调查的运作流程。

12. 公司是否存在文件信息化制度？

13. 公司是否存在定期合规报告机制？

14. 公司是否存在合规体系定期考评机制？

15. 除公司实控人外，公司及其工作人员是否存在其他因涉嫌犯罪而被司法系统、市场监管局或其他政府部门、行业协会等审计或调查的情形？如有，请具体说明。

4. 合规整改计划

【　】公司
合规整改计划

【　】年【　】月【　】日

××市××区人民检察院：

【　】公司（以下简称公司）因其法定代表人×××涉嫌虚开增值税专用发票罪一案，自愿就公司保密管理漏洞和相关经营风险进行专项合规整改。公司领导层对本次专项合规整改予以高度重视，作为当前的工作重心全力推进。为提升本次专项合规整改的专业性和可行性，公司特聘请北京星来律师事务所提供合规法律咨询服务。

在专项合规整改过程中，公司通过深挖犯罪成因、梳理规章制度、员工合规培训等方式，更加深刻地认识了企业合规的深远意义。其间，公司管理层就合规整改的工作范围及深度进行了认真探讨，最终敲定了本次合规整改的方向与内容。

现专项合规整改的犯罪原因分析、制度体系建设、保障措施落实等工作已经基本完成，合规审查已经正式嵌入公司审批流程，并在目前开展的项目中得以实施，专项合规整改工作已经初见成效，特向贵院提交专项合规整改工作报告，请贵院予以审核监督。

公司也在此郑重承诺，继续坚决坚持推进专项合规整改工作，根据贵院的要求和专业机构的意见，将相关工作落到实处，以实际行动保障合规整改工作，以合规整改工作推进企业健康发展。

【　】公司

【　】年【　】月【　】日

一、公司生产经营基本情况

（一）公司战略定位

（二）产品、服务种类

（三）市场范围

（四）组织架构

（五）主要生产经营活动

（六）当前主要管理模式

二、公司合规计划工作机构

（一）合规计划领导小组与分工

（二）合规计划工作小组与分工

三、犯罪成因分析

（一）×××涉嫌虚开增值税专用发票罪，直接原因是公司管理层税收风险意识淡薄，税收法律知识欠缺

1. 公司虽为新三板上市公司，但管理层税收风险意识淡薄，缺乏严控经营环节税收风险敏感度。

2. 公司管理层缺乏合规监督意识，未全流程监督合同业务履行过程。

3. 公司管理层缺乏合同履行过程中的管理意识，未检查合同业务履行情况。

（二）×××涉嫌虚开增值税专用发票罪，关键原因是公司无独立的合规监管部门，不能及时发现问题快速化解风险

1. 【　】公司没有明确的监督主体，组织架构设置不合理。

2. 税收管理工作不连续，不能对税收执行情况持续监管。

3. 【　】公司无独立合规监管部门及合规监管人员，无法快速化解风险。

（三）【　】涉嫌虚开增值税专用发票罪，根本原因是公司制度不健全，未覆盖公司全业务领域存在管理盲区

1. 【　】公司制度范本化，内容不务实，缺乏实际操作性。

2. 【　】公司税收制度规定不全面，未覆盖公司全部业务范围。

3. 【　】公司税收制度内容滞后，未能及时更新，无法实现采购、销售相关业务方面的合规指引。

（四）【　】涉嫌虚开增值税专用发票罪，重要原因是公司制度落实

不到位，涉税处罚不严格缺乏威慑力

（五）【 】涉嫌虚开增值税专用发票罪，间接原因是公司员工税收制度宣导教育不够，思想认识和行为约束存有缺陷

（六）【 】涉嫌虚开增值税专用发票罪个人原因

1. 【 】税收意识淡薄

2. 【 】法律意识淡薄

3. 【 】止损意识淡薄

综上所述，×××涉嫌虚开增值税专用发票罪直接原因是公司管理层税收风险意识淡薄，关键原因是公司无独立的合规监管部门，不能快速化解风险，根本原因是公司制度不健全存在管理盲区，重要原因是公司制度落实不到位，缺乏威慑力，公司法治宣贯不够，加之×××个人税收、法律、止损意识淡薄综合原因叠加造成。分析原因，对症下药，落实合规整改，挽救涉案企业。

四、涉案问题合规整改建设

（一）合规建设原则及依据

适应企业治理体系现代化和治理能力现代化的需要，按照诚信透明、良好治理、比例适用、均衡联动、严格问责、持续合规等原则，依据风险自查、《合规管理体系 要求及使用指南》（ISO 37301：2021）、《合规管理体系指南》（GB/T 35770—2017）、《风险管理原则与实施指南》（ISO 31000：2018）、《举报管理体系指南》（ISO 37002：2021）基本结构、内容、要求，并通过结合公司内外环境、承担的合规义务及对公司整体风险管控程度分析的基础上，确定适用于本公司的有针对性的解决方案。

（二）具体路径

1. 领导层承诺及公示

2. 构建合规管理组织架构

(1) 成立合规委员会

组建目的：公司主要部门的负责人定期出席合规委员会会议，讨论决定与合规有关的重大事项。此外，通过建立合规委员会工作机制，也可以实现对财务、法务、营销、采购、工程管理等部门的一体化合规联动性。合规委员会的运作，使公司可以及时对合规重大事项作出反应，配备资源、找寻解决方案并按部门尽快敦促解决方案落地。

人员构成：公司决定由首席合规官牵头，财务、法务、营销、采购、工程管理等主要部门负责人共同参与、组建合规委员会；如合规委员会审议的事项涉及公司某部门或公司的子、分公司（如将来新设子、分公司），则合规委员会可邀请该部门重要业务人员或公司的子、分公司的最高负责人列席合规委员会会议，共同审议。

职责：合规委员会将制定委员会的管理章程，明确委员会的职责、权限、议事规则等。合规委员会将以简单多数通过方式形成决定。合规委员会的具体职责、权限如下：

①构建公司合规管理体系，组织制定、修改公司合规手册及各项合规管理规章制度；

②制订公司合规管理计划、年度合规管理专项资金预算并向董事会汇报；

③负责对全公司、各部门、全部业务的合规监督管理，督促公司各部门依据公司管理制度及流程规范工作，促进公司依法经营；

④根据公司制度规定参与重大决策流程及业务审批流程，主动识别、评估、监测和报告合规风险，独立出具合规意见，并对合规意见的落实情况进行全程监督检查；

⑤负责定期接收并审查公司内部制度、经营管理流程中的合规风险，并对合规管理制度落实情况进行总结，出具合规管理报告，制定合规奖惩方案，上报董事会备案；

⑥负责跟踪法律法规、监管规定和国家及行业标准的变动、发展，并根据其有关要求更新公司商业模式及管理制度；

⑦负责保持与监管机构日常的工作联系，跟踪和评估监管意见和监管要求的落实情况；

⑧与公司各部门协同联动，共同完善各项制度、流程，为公司合规体系搭建及运行提供支持；

⑨负责全体员工的合规教育管理，落实合规承诺函等文件的签署及存档，定期组织合规培训，并向公司员工提供合规咨询；

⑩负责受理职责范围内的违规举报，组织或参与对违规事件的调查，并提出处理建议或形成调查报告，上报董事会；

⑪负责与外聘律师事务所进行对接，由外聘律师事务所就公司重大合规法律问题提供法律意见；

⑫董事会确定的其他职责。

(2) 任命合规负责人（首席合规官：【　】）

任命目的：首席合规官由董事会任命，领导开展公司合规管理工作；首席合规官向董事会汇报，受董事会领导。

职责：首席合规官作为合规管理第一责任人，就合规管理向公司承担责任，首席合规官的具体职责、权限如下：

①负责领导合规委员会开展合规管理工作，负责合规委员会工作分工及安排，对合规专员进行管理；

②根据公司制度规定参与重大决策流程，并独立出具合规意见；

③根据合规意见落实情况及合规回访结果等资料，审核合规专员拟定的合规奖惩方案；

④向董事会以及合规委员会报告重大违规事项，并根据需要向董事会报告合规管理体系的实施或改进过程、报告发现的违规行为、所开展的内部调查、内部合规控制的缺陷及与此相关的措施以及公司合规管理

体系运作和效率的总体情况；

⑤组织拟订合规管理制度和合规手册；

⑥组织撰写公司年度合规管理报告并履行相应审核、批准程序；

⑦负责合规风险的评估与应对工作；

⑧牵头组织对集团所属公司的合规审计；

⑨定期组织合规培训；

⑩任命合规委员会成员。

任命目的：合规委员会成员将由各部门负责人担任，进而以此为依托确立财务、法务、营销、采购、工程管理等职能部门协同的一体化长效合规管理机制。

职责：合规委员会成员的具体职责、权限如下：

①根据合规委员会的分工及其所在部门的主要职责，负责具体合规事务的处理；

②负责对公司具体项目进行合规审查与监督，对业务中关键流程节点出具合规建议；

③负责公司日常经营活动的合规审查具体工作，针对其所处相应业务领域定期梳理合规问题及该业务领域制度、流程中的合规风险，结合公司合规要求及各业务部门特点进行合规工作规划，与公司其他部门共同完善相应制度，为公司合规体系搭建及运行提供制度支持；

④在董事会批准的合规管理专项资金预算额度范围内，建议本年度合规奖惩方案，报送首席合规官；

⑤定期向首席合规官汇报合规工作，并参与定期合规报告的制定；遇到合规重大事项时，及时向首席合规官反馈，并督促整改；

⑥为管理层、所在部门工作人员提供必要的合规咨询、论证和指导；

⑦负责针对公司所在部门业务涉及现有的法律法规的收集整理、分析研究对公司经营的影响，同时包括新颁布的法律法规的研究，保障公

司经营活动的合法性；

⑧负责合规培训具体事务的落实，编制合规相关培训的内容及课件，安排对公司员工开展合规培训宣传工作及合规培训资料整理；

⑨负责公司员工违规的调查、资料收集等工作，制定处理决定；

⑩董事会、合规委员会、首席合规官安排的其他工作。

3. 制定合规管理制度

在构建合规管理组织架构基础上，公司还将在本次合规整改中制定合规管理制度，并明确合规管理体系的运作流程。

公司将制定适用于全公司各部门（及将来可能设置的子公司、分支机构）、管理层和员工的合规纲领性文件，其中包括合规管理工作的指导思想、管理目标、管理原则、体系依据，合规管理组织保障及对应职责权限、议事规则，合规管理体系建设的基本实施路径以及合规管理的评估与改进等内容。从而确保财务、法务、营销、采购、工程管理等职能部门协同，建立一体化长效机制，预防、应对合规风险。

合规管理制度主要包括如下机制：

（1）合规管理运行机制

①建立全员合规机制，针对重点领域制定具体合规管理制度，及时将外部合规要求转化为内部规章制度，实行全员合规承诺制；

②建立合规审查机制，把合规审查融入业务流程，作为规章制度制定、重大事项决策、重要合同签订、重大项目运营、重大资金使用等经营管理活动的必经程序，未经合规审查不得实施；

③建立合规风险管理机制，全面系统梳理各领域、各环节、各岗位潜在合规风险，系统分析合规风险发生的可能性、影响程度、潜在后果，并进行全面评估；

④建立合规风险处置机制，针对严重违反相关法律法规及其他监管要求的情形，或合规评估过程中发现、受理举报、接受上级指派的违规

问题线索进行调查处理，并严肃追究违规人员责任；

⑤建立合规管理评估与改进机制。由合规委员会对违规事件发生的原因进行总结分析，并提出更新合规管理体系、弥补合规风险管理漏洞的管理改进建议。

（2）合规管理保障机制

①建立常态化培训机制，并设置相应考核机制以确保培训的有效性；

②建立与薪资绩效、评奖评优、选任提拔等挂钩的合规奖惩机制，增强制度约束力；

③建立合规工作宣贯机制，及时、有效地向员工和第三方业务伙伴传达合规工作相关信息，增强相关人员合规意识，培育合规文化；

④建立面向公司内部和外部第三方的举报、投诉机制，并建立相应的调查和处理机制。

4. 风险识别评估及应对

（1）外部合规义务梳理及制度内化

涉及领域	外部合规义务来源		制度内化
	法律法规	具体条款	
税务	《税收征收管理法》（2015修正）	第二十一条第二款　单位、个人在购销商品、提供或者接受经营服务以及从事其他经营活动中，应当按照规定开具、使用、取得发票。 第二十四条　从事生产、经营的纳税人、扣缴义务人必须按照国务院财政、税务主管部门规定的保管期限保管账簿、记账凭证、完税凭证及其他有关资料。账簿、记账凭证、完税凭证及其他有关资料不得伪造、变造或者擅自损毁。	增补财务管理制度条款、票据管理制度条款。

续表

涉及领域	外部合规义务来源		制度内化
	法律法规	具体条款	
税务	《发票管理办法》	第二十一条 开具发票应当按照规定的时限、顺序、栏目，全部联次一次性如实开具，开具纸质发票应当加盖发票专用章。 任何单位和个人不得有下列虚开发票行为： （一）为他人、为自己开具与实际经营业务情况不符的发票； （二）让他人为自己开具与实际经营业务情况不符的发票； （三）介绍他人开具与实际经营业务情况不符的发票。	增补财务管理制度条款、票据管理制度条款。

（2）内部合规风险梳理及漏洞弥补

内部合规风险来源			制度内化
访谈内容（概括）	涉及部门	涉及业务环节	
公司各部门主管/经理直接对总经理单线汇报，未和董事会汇报。	董事会 总经理 各业务部门	财务审批、预决算方案制定；采购、销售环节的合同签订、资金审批等；年度/季度等经营计划、投资方案制定；各业务部门下设机构设置及基本管理制度的制定等。	修订销售部管理制度条款、工程项目管理制度条款、采购管理制度条款、企划部管理制度条款、投标管理制度条款、合同管理制度条款、财务管理制度条款、现金管理制度条款、法务部管理制度条款；起草合规管理制度。

续表

内部合规风险来源			制度内化
访谈内容（概括）	涉及部门	涉及业务环节	
没有线上 OA，是纸质化审核，总经理等领导人员实际可以绕开审批决策流程而行事。	董事会 总经理 各业务部门	合同签订（含虚假合同）；合同付款审批（总经理批条指令财务打款）	修订销售部管理制度条款、工程项目管理制度条款、采购管理制度条款、合同管理制度条款、财务管理制度条款、法务部管理制度条款；起草合规管理制度。

5. 培训与合规文化教育

（1）专项合规培训计划

（2）年度合规培训计划

（3）合规文化教育

6. 咨询、举报与调查

（1）内部咨询与举报

公司将在本次合规整改中设置内部咨询与举报机制。

合规委员会成员将负责为管理层、所在部门工作人员提供必要的合规咨询、论证和指导。

任何部门、员工若知晓任何违反或疑似违反公司合规政策、相关法律法规和其他要求的情况，无论情节是否重大，均应及时向本级或上级合规主管部门、主管人员或通过以下渠道进行投诉或举报（可选择匿名方式）：

①专用热线电话；

②电子邮箱。

专用热线电话及电子邮箱将会在公司内部公示。所有举报均在保密、独立且安全的环境下进行。公司应对举报者身份及个人信息予以严格保密，确保举报者不因举报行为而损害其利益，如降低绩效评定、限制其接受任务或提拔的机会等其他不公待遇，对参与不合规行为但有主动检举或坦白情节的个人，应视情节减轻或从轻处分。

（2）外部举报

任何业务合作伙伴，若知晓任何违反或疑似违反公司合规政策、相关法律法规和其他要求的情况，无论情节是否重大，均可及时向公司合规主管部门、主管人员或通过以下渠道进行投诉或举报（可选择匿名方式）：

①专用热线电话；

②电子邮箱。

专用热线电话及电子邮箱将会在与第三方合作伙伴签署的合规情况说明函件中公示。所有举报均在保密、独立且安全的环境下进行。公司将对举报者身份及个人信息予以严格保密，确保举报者不因举报行为而损害其利益。

（3）举报线索调查及处理

合规委员会将负责公司员工违规的调查、资料收集等工作，制定处理决定。合规委员会将逐一登记所有合规咨询、投诉和举报，填写《投诉、举报登记备查记录》，调查工作完成后应出具书面的合规审查报告，报首席合规官审阅签字，并报董事会备案。

合规工作将有准确、完整的过程记录。合规委员会和其他经办部门将各自长期保存其职责范围内的所有合规记录和文件；涉及重大合规事项、投诉和举报的，还将保密封存，妥善保管在公司专门的档案室。

重大合规风险事项、合规投诉和举报事项涉及民事或刑事案件的，所有相关记录、报告和文件将按法律规定长期保存。

7. 绩效评估、奖惩机制

公司将在本次合规整改中制定合规奖惩机制，由合规委员会成员建议本年度合规奖惩方案，报送首席合规官，由首席合规官根据合规意见落实情况及合规回访结果等资料，审核合规专员拟定的合规奖惩方案。

公司将根据合规执行情况，考核员工合规绩效，对合规行为进行奖励，不合规行为进行惩戒，此外，合规培训考核结果也将计入员工合规绩效。合规绩效评估将与薪资绩效、评奖评优、选任提拔等挂钩，以确保制度约束力和有效性。

8. 监督与持续改进

通过诊断发现、举报、调查、审计等监控手段，并定期召开合规委员会会议，对公司重大的合规事宜进行处置。

通过上述监控手段发现的新问题又变成新的风险，成为新一轮的风险识别、评估、应对对象，并将成为公司合规体系不断更新的依据之一，使公司合规体系持续改进、保持活力。

9. 保障机制

（1）人员保障

（2）经费保障

（3）物质保障

五、合规整改进度安排

公司高度重视此次合规整改，自××年××月××日以来，已开始准备并落地了部分工作；对本合规计划要完成的工作，计划在××年××月前完成，请见附件"合规整改进度安排表"。

【　】合规整改进度安排表

日期	工作事项	备注
××年××月××日至××年××月××日	资料收集	
××年××月××日至××年××月××日	梳理材料； 合规尽调+犯罪成因分析； 准备访谈提纲。	梳理公司外部合规义务；识别本案相关的公司内部管理漏洞；完成风险评估表。
××年××月××日至××年××月××日	完善访谈提纲； 入场访谈，完成访谈记录（识别风险点，整理出公司后续需要提供、补充的各项制度材料）； 形成访谈要点。	针对访谈要点中出现的风险点继续完善风险评估表。

5. 合规工作报告

【 】公司
合规工作报告
（第一阶段）

【 】年【 】月【 】日

致：第三方监管人

【　】有限公司（以下简称公司）因【　】涉嫌【　】罪一案，自愿就公司【　】管理漏洞和相关经营风险进行专项合规整改。

在第一阶段合规整改过程中（决定合规整改至本报告出具日），公司【足额补缴了税款，成立了合规计划落实工作机构，由实际控制人×××及公司高层签署合规承诺，并且制定了合规计划专项资金预算方案】。目前专项合规第一阶段整改工作已基本完成，特向贵方提交本专项合规整改工作报告，请贵方予以审核监督。

【　】公司
【　】年【　】月【　】日

目 录

一、公司合规整改进度

二、已完成工作内容

  （一）弥补国家税款损失

  （二）聘请专业机构提供合规法律咨询服务

  （三）成立合规计划落实工作机构

  （四）制定合规计划专项资金预算方案

  （五）开展合规尽职调查

  （六）构建合规管理组织架构

  （七）公司高层人员接受合规访谈

  （八）领导层承诺

  （九）召开第一阶段工作会议

三、后续阶段工作计划

  （一）第二阶段：制度纠错

  （二）第三阶段：合规落实

一、公司合规整改进度

公司上下尤其是领导层高度重视此次合规整改，在深刻分析犯罪成因的基础上，公司结合实际经营管理流程开展初步风险自查，形成了《【 】公司合规审查法律意见》并提交贵院，其中包括本公司的合规承诺及适用于本公司的有针对性的合规整改计划。

在此过程中，公司也充分认识到了合规整改的重要性和专业性，为保证工作质量，确保整改落到实处，聘请北京星来律师事务所（以下简称星来律所）为公司提供专项法律服务。

公司合规整改按照"合规启动""制度纠错""合规落实"三个阶段开展。目前，公司合规整改已经完成了"合规启动"阶段的工作，正在逐步开展制度纠错阶段的相关工作，力求弥补公司内控管理漏洞，确保公司经营管理依法依规展开。

截至本工作报告出具之日，已完成专项合规整改工作详见表1。

表1 专项合规整改进度

	时间	工作内容
合规启动	2021年8月23日	补缴增值税××元，一税两费××元，滞纳金××元。
	2021年9月1日	制定《【 】公司合规审查法律意见》，向某人民检察院申请启动企业合规审查程序。
	2021年10月27日	补缴增值税××元，一税两费金额××元，企业所得税税款××元。
	2021年12月23日	聘请北京某律师事务所提供专项整改法律服务。
	2021年12月24日	启动专项合规整改，成立合规计划落实工作机构，包括合规计划领导小组和合规计划工作小组，以统领本次合规工作并落实《【 】公司合规审查法律意见》中的合规计划。
	2022年1月5日	制定《合规计划领导小组与工作小组工作安排》。

续表

	时间	工作内容
合规启动	2022年1月13日	制定《合规计划专项资金预算方案》。
	2022年2月7日	2022年2月7日，收到合规顾问发送的《待提供材料清单》。
	2022年2月20日	2022.02.07—2022.02.20，根据《待提供材料清单梳理》梳理现有公司架构、经营情况、管理制度等文件及税务相关资料。
	2022年2月21日	向合规顾问反馈所收集到的资料，并于同日收到合规顾问发送的第二份《待提供资料清单》。
	2022年2月24日	成立合规委员会，任命首席合规官和合规委员会成员；设立审计部。
	2022年2月25日	公司高层人员接受合规顾问的合规访谈。
	2022年2月25日—2022年3月1日	根据合规顾问第二次发送的《待补充材料清单》及合规访谈后合规顾问发送的《公司待提供资料》清单梳理公司制度文件等相关资料。
	2022年3月2日	向合规顾问反馈根据前述清单所梳理的资料。
	2022年3月14日	公司高层人员会同合规顾问召开第一阶段工作会议。
	2022年3月15日	总经理及公司董事会成员、部门负责人签署《合规经营承诺书》。

二、已完成工作内容

（一）弥补国家税款损失

公司自涉案后，深刻领悟了以往经营行为的错误，为了尽最大可能弥补过错、降低损失，公司自涉案之初即主动提出补缴税款，接到税务稽查的通知后，公司于2021年8月23日和2021年10月27日，全额补缴税款及其他相关款项，以展现公司积极主动、真诚的悔改态度。

（二）聘请专业机构提供合规法律咨询服务

鉴于专项合规整改的重要性和专业性，为确保工作质量，避免合规整改流于形式，公司于 2021 年 12 月 23 日与星来律所签订《法律咨询协议》，由星来律所合规团队为公司提供合规整改专项法律咨询服务。

（三）成立合规计划落实工作机构

2021 年 12 月 24 日，公司召开第三届董事会第一次会议，审议通过《关于成立合规计划领导小组》及《关于组建合规计划工作小组》的议案，此次会议也标志着公司合规整改工作的正式启动。

2022 年 1 月 5 日，为确保合规整改工作的有序展开，公司又制定了《合规计划领导小组与工作小组工作安排》，进一步明确了合规计划领导小组和工作小组的工作内容和责任义务，为合规工作的进行提供了明确依据。

为保障本次合规整改顺利进行，公司任命×××、×××、×××三人组成合规计划领导小组，负责统领并推动整个合规计划的落实工作。合规计划领导小组以×××为小组负责人，对本次合规整改结果负直接责任。

公司任命×××、×××、×××、×××组成合规计划工作小组，具体负责合规计划的推动和落地。

合规计划领导小组及合规计划工作小组成员覆盖了公司领导层及各个业务部门（采购部、销售部、财务部、法务部、人事部、工程管理部等），可以很好地发挥上传下达的沟通连接作用。

（四）制定合规计划专项资金预算方案

为确保此次合规整改顺利开展，避免合规流于形式，公司于 2022 年 1 月 13 日设立了合规计划专项资金，并制定了《合规计划专项资金预算方案》，作为本次合规保障机制建设的重要组成部分，为专项合规整改提供经费支持。

"合规计划专项资金"预计总投入【　】万元，用于人员聘任、合规培训、合规文化活动策划、相关材料采购、制作费用、合规奖励等合规整改相关的各项活动。目前公司已投入【　】用于聘请第三方中介进行合规培训及合规法律咨询，预计后续将再投入【　】用于合规整改工作其他各项费用。

（五）开展合规尽职调查

2022年2月7日，公司收到合规顾问发送的《待提供材料清单》。收到该清单后，公司积极组织相关部门人员根据清单要求，梳理公司架构、经营情况、管理制度等文件及财税相关资料，并于2022年2月21日向合规顾问反馈所收集到的资料。

同日，公司收到合规顾问发送的第二份《待提供资料清单》，清单对公司需要收集的资料作出了进一步说明和要求。公司收到清单后，随即组织相关部门工作人员开展第二轮资料收集工作，对公司内部架构、经营管理制度、涉税情况等开展更为细致的梳理和汇总。

（六）构建合规管理组织架构

2022年2月24日，公司召开第三届董事会第二次会议，会议审议通过了《关于成立合规委员会》《关于任命【　】为首席合规官》《关于任命合规委员会成员》《关于公司设立审计部》的议案。

合规委员会一级部门和审计部共同组成了公司合规管理的基本组织架构，具有高层级监管权力及独立性，为企业统筹打造企业合规风险防范、管控机制提供了组织保障。

1. 成立合规委员会

组建目的：公司主要部门的负责人定期出席合规委员会会议，讨论决定与合规有关的重大事项。此外，通过建立合规委员会工作机制，也可以实现对财务、法务、营销、采购、工程管理等部门的一体化合规联动性。合规委员会的运作，使公司可以及时对合规重大事项作出反应，配备资源、找寻解决方案并按部门尽快敦促解决方案落地。

人员构成：公司决定由首席合规官牵头，财务、法务、营销、采购、工程管理等主要部门负责人共同参与、组建合规委员会；如合规委员会审议的事项涉及公司某部门或公司的子、分公司（如将来新设子、分公司），则合规委员会可邀请该部门重要业务人员或公司的子、分公司的最高负责人列席合规委员会会议，共同审议。

职责：合规委员会的主要职责、权限包括构建公司合规管理体系，独立组织制定、修改公司合规手册及各项合规管理规章制度；制订公司合规管理计划、年度合规管理专项资金预算；负责对全公司、各部门、全部业务的合规监督管理，识别、评估、监测和报告合规风险；负责定期接收并审查公司内部制度、经营管理流程中的合规风险；制定合规奖惩方案；负责保持与监管机构、外聘律师日常的工作联系和对接；负责全体员工的合规教育管理；负责受理职责范围内的违规举报等。

2. 任命公司合规负责人【首席合规官：××】

任命目的：首席合规官由董事会任命，领导开展公司合规管理工作；首席合规官向董事会汇报，受董事会领导。

职责：首席合规官的职责、权限主要包括组织拟订合规管理制度和合规手册；组织撰写公司年度合规管理报告并履行相应的审核、批准程序；负责合规风险的评估、合规审计；报告重大违规事项，合规管理体系的实施或改进过程以及公司合规管理体系运作和效率的总体情况；定期组织合规培训等。

3. 任命合规委员会成员

任命目的：合规委员会成员将由各部门负责人担任，进而以此为依托确立财务、法务、营销、采购、工程管理等职能部门协同的一体化长效合规管理机制。

职责：合规委员会成员的职责、权限主要包括根据合规委员会的分工及其所在部门的主要职责，负责各部门具体合规事务的处理，如对业务中关键流程节点出具合规建议等；建议本年度合规奖惩方案，报送首席合规官；定期向首席合规官汇报合规工作，并参与定期合规报告的制定；反馈合规重大事项；为管理层、所在部门工作人员提供必要的合规咨询、论证和指导；收集整理相关法律法规；落实合规培训具体事务；负责公司员工违规的调查等。

4. 设立审计部

设立目的：加强公司监督和风险控制。

人员构成及职责：目前审计部共有 3 名人员，负责内部审计工作，和外部审计一道形成完整的审计体系，加强公司监督和风险控制。

（七）公司高层人员接受合规访谈

2022 年 2 月 25 日，公司高层人员于公司接受合规顾问的合规访谈。公司高层人员就公司基本情况、业务经营情况、劳动人事、经营合规、诉讼、仲裁及行政处罚、合规政策及制度等问题向合规顾问作出了回答。

会后，合规顾问根据合规访谈情况向公司发送了《公司待提供资料》清单，公司根据此清单及此前合规顾问发送的《待提供资料清单》对公司相关制度文件进行梳理，并于 2022 年 3 月 2 日将梳理的各项资料反馈给合规顾问。

（八）领导层承诺

1. 实际控制人×××签署《合规经营承诺》

2022 年 3 月 15 日，公司实控人×××亲手签署了《合规经营承诺书》，深刻反省了虚开增值税专用发票的不当行为，并就公司未来的合规经营、制度完善和合规文化建设等事项进行作出承诺，以身作则，向员工传达公司实控人、领导层的合规经营决心。

2. 公司董事会成员、部门负责人签署《合规经营承诺书》

2022 年 3 月 15 日，公司董事会成员、部门负责人也一并签署了《合规经营承诺书》承诺践行公司的合规理念，学习并自觉遵守税法及其他法律法规、行业管理规范、业务监管要求、公司规章制度和合规相关规定，履行合规义务。

（九）召开第一阶段工作会议

2022年3月14日，公司高层人员会同合规顾问召开第一阶段工作会议。会上，公司实际控制人、总经理×××，副总经理×××，董事×××，法务总监×××就第一阶段的工作情况向合规顾问进行了汇报，并由合规顾问指导公司高层人员部署后续"制度纠错""合规落实"阶段的相关整改工作。

三、后续阶段工作计划

（一）第二阶段：制度纠错

公司计划于3月中旬至4月启动"制度纠错"工作。在此阶段，公司将进一步结合犯罪成因分析和公司实际经营管理情况开展风险自查，根据相关法律法规、监管规定、内部规章制度等识别制度漏洞，厘清合规差距，明确公司所应承担的内外部合规义务，根据公司实际情况将合规义务纳入制度建设当中。

届时，公司将有针对性地进行制度起草和修订工作，依照《合规管理体系 要求及使用指南》国际标准（ISO 37301：2021）、《合规管理体系 指南》中国国家标准（GB/T 35770—2017）等建立起公司合规管理制度体系，并编制《合规手册》。同时，围绕本次犯罪成因，公司也将对《销售部管理制度》《工程项目管理制度》《采购管理制度》等原有内部管理制度进行修订，增加合规管理的相关规定。

（二）第三阶段：合规落实

在前两阶段工作的基础上，公司计划于5月开始进一步落实合规制度。届时，公司计划开展如下工作，以确保合规制度落地实施：通过印发员工手册、张贴合规标语等方式开展合规宣贯，传达公司高层合规承诺，培养公司合规文化；制定合规培训计划，聘请专业人员进行税法及相关法律法规培训，并聘请外部财税专业人员为公司相关部门人员开展专项合规培训；制定落实合规举报及奖惩机制，设立举报箱、举报热线等，鼓励内部员工及外部第三方对违规行为进行举报；对员工合规情况进行考核并将之纳入员工绩效等。

【　】公司
【　】年【　】月【　】日

图书在版编目（CIP）数据

涉案企业合规实务指南与案例精解 / 北京星来律师事务所编著 . —北京：中国法制出版社，2024.3
ISBN 978-7-5216-4188-2

Ⅰ.①涉… Ⅱ.①北… Ⅲ.①企业法-案例-中国 Ⅳ.①D922.291.915

中国国家版本馆 CIP 数据核字（2024）第 032852 号

责任编辑/策划编辑：黄会丽　　　　　　　　　　　　　封面设计：周黎明

涉案企业合规实务指南与案例精解
SHE'AN QIYE HEGUI SHIWU ZHINAN YU ANLI JINGJIE

编著/北京星来律师事务所
经销/新华书店
印刷/三河市紫恒印装有限公司
开本/710 毫米×1000 毫米　16 开　　　　　印张/ 21.75　字数/ 248 千
版次/2024 年 3 月第 1 版　　　　　　　　　2024 年 3 月第 1 次印刷

中国法制出版社出版
书号 ISBN 978-7-5216-4188-2　　　　　　　　　　　　定价：78.00 元

北京市西城区西便门西里甲 16 号西便门办公区
邮政编码：100053　　　　　　　　　　　　　　传真：010-63141600
网址：http://www.zgfzs.com　　　　　　　　　编辑部电话：010-63141784
市场营销部电话：010-63141612　　　　　　　印务部电话：010-63141606

（如有印装质量问题，请与本社印务部联系。）